COUVERTURE SUPÉRIEURE ET INFÉRIEURE
EN COULEUR

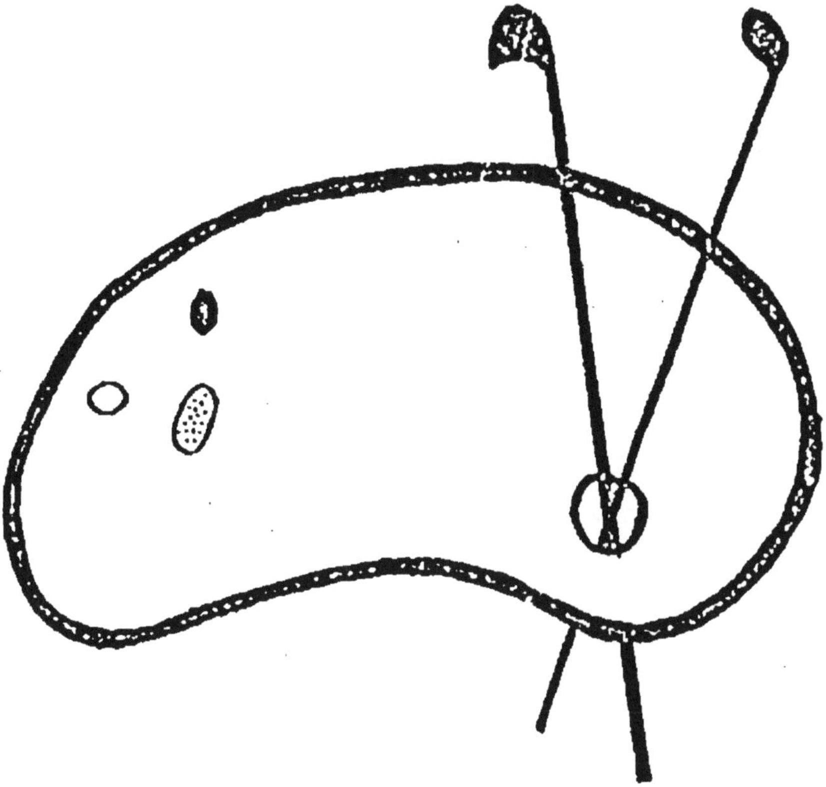

PRONONCIATION FRANÇAISE
MÉTHODE-CHERVIN

EXERCICES

DE

LECTURE A HAUTE VOIX

ET DE

RÉCITATION

DIVISIONS ÉLÉMENTAIRES

NOUVELLE ÉDITION

PARIS
MM. CHERVIN, AVENUE D'EYLAU, 90
ET CHEZ TOUS LES LIBRAIRES

ÉTUDE

THÉORIQUE ET PRATIQUE

DE LA

PRONONCIATION FRANÇAISE

MÉTHODE-CHERVIN

L'Étude de la prononciation française présente les quatre divisions suivantes :

I. — PRONONCIATION ÉLÉMENTAIRE, *Divisions élémentaires,* un volume pour les enfants de 8 à 12 ans :

Exercices de lecture à haute voix et de récitation.... 1 fr. 50

II. —PRONONCIATION EXPRESSIVE, *Divisions supérieures,* trois volumes pour les enfants de 12 à 15 ans :

Principes de lecture à haute voix, de récitation et de conversation 1 50

Exercices de lecture à haute voix, de récitation et de conversation, 1er *volume.........................* 1 50

Exercices de lecture à haute voix, de récitation et de conversation, 2e *volume......................* 1 50

III. — PRONONCIATION ORATOIRE, *Divisions spéciales,* un volume pour les adolescents lettrés :

Principes et Exercices de déclamation............... 3 »

IV. — PRONONCIATION VICIEUSE, *Divisions exceptionnelles.* deux volumes pour les personnes qui zézayent, grasseyent, bégayent, etc. :

Principes de langage employés pour corriger le bégaiement, et tous les autres défauts de prononciation... 5 »

Exercices de langage employés pour corriger le bégaiement, et tous les autres défauts de prononciation... 5 »

L'ouvrage complet comprend donc sept volumes, qui se vendent séparément.

Les quatre premiers volumes sont consacrés à l'enseignement de la lecture à haute voix, de la récitation et de la conversation; mais, au besoin, deux volumes suffisent pour l'application rigoureuse de la méthode : un pour chaque division (Voir la Préface, page X).

EXERCICES

DE

LECTURE A HAUTE VOIX

ET DE

RÉCITATION

EXERCICES

DE

LECTURE A HAUTE VOIX

ET DE

RÉCITATION

DIVISIONS ÉLÉMENTAIRES

NOUVELLE ÉDITION

PARIS

MM. CHERVIN, AVENUE D'EYLAU, 90

ET CHEZ TOUS LES LIBRAIRES

ÉTUDE

THÉORIQUE ET PRATIQUE

DE LA

PRONONCIATION FRANÇAISE

MÉTHODE-CHERVIN

Il semble que l'étude de la *Prononciation française* doive commencer avec le premier enseignement. Or, c'est le contraire qui a lieu : cette étude est rejetée à la fin des grammaires, et on ne la trouve, le plus souvent, que dans quelques dictionnaires privilégiés. On apprend donc aux enfants à lire, à réciter et à converser, sans se préoccuper le moins du monde de la prononciation, comme si elle était un don naturel, qui n'a nullement besoin d'étude et de travail. Aussi qu'en résulte-t-il ? Que le principe sur lequel on s'appuie étant erroné, les enfants, les adolescents et même les adultes, se tirent ordinairement fort mal de ces sortes d'exercices, qui ont cependant une importance capitale dans l'éducation et dans l'usage de la vie.

Nous avons pensé qu'une *Étude théorique et pratique de la prononciation française,* qui prendrait l'enfant, aussitôt qu'il commence à lire, et qui le suivrait jusqu'à la fin de ses études, en se proportionnant à ses forces et à ses besoins, rendrait de grands services à l'enseignement en général, et, en particulier, à l'enseignement de la *Lecture,* de la *Récitation,* de la *Conversation* et de la *Déclamation.* De plus, cette étude offrirait un moyen infaillible de corriger tous les défauts de prononciation. Aussi avons-nous tenté de réaliser cette pensée dans l'ouvrage que nous dédions aujourd'hui aux écoles, et qui a surtout pour but l'*Enseignement de la lecture à haute voix.*

*

La *Prononciation,* prise dans un sens général, présente

1

les quatre divisions suivantes que nous avons adoptées avec plusieurs auteurs :

Prononciation élémentaire,
Prononciation expressive,
Prononciation oratoire,
Prononciation vicieuse.

Ces différentes divisions expriment des choses parfaitement distinctes, mais qui ont des points communs si nombreux entr'elles, que l'on ne peut étudier complétement l'une sans s'occuper, au moins un peu, des autres.

I. — Prononciation élémentaire : *Lettres, syllabes, mots.*

Cette partie, qui est destinée aux *Divisions élémentaires,* compte un volume d'*exercices,* dont voici le titre :

Exercices *de lecture à haute voix et de récitation.*

Les exercices débutent, dans une *Première Partie,* par des propositions isolées, des phrases isolées, et des discours ou réunions de phrases formant un sens complet, par groupes isolés. Toutes ces lectures se présentent trois fois de suite, et de la manière suivante : coupées au point de vue de la respiration ; coupées au point de vue de la respiration et des inflexions de voix ; et enfin non coupées. Puis viennent, dans une *Deuxième partie,* cent vingt sujets de divers genres qui se succèdent dans l'ordre que voici :

Un *Fait scientifique* expliqué ;
Une *Lettre d'un père à son petit garçon,* sur la première
    éducation ;
Une *Biographie* dialoguée ;
Une *Lettre d'une mère à sa petite fille,* sur la première
    éducation ;
Un *Fait scientifique* expliqué (suite) ;
Une *Poésie* enfantine.

Ces sujets sont courts : ils ne comportent pas plus d'une page chacun. Le style en est simple, clair et concis. Enfin le même sujet se présente toujours deux fois de suite : la première fois, toutes les phrases sont coupées, au double point de vue de la respiration et des inflexions de voix ; la seconde fois, toutes les coupures ont disparu, et l'élève doit les retrouver de mémoire à peu près toutes.

II. — Prononciation expressive : *Proposition, phrase, dis-
. cours.* — Style simple et style tempéré.

Cette partie, qui est destinée aux *Divisions supérieures*,
compte un volume de *Principes* et deux volumes d'*Exercices*,
intitulés de la manière suivante :

> Principes *de lecture à haute voix, de récitation et de
> conversation ;*
> Exercices *de lecture à haute voix, de récitation et de
> conversation,* 1ᵉʳ volume ;
> Exercices *de lecture à haute voix, de récitation et de
> conversation,* 2ᵉ volume.

Comme précédemment, les exercices débutent par des propositions isolées, des phrases isolées, des discours ou réunions
de phrases formant un sens complet, par groupes isolés.
Toutes ces lectures se présentent deux fois de suite : d'abord
coupées, au triple point de vue de l'accentuation, de la respiration et des inflexions de voix ; puis enfin non coupées.
Après cette préparation à la lecture expressive, se succèdent
cent vingt sujets divers, dont nous avons fait deux volumes,
à cause de leur étendue. Ces sujets sont présentés de la
manière suivante :

> Une *Narration* sur les arts industriels ;
> Une *Lettre d'un père à son fils,* sur le choix d'une profession ;
> Une *Biographie ;*
> Une *Lettre d'une mère à sa fille,* sur l'éducation de la femme ;
> Un *Dialogue* sur les sciences et les arts ;
> Une *Poésie.*

Les lectures des *Divisions supérieures*, qui nous occupent
maintenant, diffèrent des lectures des *Divisions élémentaires*
par quatre points principaux : par la nature des sujets, le
style avec lequel ils sont traités, les préparations des lectures,
et enfin l'allure du débit.

Les sujets, qui sont beaucoup plus scientifiques et qui
sont traités avec beaucoup plus de développements, présentent un résumé complet de toutes les connaissances
exigées par les programmes scolaires, comme on pourra
en juger en jetant un coup d'œil sur la *Table générale des
matières* qui fait suite à cette Préface. Quant au style, il est

à la fois plus large et plus primesautier, parce qu'il s'adresse à des enfants déjà un peu familiarisés avec les nombreuses tournures de la langue française. Cependant, nous n'avons présenté que des sujets du style simple et du style tempéré, réservant le style sublime pour les *Divisions spéciales*, dans le choix des morceaux empruntés aux meilleurs auteurs et dont nous parlons plus loin. Ici donc, nos pièces de vers sont encore un peu enfantines, comme dans le volume précédent, mais au moins elles ne feront jamais double emploi avec les nombreux recueils de poésies qui sont en usage dans toutes les écoles, parce qu'elles sont complétement inédites comme tous nos morceaux de prose. D'ailleurs, elles offriront une petite distraction, un repos, au milieu des sujets scientifiques, souvent bien sérieux pour des enfants, mais qu'il faut cependant aborder, si nous voulons sortir de l'ornière. Les préparations ne sont pas non plus les mêmes : il faut ajouter, aux anciennes, les coupures très importantes, faites au point de vue de l'accent logique, par des caractères *italiques*. Autre différence : dans les *Divisions élémentaires*, nous ne donnons jamais une lecture sans la préparer minutieusement à l'avance ; dans les *Divisions élémentaires*, nos lectures sont tantôt préparées, tantôt improvisées, c'est-à-dire non préparées. La première partie de certains sujets, — des Narrations et des Dialogues, — est préparée, la seconde ne l'est pas ; mais cette dernière lecture n'est pas au-dessus de la force des élèves déjà depuis longtemps exercés. Enfin, nous n'avons plus maintenant de *lecture syllabique :* nos coupures sont moins nombreuses et par conséquent l'allure est plus vive, sans être cependant jamais précipitée. Dans les sujets préparés, c'est la *lecture expressive posée ;* dans les sujets non préparés, où toute initiative est laissée à l'élève, c'est la *lecture expressive courante.*

III. — Prononciation oratoire : *Art oratoire, animation, geste.* — Style sublime.

Cette partie, destinée aux *Divisions spéciales*, composées des élèves d'élite, qui ont déjà ressenti les émotions oratoires et qui peuvent s'y livrer avec succès sous la direction d'un maître habile, renferme en un seul volume les *Principes* et les *Exercices*. Il a pour titre :

Principes et exercices *de déclamation.*

Dans les trois *volumes d'exercices* précédents, tous les sujets de lecture sont inédits. Dans ce volume, au contraire, tous les exercices sont pris un peu partout, afin de réunir tous les genres et de former un ensemble complet. Autre remarque importante. Dans les trois volumes précédents, tous les exercices sont expliqués et annotés par nous ; dans ce volume, au contraire, tous les exercices sont expliqués et annotés, sur notre demande, par les personnes les plus connues dans l'art de bien dire. Ainsi tous les morceaux de prose et de vers, au nombre de cinquante, qui composent ce volume, sont choisis dans les auteurs les plus estimés, et le débit en est expliqué par les artistes les plus éminents de la Comédie-Française, de l'Odéon et des autres grandes scènes de Paris.

Cependant, nous n'avons parlé de la *Déclamation* que pour ne pas laisser de lacune dans notre œuvre, et nous n'en avons dit que ce que tout adolescent un peu lettré doit savoir, renvoyant aux traités spéciaux les personnes qui se destinent à la chaire, à la tribune ou au théâtre.

IV. — PRONONCIATION VICIEUSE : *zézaiement, grasseyement, bredouillement, bégaiement,* etc.

Cette partie, qui est destinée aux *Divisions exceptionnelles*, compte un volume de *Principes* et un volume d'*Exercices*. Ils sont intitulés :

> PRINCIPES DE LANGAGE *employés pour corriger le bégaie-ment et tous les autres défauts de prononciation ;*
> EXERCICES DE LANGAGE *employés pour corriger le bégaie-ment et tous les autres défauts de prononciation.*

Nous ne pourrons publier ces deux volumes que quand nous serons chargés d'en faire l'application dans les écoles normales primaires, parce qu'une démonstration théorique et pratique est indispensable au succès. Une simple démons-tration écrite serait complètement insuffisante, et deviendrait par là même, la source de nombreuses déceptions que l'on ferait retomber sur notre méthode.

Le Comité de santé pour l'armée, l'Académie de médecine de Paris, les sociétés nationales de médecine de Lyon, de Marseille, de Toulouse, du Mans, et les commissions médicales et pédagogiques de Valence, de Nîmes, de Bordeaux, de Nantes, de Lille, etc., consultées par MM. les Préfets, ont donné leur haute approbation à la *Méthode-Chervin,* « après en avoir constaté les excellents résultats » pour la cure du bégaiement, du bredouillement, de la blésité, et de tous les autres défauts de prononciation. En même temps, ces commis-sions officielles ont fait remarquer, que cette méthode, se composait d'une gymnastique médicale ou physiologique, destinée à corriger le jeu anormal des organes phonateurs et articulateurs, et d'une gymnastique pédagogique, destinée à assouplir et à fortifier ces organes, ramenés à leur fonctionnement naturel. En conséquence, elles en ont demandé la vulgarisation dans les écoles normales primaires, afin de mettre les instituteurs à même de prévenir et de corriger tous les défauts de prononciation chez leurs élèves.

En résumé, notre *Étude théorique et pratique de la prononciation française* compte sept volumes :

Un pour les enfants de huit à douze ans ;
Trois pour les enfants de douze à quinze ;
Un pour les adolescents lettrés (*Déclamation*) ;
Deux pour les personnes qui zézayent, grassayent, bégayent, etc.

Les quatre premiers volumes sont consacrés à l'enseignement de la lecture à haute voix, de la récitation et de la conversation.

Si on nous demande, en raison de la dépense que représente cette publication spéciale, pourquoi nous n'avons pas fait qu'un ou deux volumes, nous répondrons que nous avons cherché à faire une œuvre utile, intéressante et complète, en dehors de toute considération mercantile ; que chaque volume a une destination spéciale et par conséquent se vend séparément ; et qu'enfin, dans notre esprit, la dépense de ces volumes doit être à la charge de la commune : car ces livres, qui représentent le plus puissant instrument de culture intellectuelle, font nécessairement partie du matériel de l'école. D'ailleurs, en examinant de près la question, on verra que nous n'avons que deux volumes absolument nécessaires à l'application de notre méthode de lecture à haute voix : un pour chaque division. En effet, chacun de nos volumes d'*Exercices* contient à la suite de la Préface une petite *Introduction* qui peut, jusqu'à un certain point, dispenser les élèves de l'acquisition du volume des *Principes*. Quant au deuxième volume des divisions supérieures, il est simplement le complément facultatif du premier.

*
* *

Quelques mots sur la *Méthode-Chervin* vont terminer cet exposé succinct.

Tous les rapports officiels qui ont été faits jusqu'à ce jour sur nos leçons de prononciation constatent « que la *Méthode-Chervin* est imitative, progressive et raisonnée », et, de plus, « qu'elle est sûre, facile et très expéditive. » Nous avons, en effet, basé notre méthode générale sur l'imitation, parce que, pour tout ce qui est de la diction, les préceptes ne sont rien sans l'exemple, et que l'exemple, ici, c'est la parole vivante du maître. Aussi, qu'il s'agisse d'apprendre à émettre un son, à articuler une consonne, à prononcer une proposition, une phrase, un discours ou réunion de phrases formant un sens complet, notre méthode sera toujours la même ; toujours nous aurons recours aux trois procédés suivants :

Le maître exécute seul ;
Les élèves et le maître exécutent simultanément ;
Les élèves exécutent individuellement, à tour de rôle.

Pour acquérir une bonne prononciation, il faut absolument écouter parler le maître et s'exercer à parler comme lui : tous les exemples graphiques employés pour noter les inflexions de voix, les gestes, le maintien du lecteur ou de l'orateur, ont été abandonnés par l'expérience. Seulement il faut bien distinguer l'imitation servile, qui convient à la prononciation élémentaire, d'avec l'imitation raisonnée, qui a trait à la prononciation expressive. Dans ce dernier cas, l'imitation ne peut jamais être complète, parce que les moyens d'exécution sont toujours très différents ; son but est de donner une direction générale en éclairant la route à parcourir, rien de plus.

Pour appliquer cette méthode, nous avons des livres d'*exercices* et un livre de *principes*.

Dans nos livres d'exercices, les coupures ne sont pas arbitraires, sans doute, mais elles ne sont pas toujours mathématiques, c'est-à-dire que souvent la phrase pourrait se couper de plusieurs manières différentes, selon l'allure du débit : nos coupures sont faites pour des lectures lentes, très lentes, car tous nos exercices de lecture et de récitation sont autant d'exercices de prononciation qu'il faut exécuter lentement et prolonger assez longtemps pour arriver à assouplir et à fortifier les différents organes de la parole, faire l'éducation de l'oreille, et développer le sens intellectuel. Si on lit vite nos exercices, on ne trouve plus les coupures à leurs places. Il faut donc, tout d'abord, chercher l'allure que nous avons adoptée, et qui est facile à trouver après un petit tâtonnement, et la suivre rigoureusement, afin de bien se familiariser avec ce genre d'exercice qui est d'une importance capitale. Ajoutons que les trois points indiquent une inflexion de voix seulement, que la barre verticale indique, à la fois, une inflexion et une respiration ; et enfin que les mots composés en caractères *italiques*, dans les *Divisions supérieures*, doivent porter l'accent logique. Ajoutons aussi, s'il est besoin, qu'il n'entre pas dans notre pensée, d'imposer nos coupures à tout jamais, et de coucher ainsi toutes les intelligences sur une sorte de lit de Procuste : nos lectures préparées sont de simples promenades militaires, destinées à guider et à former les jeunes recrues.

Dans notre livre de principes, nous avons suivi la prononciation adoptée par le *Dictionnaire de l'Académie*, par nos plus célèbres grammairiens, et par les lois de l'usage et du goût. D'un autre côté, nous avons cru de notre devoir, de compulser avec soin, tout ce qui a été écrit sur l'art de bien lire et de bien dire, dans le but de joindre à notre propre expérience, celle de nos devanciers.

Dans ce livre de principes, nous ne donnons pas de théorie aux enfants des *Divisions élémentaires*, mais des faits, beaucoup de faits ; nous les conduisons ainsi pratiquement à une prononciation correcte et à une lecture courante, où les pauses et les inflexions de voix sont rigoureusement observées. Nous continuons, avec les élèves des *Divisions supérieures*, à couper les phrases, au double point de vue de la respiration et des inflexions de voix, mais nous leur en donnons les raisons grammaticales, en même temps que nous leur montrons la place des divers accents : prosodique, logique et poétique. Nous exigeons de ces élèves, une lecture expressive, facile et agréable. Quant à la lecture oratoire, pathétique, réservée aux élèves d'élite qui composent les *Divisions spéciales*, elle demande des aptitudes si rares et des exercices si persévérants que M. Legouvé, un des premiers lecteurs de France, s'il n'en est le premier, nous apprend qu'il va étudier pendant trois jours une pièce de vers de Ponsard avant de la lire dans une séance publique de l'Académie française. Nos meilleurs artistes dramatiques nous font des révélations identiques. Donc, dans cette division, s'il y a beaucoup d'appelés, il y aura toujours peu d'élus. Heureusement il n'en sera pas ainsi dans les divisions précédentes, car tous les élèves arriveront à lire d'une manière fort satisfaisante, fait assez rare aujourd'hui dans les écoles, d'après les rapports de MM. les Inspecteurs et de MM^{mes} les Inspectrices.

La bonne prononciation n'est pas seulement utile dans la lecture, mais encore dans la récitation et surtout dans la conversation dont on fait un usage de tous les instants. Aussi avons-nous apporté une attention toute spéciale à ces deux dernières branches de l'enseignement, si importantes et cependant si généralement négligées.

La routine est mauvaise conseillère, et il ne serait pas raisonnable qu'on rejetât nos livres, à première vue, parce qu'ils sont rédigés sur un plan entièrement nouveau. Et nous disons nouveau, parce que l'élève sera naturellement forcé de faire, en lisant, les coupures indiquées par le sens de la phrase, de respirer à propos, et de pratiquer les inflexions de voix. Ajoutons, que nous avons fait un grand usage de la forme dialoguée, qui est particulièrement favorable à l'étude des inflexions de voix, en ce qu'elle reproduit en quelque sorte, l'image de la conversation ordinaire. Ajoutons enfin, sans entrer dans d'autres détails, que nos livres contiennent surtout un enseignement progressif et raisonné, et qu'en un mot, notre élève apprendra à lire, non plus d'une manière machinale et insipide, mais comme un artiste apprend à jouer d'un instrument, c'est-à-dire avec intelligence, avec sentiment, avec art.

Qu'on veuille bien d'abord en faire l'expérience, et l'on s'apercevra bien vite qu'ils constituent un progrès réel dans l'étude de la prononciation française. Nous donnons l'assurance la plus formelle que, partout où nos livres seront adoptés, les écoles seront transformées en quelques mois, sous le rapport de la lecture à haute voix, de la récitation et de la conversation. Qu'ils soient adoptés d'une manière générale, et dans quelques années le pays entier excellera dans l'art de bien dire. C'est dans ce but que nous nous mettons entièrement à la disposition des personnes qui voudraient bien nous faire l'honneur de nous consulter sur quelques points restés obscurs de notre enseignement.

Terminons ces explications, en reconnaissant, avec les plus grands éducateurs de la jeunesse, que ce ne sont pas les livres, même les mieux faits, qui assurent le succès, mais encore et surtout la parole du professeur, cette parole vivante et convaincue qui ouvre les intelligences et captive les esprits. Donc, merci d'avance aux maîtres et aux maîtresses qui voudront bien prendre la peine de faire fructifier notre œuvre !

Nota. — Nos trois volumes d'*Exercices de lecture* (dont un pour les *Divisions élémentaires*, et deux pour les *Divisions supérieures*) forment, à eux seuls, une petite Encyclopédie d'éducation et d'instruction complétement inédite, de plus de mille pages. On jugera de l'importance de ce travail, en jetant un coup d'œil sur le tableau suivant.

1.

TABLE GÉNÉRALE DES MATIÈRES

PREMIER VOLUME

DEUXIÈME VOLUME

Linguistique.

Formation du langage. — Des langues mortes. — Les langues modernes. — La langue française.

Narrations sur les arts industriels.

L'écriture, la sténographie, l'imprimerie, la lithographie, la gravure. — Les postes, les télégraphes, le téléphone, le phonographe. — Les aérostats et les ballons. — L'eau. — Les boissons fermentées. — La panification. — Le lait, le beurre, le fromage. — Le sel et le sucre. — Les corps gras. — Le tabac.

Lettres d'un père à son fils sur le choix d'une profession.

Le choix d'un état. — La médecine. — Le barreau. — La magistrature. — L'armée. — La marine. — La diplomatie. — L'enseignement. — L'administration. — Les finances.

Biographies.

Copernic. — Herold. — Vauban. — Jacques Arteveld. — Michel-Ange. — Karamzine. — James Watt. — Mme de Staël. — Guillaume Tell. — Pierre Corneille.

Lettre d'une mère à sa fille sur l'éducation de la femme.

L'éducation des femmes. — De la piété. — Du choix des amies. — Du choix des lectures. — Des principes essentiels à l'éducation de la femme. — De la dignité de la femme. — Du maintien chez la femme. — Coquetterie et pruderie. — Choix d'un mari. — Droits civils de la femme.

Dialogues sur les sciences et les arts.

La physique. — La chimie. — L'astronomie. — La zoologie. — La botanique. — La minéralogie et la géologie. — La littérature. — L'architecture. — La peinture, la sculpture, la photographie. — La musique.

Poésies.

Conseils aux enfants. — Fauvette, chante plus bas. — La journée d'une mère. — Donne-moi sagesse et raison. — Un faux calcul. — Bénissez sa puissance. — La grand'mère. — La charité. — Mon Dieu, veillez bien sur mon père ! — La table d'hôte.

TROISIÈME VOLUME

Narrations sur les arts industriels.

Les denrées coloniales. — La houille. — Les pierres et les marbres. — La métallurgie. — Le verre. — L'art céramique. — Les tissus et les papiers. — Les cuirs et les peaux. — Les épingles et les aiguilles. — La bijouterie et l'horlogerie.

Lettres d'un père à son fils sur le choix d'une profession.

Les officiers ministériels. — L'agriculture. — L'industrie. — Le commerce. — Les beaux-arts. — Les belles-lettres. — Le journalisme. — L'art dramatique. — Les professions manuelles. — La colonisation.

Biographies.

Jacquard. — Berzélius. — Ambroise Paré. — Eugène Delacroix. — Mme Roland. — Washington. — Mercator. — Le Camoëns. — Murillo. — Otto de Guéricke.

Lettres d'une mère à sa fille sur l'éducation de la femme.

La femme dans la famille. — La femme dans la société. — La femme qui exerce un état. — La femme artiste. — La femme indépendante. — La femme désœuvrée. — La femme du passé. — La femme du présent. — La femme de l'avenir. — Influences des institutions sociales sur la condition de la femme.

Dialogues sur les Sciences et les Arts.

La géographie. — La mythologie. — L'histoire ancienne. — L'histoire grecque. — L'histoire romaine. — L'histoire du moyen âge. — L'histoire moderne. — L'administration. — L'économie politique. — La philosophie.

Poésies.

Notre statue. — Le mal nous aveugle. — La surprise très ménagée. — Savoir attendre. — Araignée du soir, espoir. — Puérilités. — Le juge de paix. — Le hanneton. — La marguerite. — Espère !

EXERCICES

DE

LECTURE A HAUTE VOIX

ET DE RÉCITATION

DIVISIONS ÉLÉMENTAIRES

Pour compléter ce que nous avons dit dans notre *Préface*, sur ce premier volume, et sur notre méthode, nous allons nous placer, par la pensée, devant une vingtaine d'enfants de huit, neuf et dix ans, et leur donner une première leçon en ces termes :

Mes jeunes amis,

Je vais vous faire connaître le livre que vous avez entre les mains, et vous apprendre à vous en servir d'une manière utile et agréable.

Voyez d'abord qu'il a pour titre : *Exercices de lecture à haute voix et de récitation*, et qu'il est destiné aux *Divisions élémentaires*. Je vous montrerai, plus tard, de la même manière, les livres destinés aux *Divisions supérieures*. Voyez ensuite que le livre en question est divisé en deux parties, portant les indications suivantes : *Première partie* (page 1), *Exercices préparatoires sur la respiration et les inflexions*; *Deuxième partie* (page 61), *Choix de lectures morales et instructives*. Nous allons examiner ces deux parties séparément.

I

La *Première partie* contient trois séries de lectures avec ces titres : *Propositions* (page 3); *Phrases* (page 15); *Discours* ou réunion de phrases formant un sens complet (page 35).

***

Commençons notre leçon de lecture par le *Premier exercice*

(page 5.) Je vous préviens que nous lirons trois fois de suite le même exercice : 1° Je le lirai seul, pour vous indiquer le ton général; 2° Vous lirez avec moi, pour copier ma voix ; 3° Vous lirez chacun séparément, à tour de rôle, en reproduisant le plus fidèlement possible toutes mes inflexions de voix. Je commence. Mais observez, avant, que la barre verticale, que vous voyez au commencement des deux premières lignes, vous indique qu'il faudra prendre la respiration avant de commencer chaque ligne de cet exercice et des exercices suivants, jusqu'à nouvel ordre. On n'a pas répété la barre devant toutes les lignes pour éviter une profusion de signes. Je commence donc :

Premier Exercice

| Soyez fidèle
| à votre parole.

Plusieurs peu
font un beaucoup.

Erreur
n'est pas compte.

Contentement
passe richesse.

Tout homme
est mortel.

Connais-toi
toi-même.

Abondance de biens
ne nuit pas.

Promettre et tenir
sont deux.

Le combat finit
faute de combattants.

Le génie,
c'est la patience.

Plus fait douceur
que violence.

Le remords,
c'est l'ulcère de l'âme.

Donner,
c'est devenir meilleur.

Le bon sens
est maître du monde.

Je recommence cet exercice, mais cette fois vous lirez tous avec moi ; je lirai un peu haut, et vous, vous lirez plus bas, de manière à laisser ma voix dominer et diriger la vôtre :

| Soyez fidèle
| à votre parole.

Pour donner plus de précision, plus d'ensemble, à cette lecture syllabique, je vais battre la mesure sur chaque syllabe, avec une baguette, mais très faiblement, pour ne pas couvrir les voix, et dans quelques phrases seulement.

	Soyez fidèle | à votre parole.	Promettre et tenir sont deux.
Plusieurs peu font un beaucoup.	Le combat finit faute de combattants.
Erreur n'est pas compte.	Le génie, c'est la patience.
Contentement passe richesse.	Plus fait douceur que violence.
Tout homme est mortel.	Le remords, c'est l'ulcère de l'âme.
Connais-toi toi-même.	Donner, c'est devenir meilleur.
Abondance de biens ne nuit pas.	Il faut s'entr'aider les uns les autres.

Reprenons une troisième et dernière fois cet exercice, où vous allez lire individuellement une phrase, chacun à votre tour. Commencez, Paul.

| Soyez fidèle
| à votre parole.

Vous avez commis bien des fautes dans cette première lecture, je vais vous les indiquer successivement. Parlons de la *Respiration* d'abord.

1° Respirez avant de commencer à lire : on ne peut parler que lorsque la poitrine est pleine d'air ;

2° Respirez de nouveau avant d'être complétement à bout d'haleine ;

3° Inspirez longuement, mais sans bruit et sans effort ; expirez graduellement et lentement, au fur et à mesure que le besoin s'en fera sentir ;

Relisez donc cette phrase, Léon, et rappelez-vous les observations que je viens de faire et qui s'adressent à vous tous en général, et à chacun en particulier.

| Soyez fidèle
| à votre parole.

C'est bien au point de vue de la respiration, mais c'est mal à divers points de vue de *Prononciation*. Ecoutez-moi :

1º Dans le mot, prononcez distinctement chaque syllabe, mais sans la marteler ;

2º Dans la proposition, glissez toutes les syllabes les unes sur les autres, comme si elles faisaient toutes partie d'un même mot ;

3º Observez que la dernière syllabe sonore d'un mot est toujours longue, exemple : soy*ez* fidèle ;

4º Prononcez l'*y* comme deux *i* lorsqu'il est placé entre deux voyelles, exemple : *soi-iez* pour *soyez ;*

5º Prononcez faiblement l'*e* muet, à la fin des mots, exemple : *fidèl'* pour *fidèle ;*

6º Prononcez chaque voyelle et chaque consonne sans accent local, mais telles qu'elles se prononcent à Paris, à l'Académie française. Ne dites donc pas dans la proposition que nous venons de lire :

Votre	pour	Vôtre
Parôle	»	Parole

Et dans les propositions suivantes :

Érreur	pour	Èrreur
Contintemin	»	Contentement
Eume	»	Homme
Kieur	»	Cœur
Distracion	»	Distraction
Pére	»	Père
Miieu	»	Milieu
Guieu	»	Dieu
Magnière	»	Manière
Izraël	»	Israël

Allons, Emile, reprenez donc la lecture de la première proposition pour l'application des règles que je viens de formuler.

| Soy-ez-fi-dè-*le*
| à-vo-*tre*-pa-ro-*le*.

C'est très bien. Lisez de cette manière, chacun, une phrase séparément. Commencez, Charles.

Premier Exercice

| Soyez fidèle
| à votre parole.

Plusieurs peu
font un beaucoup.

· Erreur
n'est pas compte.

Contentement
passe richesse.

Tout homme est mortel.	Le génie, c'est la patience.
Connais-toi toi-même.	Plus fait douceur que violence.
Abondance de biens ne nuit pas.	Le remords, c'est l'ulcère de l'âme.
Promettre et tenir sont deux.	Donner, c'est devenir meilleur.
Le combat finit faute de combattants.	Le bon sens est maître du monde.

Nous voilà arrivés au deuxième exercice; il a surtout trait aux grandes inflexions de voix, qui sont indiquées par trois points . Là nous lirons un peu moins lentement : nous placerons, dans une seule expiration, la proposition entière, qui en demandait deux dans l'exercice précédent. Là aussi, comme partout, nous devrions lire trois fois de suite le même exercice, mais, pour ne pas trop allonger cette démonstration, nous allons tout de suite arriver à la lecture individuelle des élèves. Voici, mes amis, quelques principes sur les *inflexions de voix*, que vous aurez à appliquer dans la lecture suivante :

1° Nuancez, chantez un peu la proposition, Léon.

Soyez fidèle... à votre parole.

2° Placez une légère inflexion de voix sur chaque syllabe, comme si elle était accompagnée d'une note de musique, Albert.

Soyez fidèle... à votre parole.

3° Formez une inflexion générale, au moyen des inflexions particulières, qui soit appropriée à la marche de la proposition et au sens des paroles, Joseph.

Soyez fidèle... à votre parole.

Vous avez bien compris. Reprenez donc l'exercice dont vous allez lire une phrase, chacun à tour de rôle. A vous, François.

2ᵉ Exercice

Soyez fidèle... à votre parole.
Plusieurs peu... font un beaucoup.
Erreur... n'est pas compte.
Contentement... passe richesse.
Tout homme... est mortel.
Connais-toi... toi-même.
Abondance de biens... ne nuit pas.
Promettre et tenir... sont deux.
Le combat finit... faute de combattants.
Le génie,... c'est la patience.
Plus fait douceur... que violence.
Le remords,... c'est l'ulcère de l'âme.
Donner,... c'est devenir meilleur.
Le bon sens... est maître du monde.

Enfin, mes amis, voyons, par quelques questions, si vous avez bien compris ce que vous avez lu : car, pour que la lecture soit utile, il faut comprendre ce qu'on lit et le retenir. Que signifient donc les paroles de la première phrase? Répondez tous, chacun à votre tour, et sans vous répéter les uns les autres. Attention ! Et nous verrons qui répondra le mieux. Commencez :

Marcel   : Soyez attaché à votre parole ;
Jules   : Ne manquez pas à votre parole ;
Maurice : Faites ce que vous avez promis ;
Julien   : Remplissez vos engagements ;
Georges : Tenez votre promesse.

C'est assez pour vous donner une idée de l'exercice. Vos réponses sont généralement bonnes, et se complètent les unes les autres. Vous avez donc ainsi travaillé les uns pour les autres, dans cet exercice de traduction, qui a pour but d'éveiller et de développer chez vous l'esprit d'attention, de réflexion et de compréhension. Plus loin, dans la deuxième partie de cet ouvrage, je vous demanderai, dans le même but, de me résumer par écrit et à livre fermé, chaque lecture que vous aurez l'occasion de faire sur un sujet intéressant.

Passons sous silence les exercices analogues suivants, et arrivons à une petite halte appelée *Récapitulation* (page 13). Ici le texte n'est plus coupé, préparé, et chacun doit lire avec son initiative personnelle, en se rappelant toutefois les observations faites précédemment. Commençons, et n'oubliez pas qu'il y a dans ces exercices une grande variété de pensées, qui doivent être rendues avec une grande variété d'inflexions de voix, puisque chaque pensée, gaie ou triste, a une expression particulière. A vous, Jacques.

RÉCAPITULATION

17° Exercice

Soyez fidèle à votre parole.
A gens d'honneur, promesse vaut serment.
L'intérêt n'est rien au prix du devoir.
La main fermée ne prend pas de mouches.
Il n'est jamais tard pour bien faire.
Il n'y a pas de terre sans voisin.
Nécessité n'a pas de loi.
A vaillant homme, courte épée.
Plusieurs peu font un beaucoup.
Les véritables sages vivent tranquilles.
La familiarité engendre le mépris.
L'union fait la force.
Donner vite, c'est donner deux fois.
A brebis tondue Dieu mesure le vent.
La flèche partie ne revient plus.
Erreur n'est pas compte.

Les deux grands écueils étaient ici la précipitation et la monotonie ; et vous les avez évités tous les deux. Très bien !

*
* *

Vous venez, mes amis, de parcourir la première série des lectures vous allez maintenant voir la deuxième et la troisième, qui n'en sont que les développements naturels. Par exemple, dans la *Deuxième série*, le texte est coupé par petits groupes de mots inséparables, comme précédemment (27° exercice) ; puis par grands et petits groupes mêlés (28° exercice) ; puis, enfin, le texte est présenté sans aucune coupure (49° exercice). Ainsi nous lirons :

La langue de l'envieux
flétrit
tout ce qu'elle touche.

Puis :

La langue de l'envieux | flétrit... tout ce qu'elle touche.

Puis enfin, comme ci-dessus, mais sans indication de coupure :

La langue de l'envieux flétrit tout ce qu'elle touche.

***

Ce que nous venons de dire de la deuxième série s'applique entiè-rement, à la *troisième*, et nous lirons comme précédemment, les exercices 57°, 58° et 59°. Commençons :

> Le devoir
> est l'obligation morale
> de faire
> le bien
> et d'éviter
> le mal etc.

Ensuite :

Le devoir | est l'obligation morale | de faire... le bien | et d'éviter... le mal.

Et enfin, comme ci-dessus, mais sans indication de coupure :

Le devoir est l'obligation morale de faire le bien et d'éviter le mal.

J'ai terminé l'exposition de ma méthode de prononciation appli-quée à *la lecture à haute voix*; il me reste, mes chers amis, à appliquer cette même méthode à la *récitation* en vous disant quelques mots de la mémoire.

La mémoire est une faculté dont le travail peut être doublé et triplé par le concours des sens de la vue, de l'ouïe et surtout de l'intelligence, car, plus il y a d'ouvriers, plus il y a de besogne faite. Lors donc que vous avez à apprendre une leçon, lisez d'abord la première phrase; lisez-la attentivement, en regardant chaque mot, chaque groupe de mots; écoutez-vous lire à haute voix, si c'est possible, ou, à voix basse, si vous ne pouvez faire autrement; enfin cherchez en même temps le sens de la phrase, et les mots qui l'expriment se graveront profondément dans votre mémoire. Alors

récitez comme vous avez appris, c'est-à-dire lentement, naturellement et intelligemment ; et votre récitation charmera toutes les
oreilles, les vôtres comme celles des personnes qui vous écouteront.

J'ajouterai que toutes nos lectures peuvent être utilisées à exercer
et à meubler la mémoire. Elles seront aussi utilisées, avec succès,
comme *textes à copier* et comme *dictées*. Ainsi demain je vous
dicterai quelques lignes sur *Le Devoir* que nous venons de lire, et,
en attendant, vous copierez cet exercice et l'apprendrez par cœur.
Une dernière recommandation. Vous chercherez trois mots de cette
lecture, dans votre dictionnaire, les mots qui vous seront le moins
connus, et vous en donnerez la définition écrite à la suite de votre
copie : *Le Devoir*.

II.

La *Deuxième partie* est le complément obligé de la première.
Les exercices s'exécutent de la même façon ; mais le même texte
qui était présenté de trois manières différentes dans la première
partie n'est plus présenté que de deux manières dans la deuxième.
De plus, les sujets, qui s'adressent toujours autant au cœur qu'à
l'esprit, sont nombreux, gradués et variés. Ainsi cent vingt sujets
se succèdent comme suit : un *Fait scientifique* expliqué, une *Lettre
d'un père* à son petit garçon, une *Biographie* dialoguée, une *Lettre
d'une mère* à sa petite fille, un *Fait scientifique* expliqué, et une
Poésie enfantine. Vous verrez, en temps opportun, que les faits
scientifiques demandent peu d'inflexion de voix, que les lettres et
surtout les dialogues en demandent davantage, et enfin, que la
poésie a des allures plus élevées que la prose. Vous trouverez tous
ces renseignements avec toutes les règles que je vous ai données,
et bien d'autres encore, dans un volume, que je vous ferai bientôt
connaître, parce qu'il explique complètement celui-ci. Il a pour
titre : *Principes de lecture à haute voix, de récitation et de
conversation.*

Puisque je viens de parler de la poésie, j'ajouterai que, pour le
moment, vous devez lire le vers comme vous lisez la prose, sans
vous préoccuper de la lettre majuscule qui le commence et de la rime
qui le finit. Aussi vous ai-je écrit ces vers sous forme de prose et
sous forme de vers. Exemple (pages 73 et 74) :

| O Père... qui régnez au ciel,... votre lumineuse de-
meure, | notre père... à nous tous, | vous... dont l'œil
paternel... veille sur l'homme | en tout temps,... à toute
heure, | que votre saint nom soit béni,... sanctifié...
par la foi vive.

L'exercice suivant remet ce texte sous la forme qui lui convient
et que voici :

> O Père qui régnez au ciel,
> Votre lumineuse demeure,
> Notre père à nous tous, vous dont l'œil paternel
> Veille sur l'homme en tout temps, à toute heure,
> Que votre saint nom soit béni,
> Sanctifié par la foi vive.

Les deux exercices, présentant absolument le même texte, doivent
nécessairement se lire de la même manière. Plus tard, si vous êtes
poètes, vous lirez les vers en poètes.

***

Voilà notre méthode, dans toute sa simplicité ; mais il faut
l'appliquer rigoureusement dans tous ses détails, et avec persévérance, pour en retirer les avantages qu'elle comporte.

Les élèves, bons lecteurs, formés à cette méthode, pourront
parfaitement suppléer le maître dans les cas urgents, comme
dans tous les autres livres de lecture.

Donc, comme on le voit, il ne s'agit pas de créer un enseignement nouveau, qui viendrait encore surcharger le travail
des élèves et des maîtres ; il s'agit d'améliorer celui qui existe
dans les écoles primaires élémentaires et primaires supérieures, de manière qu'il devienne un auxiliaire de l'intelligence et de la mémoire. L'enseignement de la *Lecture à
haute voix, de la récitation et de la conversation* fait partie
intégrante de leur programme, comme l'enseignement de la
Déclamation appartient à l'art oratoire.

PREMIÈRE PARTIE

EXERCICES PRÉPARATOIRES

SUR

LA RESPIRATION ET LES INFLEXIONS

I. — LECTURES coupées au point de vue de la respiration seulement;

Mêmes lectures coupées au point de vue de la respiration et des inflexions de voix;

Mêmes lectures, mais non coupées. Ces lectures forment trois séries ayant pour titres : *Propositions*, *Phrases*, *Discours* ou réunion de plusieurs phrases formant un sens complet.

II. — QUESTIONS sur ces lectures.

III. — RÉCITATIONS de ces lectures.

Premier Exercice (1)

| Soyez fidèle
| à votre parole.

Plusieurs peu
font un beaucoup.

Erreur
n'est pas compte.

Contentement
passe richesse.

Tout homme
est mortel.

Connais-toi
toi-même.

Abondance de biens
ne nuit pas.

Promettre et tenir
sont deux.

Le combat finit
faute de combattants.

Le génie,
c'est la patience.

Plus fait douceur
que violence.

Le remords,
c'est l'ulcère de l'âme.

Donner,
c'est devenir meilleur.

Le bon sens
est maître du monde.

2e Exercice

Soyez fidèle... à votre parole.
Plusieurs peu... font un beaucoup.
Erreur... n'est pas compte.
Contentement... passe richesse.
Tout homme... est mortel.
Connais-toi... toi-même.
Abondance de biens... ne nuit pas.
Promettre et tenir... sont deux.
Le combat finit... faute de combattants.
Le génie,... c'est la patience.
Plus fait douceur... que violence.
Le remords,... c'est l'ulcère de l'âme.
Donner,... c'est devenir meilleur.
Le bon sens... est maître du monde.

QUESTIONNAIRE. — *Que signifient les paroles de la 1re phrase?
— de la 2e? — de la 3e? etc.*

1. Voir dans la *Préface* l'exposé succinct de la *Méthode.*

3ᵉ Exercice

A gens d'honneur,
promesse vaut serment.

Les véritables sages
vivent tranquilles.

Il faut compenser l'absence
par le souvenir.

Souvent d'un moindre mal
on tombe dans un pire.

Il n'est point de vertu
sans sacrifice.

Les belles actions cachées
sont les plus estimables.

La moquerie
est un défaut d'esprit.

La confiance
engage à bien faire.

Je préfère l'estime
à la faveur.

Pour savoir parler
il faut savoir écouter.

L'emploi
fait connaître un homme.

Il n'y a point
de petit ennemi.

Il vaut mieux faire envie
que pitié.

L'espérance
est le pain des malheureux.

4ᵉ Exercice

A gens d'honneur,... promesse vaut serment.
Les véritables sages... vivent tranquilles.
Il faut compenser l'absence... par le souvenir.
Souvent d'un moindre mal... on tombe dans un pire.
Il n'est point de vertu... sans sacrifice.
Les belles actions cachées... sont les plus estimables.
La moquerie... est un défaut d'esprit.
La confiance... engage à bien faire.
Je préfère l'estime... à la faveur.
Pour savoir parler... il faut savoir écouter.
L'emploi... fait connaître un homme.
Il n'y a point... de petit ennemi.
Il vaut mieux faire envie... que pitié.
L'espérance... est le pain des malheureux.

QUESTIONNAIRE. — *Que signifient les paroles de la 1ʳᵉ phrase ?
— de la 2ᵉ ? — de la 3ᵉ ? etc.*

5ᵉ Exercice

L'intérêt n'est rien
au prix du devoir.

La familiarité
engendre le mépris.

La fantaisie
fait la loi à la raison.

Obliger un ingrat,
c'est perdre le bienfait.

Le vrai sage
méprise les injures.

Mieux vaut glisser du pied
que de la langue.

La vertu s'affermit
sous les coups du malheur.

L'intention
est réputée pour le fait.

Chacun porte sa croix
en ce monde.

Ni l'or ni la grandeur
ne nous rendent heureux

La reconnaissance
est la mémoire du cœur.

La réputation
est la seconde vie de l'homme

Les hommes
ne se mesurent pas à l'aune.

L'activité
est la mère de la prospérité.

6ᵉ Exercice

L'intérêt n'est rien... au prix du devoir.
La familiarité... engendre le mépris.
La fantaisie... fait la loi à la raison.
Obliger un ingrat,... c'est perdre le bienfait.
Le vrai sage... méprise les injures.
Mieux vaut glisser du pied... que de la langue.
La vertu s'affermit... sous les coups du malheur.
L'intention... est réputée pour le fait.
Chacun porte sa croix... en ce monde.
Ni l'or ni la grandeur... ne nous rendent heureux.
La reconnaissance... est la mémoire du cœur.
La réputation... est la seconde vie de l'homme.
Les hommes... ne se mesurent pas à l'aune.
L'activité... est la mère de la prospérité.

QUESTIONNAIRE. — *Que signifient les paroles de la 1ʳᵉ phrase ?
— de la 2ᵉ ? — de la 3ᵉ ? etc.*

7ᵉ Exercice

La main fermée
ne prend pas de mouches.

L'union
fait la force.

Il faut garder une oreille
pour l'accusé.

Il ne faut pas compter
avec ses amis.

Il faut aimer ses amis
avec leurs défauts.

Pour un point
Martin perdit son âne.

L'argent prêté
veut être racheté.

Il ne faut pas se fier
sur l'avenir.

Un bon avis
vaut un œil dans la main.

L'eau trouble
est le gain du pêcheur.

Lire trop et lire trop peu
sont des défauts.

On doit regretter
un seul jour perdu.

Le plus grand des flatteurs
est l'amour-propre.

Le beau
est l'éclat du vrai et du bon.

8ᵉ Exercice

La main fermée... ne prend pas de mouches.
L'union... fait la force.
Il faut garder une oreille... pour l'accusé.
Il ne faut pas compter... avec ses amis.
Il faut aimer ses amis... avec leurs défauts.
Pour un point... Martin perdit son âne.
L'argent prêté... veut être racheté.
Il ne faut pas se fier... sur l'avenir.
Un bon avis... vaut un œil dans la main.
L'eau trouble... est le gain du pêcheur.
Lire trop et lire trop peu... sont des défauts.
On doit regretter... un seul jour perdu.
Le plus grand des flatteurs... est l'amour-propre.
Le beau... est l'éclat du vrai et du bon.

QUESTIONNAIRE. — *Que signifient les paroles de la 1ʳᵉ phrase?
— de la 2ᵉ ? — de la 3ᵉ ? etc.*

9ᵉ Exercice

Petite pluie
abat grand vent.

Donner vite,
c'est donner deux fois.

Beaucoup d'appelés,
mais peu d'élus.

Tout ignorant
est esclave.

On ne peut être bon
sans être indulgent.

La prudence
est la mère de la sûreté.

La fin
couronne l'œuvre.

Force
n'est pas droit.

Grande fortune,
grande servitude.

Au bout du fossé
la culbute.

Un fou
avise un sage.

Mauvaise herbe
croît toujours.

La plus belle épargne
est celle du temps.

Bonne terre,
mauvais chemins.

10ᵉ Exercice

Petite pluie... abat grand vent.
Donner vite,... c'est donner deux fois.
Beaucoup d'appelés,... mais peu d'élus.
Tout ignorant... est esclave.
On ne peut être bon... sans être indulgent.
La prudence... est la mère de la sûreté.
La fin... couronne l'œuvre.
Force... n'est pas droit.
Grande fortune,... grande servitude.
Au bout du fossé... la culbute.
Un fou... avise un sage.
Mauvaise herbe... croît toujours.
La plus belle épargne... est celle du temps.
Bonne terre,... mauvais chemins.

QUESTIONNAIRE. — *Que signifient les paroles de la 1ʳᵉ phrase ? — de la 2ᵉ ? — de la 3ᵉ ? etc.*

11ᵉ Exercice

Il n'y a pas de terre
sans voisin.

A brebis tondue
Dieu mesure le vent.

Bien dire
ne dispense pas de bien faire.

Il faut faire le bien
pour lui-même.

Les petits ruisseaux
font les grandes rivières.

Les grandes pensées
viennent du cœur.

Il y a des honnêtes gens
dans tous les pays.

A l'impossible,
nul n'est tenu.

A l'ongle,
on connaît le lion.

Une main
lave l'autre.

Toute médaille
a son revers.

L'écoutant
fait le médisant

Revenir
à ses moutons.

Les murs
ont des oreilles.

12ᵉ Exercice

Il n'y a pas de terre... sans voisin.
A brebis tondue... Dieu mesure le vent.
Bien dire... ne dispense pas de bien faire
Il faut faire le bien... pour lui-même.
Les petits ruisseaux... font les grandes rivières.
Les grandes pensées... viennent du cœur.
Il y a des honnêtes gens... dans tous les pays.
A l'impossible,... nul n'est tenu.
A l'ongle,... on connaît le lion.
Une main... lave l'autre.
Toute médaille... a son revers.
L'écoutant... fait le médisant.
Revenir... à ses moutons.
Les murs... ont des oreilles.

QUESTIONNAIRE. — *Que signifient les paroles de la 1ʳᵉ phrase ?
—de la 2ᵉ ? — de la 3ᵉ ? etc.*

13ᵉ Exercice

Nécessité
n'a pas de loi.

La flèche partie
ne revient plus.

La vie
est pleine de misères.

Trouver le défaut
de la cuirasse.

Qui dort
dine.

Ne mets pas au feu
le fagot entier.

La langue tue
plus que l'épée.

L'adversité
rend sage.

Vieux amis
et comptes nouveaux.

L'art
est de cacher l'art.

Ne t'attends
qu'à toi-même.

Un homme averti
en vaut deux.

Grand vanteur,
petit faiseur.

Emprunt
n'est pas avance.

14ᵉ Exercice

Nécessité... n'a pas de loi.
La flèche partie... ne revient plus.
La vie... est pleine de misères.
Trouver le défaut... de la cuirasse.
Qui dort... dine.
Ne mets pas au feu... le fagot entier.
- La langue tue... plus que l'épée.
L'adversité... rend sage.
Vieux amis... et comptes nouveaux.
L'art... est de cacher l'art.
Ne t'attends... qu'à toi-même.
Un homme averti... en vaut deux.
Grand vanteur,... petit faiseur.
Emprunt... n'est pas avance.

QUESTIONNAIRE. — *Que signifient les paroles de la 1ʳᵉ phrase?
— de la 2ᵉ? — de la 3ᵉ? etc.*

15ᵉ Exercice

A vaillant homme,
courte épée.

L'esprit voit vite,
juste et bien.

Expérience
passe science.

Les extrêmes
se touchent.

Heureux les gens qui savent
se contenter de peu.

On apprend
en faisant.

Il n'est jamais tard
pour bien faire.

A chacun le sien,
n'est pas trop.

A l'œuvre,
on connaît l'ouvrier.

Il coûte plus
de faire le mal que le bien.

Les bons maîtres
font les bons valets.

Il faut semer
pour moissonner.

Il faut faire le bien
pour lui-même.

L'étude
embellit la vie.

16ᵉ Exercice

A vaillant homme,... courte épée.
L'esprit voit vite,... juste et bien.
Expérience... passe science.
Les extrêmes... se touchent.
Heureux les gens qui savent... se contenter de peu.
On apprend... en faisant.
Il n'est jamais tard... pour bien faire.
A chacun le sien,... n'est pas trop.
A l'œuvre,... on connaît l'ouvrier.
Il coûte plus... de faire le mal que le bien.
Les bons maîtres... font les bons valets
Il faut semer... pour moissonner.
Il faut faire le bien... pour lui-même.
L'étude... embellit la vie.

QUESTIONNAIRE. — *Que signifient les paroles de la 1ʳᵉ phrase?
— de la 2ᵉ? — de la 3ᵉ? etc.*

RÉCAPITULATION

17° Exercice

Soyez fidèle à votre parole.
A gens d'honneur, promesse vaut serment.
L'intérêt n'est rien au prix du devoir.
La main fermée ne prend pas de mouches.
Il n'est jamais tard pour bien faire.
Il n'y a pas de terre sans voisin.
Nécessité n'a pas de loi.
A vaillant homme, courte épée.
Plusieurs peu font un beaucoup.
Les véritables sages vivent tranquilles.
La familiarité engendre le mépris.
L'union fait la force.
Donner vite, c'est donner deux fois.
A brebis tondue Dieu mesure le vent.
La flèche partie ne revient plus.
Erreur n'est pas compte.

18° Exercice

Il faut compenser l'absence par le souvenir.
La fantaisie fait la loi à la raison.
Il faut garder une oreille pour l'accusé.
Beaucoup d'appelés, mais peu d'élus.
Bien dire ne dispense pas de bien faire.
La vie est pleine de misères.
Expérience passe science.
Contentement passe richesse.
Souvent d'un moindre mal on tombe dans un pire.
Obliger un ingrat, c'est perdre le bienfait.
Il ne faut pas compter avec ses amis.
Tout ignorant est esclave.
Il faut faire le bien pour lui-même.
Trouver le défaut de la cuirasse.
Les extrêmes se touchent.
Tout homme est mortel.

19ᵉ Exercice

Il n'est point de vertu sans sacrifice.
Le vrai sage méprise les injures.
Il faut aimer ses amis avec leurs défauts.
On ne peut être bon sans être indulgent.
Les petits ruisseaux font les grandes rivières.
Qui dort dîne.
Heureux les gens qui savent se contenter de peu.
Connais-toi toi-même.
Les belles actions cachées sont les plus estimables.
Mieux vaut glisser du pied que de la langue.
Pour un point Martin perdit son âne.
La prudence est la mère de la sûreté.
Les grandes pensées viennent du cœur.
Ne mets pas au feu le fagot entier.
On apprend en faisant.
Abondance de biens ne nuit pas.

20ᵉ Exercice

La moquerie est un défaut d'esprit.
La vertu s'affermit sous les coups du malheur.
L'argent prêté veut être racheté.
La fin couronne l'œuvre.
Il y a des honnêtes gens dans tous les pays.
La langue tue plus que l'épée.
Donner, c'est devenir meilleur.
Promettre et tenir sont deux.
La confiance engage à bien faire.
L'intention est réputée pour le fait.
Il ne faut pas se fier sur l'avenir.
Force n'est pas droit.
A l'impossible, nul n'est tenu.
L'adversité rend sage.
A chacun le sien, n'est pas trop.
Le combat finit faute de combattants.

DEUXIÈME SÉRIE

—

PHRASES

21ᵉ Exercice

On a toujours assez vécu,
quand on a bien vécu.

L'homme entièrement seul
est celui qui n'a pas d'amis

Comme il ne comprend rien,
un sot fronde sans cesse.

Qui trop embrasse
mal étreint.

Qui bat le chien
frappe le maître.

Oublie les injures,
jamais les bienfaits.

La religion réunit
ce que la mort sépare.

La passion entraîne
et la raison conduit.

Ce n'est pas assez de voir,
il faut encore prévoir.

Qui promet trop
inspire la défiance.

Parler c'est dépenser,
écouter c'est acquérir.

On affaiblit toujours
ce qu'on exagère.

Qui cesse d'être ami
ne l'a jamais été.

Mange pour vivre,
et ne vis pas pour manger.

22ᵉ Exercice

On a toujours assez vécu,... quand on a bien vécu.
L'homme entièrement seul... est celui qui n'a pas d'amis.
Comme il ne comprend rien,... un sot fronde sans cesse.
Qui trop embrasse... mal étreint.
Qui bat le chien... frappe le maître.
Oublie les injures,... jamais les bienfaits.
La religion réunit... ce que la mort sépare.
La passion entraîne... et la raison conduit.
Ce n'est pas assez de voir,... il faut encore prévoir.
Qui promet trop... inspire la défiance.
Parler c'est dépenser,... écouter c'est acquérir.
On affaiblit toujours... ce qu'on exagère.
Qui cesse d'être ami... ne l'a jamais été.
Mange pour vivre,... et ne vis pas pour manger.

QUESTIONNAIRE. — *Que signifient les paroles de la 1ʳᵉ phrase ?
— de la 2ᵉ ? — de la 3ᵉ ? etc.*

23ᵉ Exercice

Il n'est si petit métier
qui ne nourrisse son maître.

La critique est aisée
et l'art est difficile.

Tant va la cruche à l'eau
qu'à la fin elle se brise.

C'est la plus mauvaise roue
qui crie toujours.

Il n'y a si petit buisson
qui n'ait son ombre.

Qui trop se hâte
reste en chemin.

Il n'y a que le cœur
qui sache parler au cœur.

Qui achète le superflu
vendra bientôt le nécessaire

La paresse va lentement,
la pauvreté l'atteint bientôt

On n'est pas un homme,
quand on n'aime que soi.

Fais ce que dois,
advienne que pourra.

Chacun recueille
ce qu'il a semé.

Tout ce qui simplifie
éclaircit.

Est assez riche
qui ne doit rien.

24ᵉ Exercice

Il n'est si petit métier... qui ne nourrisse son maître.
La critique est aisée... et l'art est difficile.
Tant va la cruche à l'eau... qu'à la fin elle se brise.
C'est la plus mauvaise roue... qui crie toujours.
Il n'y a si petit buisson... qui n'ait son ombre.
Qui trop se hâte... reste en chemin.
Il n'y a que le cœur... qui sache parler au cœur.
Qui achète le superflu... vendra bientôt le nécessaire.
La paresse va lentement,... la pauvreté l'atteint bientôt.
On n'est pas un homme... quand on n'aime que soi.
Fais ce que dois,... advienne que pourra.
Chacun recueille... ce qu'il a semé.
Tout ce qui simplifie... éclaircit.
Est assez riche... qui ne doit rien.

QUESTIONNAIRE.— *Que signifient les paroles de la 1ʳᵉ phrase?
— de la 2ᵉ? — de la 3ᵉ? etc.*

25ᵉ Exercice

Qui se fait brebis,
le loup le mange.

Je pense,
donc je suis.

Qui s'excuse
s'accuse.

Où la chèvre est attachée
il faut qu'elle broute.

Chien qui aboie
ne mord pas.

Il ne faut pas négliger
les petites choses.

Qui n'entend qu'une cloche
n'entend qu'un son.

Il n'est si bon cheval
qui ne bronche.

Qui se fâche
a tort.

L'homme s'agite
et Dieu le mène.

La lettre tue
et l'esprit vivifie.

Qui désire
est en peine.

L'homme propose
et Dieu dispose.

Qui oblige
fait souvent des ingrats.

26ᵉ Exercice

Qui se fait brebis,... le loup le mange.
Je pense,... donc je suis.
Qui s'excuse.... s'accuse.
Où la chèvre est attachée... il faut qu'elle broute.
Chien qui aboie... ne mord pas.
Il ne faut pas négliger... les petites choses.
Qui n'entend qu'une cloche... n'entend qu'un son.
Il n'est si bon cheval... qui ne bronche.
Qui se fâche... a tort.
L'homme s'agite... et Dieu le mène.
La lettre tue... et l'esprit vivifie.
Qui désire... est en peine.
L'homme propose... et Dieu dispose.
Qui oblige... fait souvent des ingrats.

QUESTIONNAIRE.— *Que signifient les paroles de la 1ʳᵉ phrase ? —de la 2ᵉ ? —de la 3ᵉ ? etc.*

27ᵉ Exercice

La langue de l'envieux
flétrit
tout ce qu'elle touche.

Il est meilleur
d'obéir à Dieu
qu'aux hommes.

Il n'y a qu'un seul livre
pour le génie :
la nature.

La perfection d'une pendule
n'est pas d'aller vite,
mais d'être réglée.

Le paradis de la terre
est comme celui du ciel,
dans la charité.

La vertu
a beaucoup de prédicateurs,
mais peu de martyrs.

Les passions
allument tous les flambeaux
qui incendient la terre.

L'homme social
vit plus pour l'avenir
que pour le présent.

28ᵉ Exercice

La langue de l'envieux... flétrit | tout ce qu'elle touche.

Il est meilleur... d'obéir à Dieu | qu'aux hommes.

Il n'y a qu'un seul livre... pour le génie : | la nature.

La perfection d'une pendule... n'est pas d'aller vite, | mais d'être réglée.

Le paradis de la terre... est comme celui du ciel, | dans la charité.

La vertu... a beaucoup de prédicateurs, | mais peu de martyrs.

Les passions... allument tous les flambeaux | qui incendient la terre.

L'homme social... vit plus pour l'avenir | que pour le présent.

QUESTIONNAIRE. — *Que signifient les paroles de la 1ʳᵉ phrase? — de la 2ᵉ ? — de la 3ᵉ ? etc.*

29ᵉ Exercice

Tout flatteur
vit aux dépens
de celui qui l'écoute.

Ceux qui choquent le moins
l'amour-propre des autres,
sont les plus aimables.

Le premier de tous les biens
n'est pas dans l'autorité,
mais dans la liberté.

L'harmonie
frappe l'esprit
comme l'oreille.

Il ne faut juger d'un homme
par ce qu'il ignore,
mais par ce qu'il sait.

Ne faites pas à autrui
ce que vous ne voudriez pas
qui vous fût fait.

Quand la voiture est brisée,
il y en a beaucoup
qui montrent le bon chemin.

Ce n'est pas la tête
qu'il faut porter haut,
c'est le cœur.

30ᵉ Exercice

Tout flatteur | vit aux dépens... de celui qui l'écoute.

Ceux qui choquent le moins... l'amour-propre des autres | sont les plus aimables.

Le premier de tous les biens... n'est pas dans l'autorité, | mais dans la liberté.

L'harmonie... frappe l'esprit... comme l'oreille.

Il ne faut pas juger d'un homme... par ce qu'il ignore, | mais par ce qu'il sait.

Ne faites pas à autrui | ce que vous ne voudriez pas... qui vous fût fait.

Quand la voiture est brisée, | il y en a beaucoup... qui montrent le bon chemin.

Ce n'est pas la tête... qu'il faut porter haut, | c'est le cœur.

QUESTIONNAIRE. — *Que signifient les paroles de la 1ʳᵉ phrase? — de la 2ᵉ ? — de la 3ᵉ ? etc.*

31° Exercice

L'homme fort
est celui
qui sait être malheureux.

L'adversité,
qui abat les cœurs faibles,
grandit les âmes fortes.

Dès qu'on sent
qu'on est en colère,
il ne faut ni parler ni agir.

Quand il n'y a que nous
qui savons nos fautes,
elles sont bientôt oubliées.

Il n'y a que le cœur
qui aille aussi vite
que l'hirondelle.

Ce n'est pas assez
d'avoir de grandes qualités,
il faut les utiliser.

Le bon goût
vient plus du jugement
que de l'esprit.

Les enfants
ont plus besoin de modèles
que de critique.

32° Exercice

L'homme fort... est celui... qui sait être malheureux.

L'adversité,... qui abat les cœurs faibles, | grandit les âmes fortes.

Dès qu'on sent... qu'on est en colère, | il ne faut ni parler ni agir.

Quand il n'y a que nous... qui savons nos fautes, | elles sont bientôt oubliées.

Il n'y a que le cœur | qui aille aussi vite... que l'hirondelle.

Ce n'est pas assez... d'avoir de grandes qualités, | il faut les utiliser.

Le bon goût | vient plus du jugement... que de l'esprit.

Les enfants | ont plus besoin de modèles... que de critique.

QUESTIONNAIRE. — *Que signifient les paroles de la 1re phrase? — de la 2e? — de la 3e? etc.*

33ᵉ Exercice

Il y a de l'or
au fond de tout ;
il ne s'agit
que de creuser.

L'honneur acquis
est caution
de celui
qu'on doit acquérir.

On aime
à deviner les autres,
mais on n'aime pas
à être deviné.

Ceux qui sont amis
de tout le monde
ne le sont
de personne.

L'homme sage
qui veut vivre en repos
doit être sourd,
aveugle et muet.

La terre
ne refuse ses dons
qu'à ceux qui refusent
de lui donner leurs peines.

34ᵉ Exercice

Il y a de l'or... au fond de tout ; | il ne s'agit... que de creuser.

L'honneur acquis | est caution... de celui... qu'on doit acquérir.

On aime... à deviner les autres, | mais on n'aime pas... à être deviné.

Ceux qui sont amis... de tout le monde | ne le sont... de personne.

L'homme sage... qui veut vivre en repos | doit être sourd,... aveugle et muet.

La terre... ne refuse ses dons | qu'à ceux qui refusent... de lui donner leurs peines.

QUESTIONNAIRE. — *Que signifient les paroles de la 1ʳᵉ phrase ? — de la 2ᵉ ? — de la 3ᵉ ? etc.*

35° Exercice

Dieu a voulu
que l'abondance des uns
suppléât
à la nécessité des autres.

L'accent
est l'âme du discours;
il lui donne le sentiment
et la vérité.

Nous nous croyons bientôt
les plus habiles,
quand nous sommes
les plus heureux.

L'avare
ne possède pas son bien ;
c'est son bien
qui le possède.

L'instruction
est un trésor,
le travail
en est la clé.

Il y a des reproches
qui louent,
et des louanges
qui médisent.

36° Exercice

Dieu a voulu... que l'abondance des uns | suppléât...
à la nécessité des autres.

Nous nous croyons bientôt... les plus habiles, | quand
nous sommes... les plus heureux.

L'instruction... est un trésor, | le travail... en est la
clé.

L'accent... est l'âme du discours; | il lui donne le
sentiment... et la vérité.

L'avare... ne possède pás son bien ; | c'est son bien...
qui le possède.

Il y a des reproches... qui louent, | et des louanges...
qui médisent.

QUESTIONNAIRE. — *Que signifient les paroles de la 1re phrase?
— de la 2e ? — de la 3e ? etc.*

87ᵉ Exercice

La bêche des esclaves
a fait plus de bien
que l'épée des conquérants
n'a fait de mal.

Plus un homme
a l'âme bonne,
moins il croit
à la méchanceté des autres.

On donne des conseils,
mais on ne donne pas
la sagesse
d'en profiter.

Les gens oisifs
sont de très-grands parleurs:
moins on pense,
plus on parle.

Les biens d'un homme
ne sont pas dans ses coffres,
mais dans l'usage
qu'il en tire.

Plus les disgrâces
sont cruelles,
plus il faut s'envelopper
de vertus.

88ᵉ Exercice

La bêche des esclaves... a fait plus de bien | que l'épée des conquérants... n'a fait de mal.

Plus un homme... a l'âme bonne, | moins il croit... à la méchanceté des autres.

On donne des conseils, | mais on ne donne pas... la sagesse... d'en profiter.

Les gens oisifs... sont de très-grands parleurs : | moins on pense,... plus on parle.

Les biens d'un homme... ne sont pas dans ses coffres, | mais dans l'usage... qu'il en tire.

Plus les disgrâces... sont cruelles, | plus il faut s'envelopper... de vertus.

QUESTIONNAIRE. — *Que signifient les paroles de la 1ʳᵉ phrase? —de la 2ᵉ? —de la 3ᵉ? etc.*

39ᵉ Exercice

Il faut autant de discrétion
pour donner des conseils
que de docilité
pour les recevoir.

La vigne
porte trois sortes de fruits :
le plaisir,
l'ivresse et le repentir.

Le soleil
ne doit jamais
se coucher
sur notre colère.

Le travail
est une meilleure ressource
contre l'ennui
que le plaisir.

L'expérience
de ses propres fautes
est un maître
qui coûte fort cher.

Il y a des gens
qui ont la mémoire pleine
mais le jugement fort vide
et fort creux.

40ᵉ Exercice

Il faut autant de discrétion... pour donner des conseils | que de docilité... pour les recevoir.

La vigne... porte trois sortes de fruits : | le plaisir,... l'ivresse et le repentir.

Le soleil | ne doit jamais... se coucher... sur notre colère.

Le travail... est une meilleure ressource... contre l'ennui | que le plaisir.

L'expérience... de ses propres fautes | est un maître... qui coûte fort cher.

Il y a des gens... qui ont la mémoire pleine, | mais le jugement fort vide... et fort creux.

QUESTIONNAIRE. — *Que signifient les paroles de la 1ʳᵉ phrase? — de la 2ᵉ ? — de la 3ᵉ ? etc.*

41ᵉ Exercice

On façonne les plantes
par la culture,
et les hommes
par l'éducation.

Nous ne trouvons guère
de gens de bon sens,
que ceux qui sont
de notre avis.

L'accent du pays
demeure dans l'esprit
et dans le cœur,
comme dans le langage.

On doit se consoler
de ses fautes
quand on a la force
de les avouer.

Il y a plus d'éloquence
dans le ton de la voix,
que dans le choix
des paroles.

Patience
et longueur de temps,
font plus que force
ni que rage.

42ᵉ Exercice

On façonne les plantes... par la culture, | et les hommes... par l'éducation.

Nous ne trouvons guère... de gens de bon sens, | que ceux qui sont... de notre avis.

L'accent du pays... demeure dans l'esprit... et dans le cœur, | comme dans le langage.

On doit se consoler... de ses fautes | quand on a la force... de les avouer.

Il y a plus d'éloquence... dans le ton de la voix, | que dans le choix... des paroles.

Patience... et longueur de temps, | font plus que force... ni que rage.

QUESTIONNAIRE.— *Que signifient les paroles de la 1ʳᵉ phrase? — de la 2ᵉ? — de la 3ᵉ? etc.*

43ᵉ Exercice

On est quelquefois un sot
avec de l'esprit ;
mais on ne l'est jamais
avec du jugement.

Nous aimons toujours
ceux qui nous admirent,
et nous n'aimons pas toujours
ceux que nous admirons.

Quelque bien
que l'on dise de nous,
on ne nous apprend rien
de nouveau.

On ne peut répondre
de son courage,
quand on n'a jamais été
dans le péril.

On peut être
plus fin qu'un autre,
mais non pas
plus que tous les autres.

Il y a du mérite
sans élévation ;
mais il n'y a point d'élévation
sans quelque mérite.

44ᵉ Exercice

On est quelquefois un sot... avec de l'esprit ; | mais on ne l'est jamais... avec du jugement.

Nous aimons toujours... ceux qui nous admirent, | et nous n'aimons pas toujours... ceux que nous admirons.

Quelque bien... que l'on dise de nous, | on ne nous apprend rien... de nouveau.

On ne peut répondre... de son courage, | quand on n'a jamais été... dans le péril.

On peut être... plus fin qu'un autre, | mais non pas... plus que tous les autres.

Il y a du mérite... sans élévation ; | mais il n'y a point d'élévation... sans quelque mérite.

QUESTIONNAIRE. — *Que signifient les paroles de la 1ʳᵉ phrase ? — de la 2ᵉ ? — de la 3ᵉ ? etc.*

45ᵉ Exercice

Il est plus facile
de paraître digne
des emplois qu'on n'a pas,
que de ceux qu'on exerce.

Ce n'est point
un grand avantage
d'avoir l'esprit vif,
si on ne l'a juste.

Nous nous flattons en vain
de persuader aux autres
ce que nous ne pensons pas
nous-mêmes.

Le monde
récompense plus souvent
les apparences du mérite,
que le mérite même.

L'homme n'est fort
que par l'union,
et n'est heureux
que par la paix.

La science
la plus nécessaire à l'homme,
c'est de se connaître
soi-même.

46ᵉ Exercice

Il est plus facile... de paraître digne... des emplois qu'on n'a pas, | que de ceux qu'on exerce.

Ce n'est point... un grand avantage... d'avoir l'esprit vif, | si on ne l'a juste.

Nous nous flattons en vain... de persuader aux autres, | ce que nous ne pensons pas... nous-mêmes.

Le monde... récompense plus souvent... les apparences du mérite, | que le mérite même.

L'homme n'est fort... que par l'union, | et n'est heureux... que par la paix.

La science... la plus nécessaire à l'homme, | c'est de se connaître... soi-même.

QUESTIONNAIRE. — *Que signifient les paroles de la 1ʳᵉ phrase ? de la 2ᵉ ? — de la 3ᵉ ? etc.*

47ᵉ Exercice

Rien n'empêche tant
d'être naturel
que l'envie
de le paraître.

Attends de tes enfants
dans ta vieillesse
ce que toi-même
auras fait pour ton père.

L'audace détruit,
le génie élève,
le bon sens conserve
et perfectionne.

La vie humaine
est semblable à un chemin
dont l'issue
est un précipice affreux.

Evitons surtout
de parler de nous-mêmes
et de nous donner
pour exemple.

Rien n'est plus désagréable
qu'un homme
qui se cite lui-même
à tout propos.

48ᵉ Exercice

Rien n'empêche tant... d'être naturel | que l'envie... de le paraître.

Attends de tes enfants... dans ta vieillesse | ce que toi-même... auras fait pour ton père.

L'audace détruit,... le génie élève, | le bon sens conserve et perfectionne.

La vie humaine... est semblable à un chemin | dont l'issue... est un précipice affreux.

Evitons surtout... de parler de nous-mêmes | et de nous donner... pour exemple.

Rien n'est plus désagréable | qu'un homme... qui se cite lui-même... à tout propos.

QUESTIONNAIRE. — *Que signifient les paroles de la 1ʳᵉ phrase? — de la 2ᵉ? — de la 3ᵉ? etc.*

RÉCAPITULATION

49° Exercice

On a toujours assez vécu, quand on a bien vécu.
La langue de l'envieux flétrit tout ce qu'elle touche.
Il y a de l'or au fond de tout; il ne s'agit que de creuser.
L'homme entièrement seul est celui qui n'a pas d'amis.
Il est meilleur d'obéir à Dieu qu'aux hommes.
L'honneur acquis est caution de celui qu'on doit acquérir.
Comme il ne comprend rien, un sot fronde sans cesse.
Il n'y a qu'un seul livre pour le génie : la nature.
On aime à deviner les autres, mais on n'aime pas à être deviné.
Qui trop embrasse mal étreint.
La perfection d'une pendule n'est pas d'aller vite, mais d'être réglée.
Ceux qui sont amis de tout le monde ne le sont de personne.
Qui bat le chien frappe le maître.
Le paradis de la terre est comme celui du ciel, dans la charité.

50° Exercice

L'homme sage qui veut vivre en repos doit être sourd, aveugle et muet.
Oublie les injures, jamais les bienfaits.
La vertu a beaucoup de prédicateurs, mais peu de martyrs.
L'accent du pays demeure dans l'esprit et dans le cœur, comme dans le langage.
La religion réunit ce que la mort sépare.
Les passions allument tous les flambeaux qui incendient la terre.
Dieu a voulu que l'abondance des uns suppléât à la nécessité des autres.
La passion entraîne et la raison conduit.
L'homme social vit plus pour l'avenir que pour le présent.
Nous nous croyons bientôt les plus habiles, quand nous sommes les plus heureux.

51ᵉ Exercice

Ce n'est pas assez de voir, il faut encore prévoir.

Tout flatteur vit aux dépens de celui qui l'écoute.

L'instruction est un trésor, le travail en est la clé.

Qui promet trop inspire la défiance.

Ceux qui choquent le moins l'amour-propre des autres sont les plus aimables.

L'accent est l'âme du discours, il lui donne le sentiment et la vérité.

On n'est pas un homme quand on n'aime que soi.

Le premier de tous les biens n'est pas dans l'autorité, mais dans la liberté.

L'avare ne possède pas son bien, c'est son bien qui le possède.

Qui se fait brebis, le loup le mange.

L'harmonie frappe l'esprit comme l'oreille.

Nous ne trouvons guère de gens de bon sens, que ceux qui sont de notre avis.

52ᵉ Exercice

Je pense, donc Dieu existe.

Il ne faut pas juger d'un homme par ce qu'il ignore, mais par ce qu'il sait.

La bêche des esclaves a fait plus de bien que l'épée des conquérants n'a fait de mal.

Qui n'entend qu'une cloche, n'entend qu'un son.

Ne faites pas à autrui ce que vous ne voudriez pas qui vous fût fait.

Plus un homme a l'âme bonne, moins il croit à la méchanceté des autres.

Il n'est si petit métier qui ne nourrisse son maître.

Quand la voiture est brisée, il y en a beaucoup qui montrent le bon chemin.

On donne des conseils, mais on ne donne pas la sagesse d'en profiter.

La critique est aisée, et l'art est difficile.

53ᵉ Exercice

Ce n'est pas la tête qu'il faut porter haut, c'est le cœur.

Les gens oisifs sont de très-grands parleurs : moins on pense, plus on parle.

Tant va la cruche à l'eau, qu'à la fin elle se brise.

L'homme fort est celui qui sait être malheureux.

Les biens d'un homme ne sont pas dans ses coffres, mais dans l'usage qu'il en tire.

C'est la plus mauvaise roue qui crie toujours.

L'adversité, qui abat les cœurs faibles, grandit les âmes fortes.

Nous nous flattons en vain de persuader aux autres, ce que nous ne pensons pas nous-mêmes.

Il n'y a si petit buisson qui n'ait son ombre.

Dès qu'on sent qu'on est en colère, il ne faut ni parler ni agir.

Il faut autant de discrétion pour donner des conseils que de docilité pour les recevoir.

54ᵉ Exercice

Qui trop se hâte reste en chemin.

Quand il n'y a que nous qui savons nos fautes, elles sont bientôt oubliées.

La vigne porte trois sortes de fruits : le plaisir, l'ivresse et le repentir.

Qui achète le superflu vendra bientôt le nécessaire.

Il n'y a que le cœur qui aille aussi vite que l'hirondelle.

Point de vertu sans religion, point de bonheur sans vertu.

Il n'y a que le cœur qui sache parler au cœur.

Ce n'est pas assez d'avoir de grandes qualités, il faut les utiliser.

Le travail est une meilleure ressource contre l'ennui que le plaisir.

La paresse va lentement, la pauvreté l'atteint bientôt.

Le bon goût vient plus du jugement que de l'esprit.

Le monde récompense plus souvent les apparences du mérite, que le mérite même.

55° Exercice

L'homme propose et Dieu dispose.

La terre ne refuse ses dons qu'à ceux qui refusent de lui donner leurs peines.

Chacun recueille ce qu'il a semé.

Il y a des reproches qui louent, et des louanges qui médisent.

La science la plus nécessaire à l'homme, c'est de se connaître soi-même.

Tout ce qui simplifie éclaircit.

Plus les disgrâces sont cruelles, plus il faut s'envelopper de vertus.

Fais ce que dois, advienne que pourra.

Il y a des gens qui ont la mémoire assez pleine, mais le jugement fort vide et fort creux.

Patience et longueur de temps, font plus que force ni que rage.

Mange pour vivre, et ne vis pas pour manger.

56° Exercice

Est assez riche qui ne doit rien.

Il y a du mérite sans élévation, mais il n'y pas d'élévation sans quelque mérite.

On affaiblit toujours ce qu'on exagère.

Rien n'est plus désagréable qu'un homme qui se cite lui-même à tout propos.

L'homme n'est fort que par l'union, et n'est heureux que par la paix.

Qui cesse d'être ami ne l'a jamais été.

Évitons surtout de parler de nous-mêmes et de nous donner pour exemple.

Parler c'est dépenser, écouter c'est acquérir.

On peut être plus fin qu'un autre, mais non pas plus que tous les autres.

Qui désire est en peine.

L'expérience de ses propres fautes est un maître qui coûte fort cher.

DISCOURS

57ᵉ Exercice

LE DEVOIR

Le *Devoir*
est l'obligation morale
de faire
le bien
et d'éviter
le mal.
On l'appelle encore
la *Loi naturelle*,
parce que le Créateur
l'a gravée,
à l'origine,
dans le cœur
de tous les hommes.
L'ensemble
des devoirs
que nous avons
à remplir
constitue
la morale.
Il faut
que l'enfant
s'accoutume
de bonne heure
à la pratique
des vertus
et développe
par l'habitude
le germe précieux
qu'il a reçu
de Dieu
en naissant.
L'enfant,
quoique jeune,
a des devoirs
à remplir
dans la société,
dès qu'il sait
discerner
le bien
d'avec le mal.
Il doit
aimer Dieu,
honorer
ses parents,
cultiver
son intelligence,
fortifier
son corps,
chérir
sa patrie,
respecter
ses maîtres,
être doux et affable
envers ceux
qui le servent,
et ne jamais maltraiter
les pauvres animaux,
qui sont aussi
des créatures
de Dieu.
Elever
les enfants
dans la pratique
du bien,
c'est créer
pour l'avenir
des citoyens utiles,
honnêtes et bons.

59° Exercice, même sujet.

LE DEVOIR

| Le *Devoir* | est l'obligation morale | de faire... le bien | et d'éviter... le mal. | On l'appelle encore... la *Loi naturelle*, | parce que le Créateur | l'a gravée,... à l'origine, | dans le cœur... de tous les hommes. | L'ensemble... des devoirs | que nous avons... à remplir | constitue... la morale. | Il faut... que l'enfant | s'accoutume... de bonne heure | à la pratique... des vertus | religieuses... et sociales, | et développe... par l'habitude | le germe précieux | qu'il a reçu... de Dieu... en naissant. | L'enfant,..., quoique jeune, | a des devoirs... à remplir... dans la société, | dès qu'il sait... discerner... le bien... d'avec le mal. | Il doit... aimer Dieu, | honorer... ses parents, | cultiver... son intelligence, | fortifier... son corps, | chérir... sa patrie, | respecter... ses maîtres, | être doux et affable... envers ceux... qui le servent, | et ne jamais maltraiter... les pauvres animaux, | qui sont aussi... des créatures... de Dieu. | Élever... les enfants | dans la pratique... du bien, | c'est créer... pour l'avenir | des citoyens utiles... honnêtes et bons.

59ᵉ **Exercice**, même sujet.

LE DEVOIR

Le *Devoir* est l'obligation morale de faire le bien et d'éviter le mal. On l'appelle encore la *Loi naturelle*, parce que le Créateur l'a gravée, à l'origine, dans le cœur de tous les hommes. L'ensemble des devoirs que nous avons à remplir constitue la morale. Il faut que l'enfant s'accoutume de bonne heure à la pratique des vertus religieuses et sociales, et développe par l'habitude le germe précieux qu'il a reçu de Dieu en naissant. L'enfant, quoique jeune, a des devoirs à remplir dans la société, dès qu'il sait discerner le bien d'avec le mal. Il doit aimer Dieu, honorer ses parents, cultiver son intelligence, fortifier son corps, chérir sa patrie, respecter ses maîtres, être doux et affable envers ceux qui le servent, et ne jamais maltraiter les pauvres animaux, qui sont aussi des créatures de Dieu. Élever les enfants dans la pratique du bien, c'est créer pour l'avenir des citoyens utiles, honnêtes et bons.

QUESTIONNAIRE

1. Qu'appelle-t-on le Devoir ? — 2. Quel nom lui donne-t-on encore ? — 3. Qu'est-ce que la morale ? — 4. Quelles sont les obligations de l'enfant ? — 5. Énumérez les différentes sortes de devoirs qu'il a à remplir. — 6. A partir de quel moment doit-il les remplir ? — 7. Pourquoi doit-on élever les enfants dans la pratique du bien ?

60° Exercice

DEVOIRS ENVERS DIEU

Le premier des devoirs
que l'enfant
doit connaître
est celui
qui consiste
à rendre
à Dieu
l'hommage
qui lui est dû.
Adorer
le Créateur
est une obligation
que vous impose
la reconnaissance
la plus vulgaire.
Enfants,
remerciez-le,
matin et soir,
de sa bonté suprême
qui vous permet
de contempler
les merveilles
de sa création
et cet univers splendide
où il trône
dans une éternelle
majesté.
Remerciez-le encore
de vous avoir donné
une âme immortelle
et le flambeau divin
qu'on nomme
la *Raison*,
qui vous éclaire,
vous dirige
et vous élève
au-dessus
des créatures
de ce monde périssable.
Les preuves
de l'existence
de Dieu
n'éclatent-elles pas
dans ces astres brillants
qui nous éclairent ?
dans cet ordre merveilleux
qui ramène
les saisons ?
dans ces lois immuables
dont il est
et sera
l'éternel législateur ?
enfin dans la nécessité
des peines
et des récompenses
après la mort ?
Tous les peuples,
même les plus sauvages,
ont adoré
un créateur.
Adorez donc
l'Être-Suprême
avec les cérémonies
que la religion
vous prescrit.
Mais le temple
qu'il préfère
est un cœur pur.

61° Exercice, même sujet.

DEVOIRS ENVERS DIEU

| Le premier des devoirs... que l'enfant... doit connaître | est celui... qui consiste | à rendre... à Dieu | l'hommage... qui lui est dû. | Adorer... le Créateur | est une obligation | que vous impose... la reconnaissance... la plus vulgaire. | Enfants, | remerciez-le,... matin et soir, | de sa bonté suprême | qui vous permet | de contempler... les merveilles... de sa création | et cet univers splendide | où il trône... dans une éternelle... majesté. | Remerciez-le encore | de vous avoir donné... une âme immortelle | et ce flambeau divin... qu'on nomme... la *Raison,* | qui vous éclaire,... vous dirige | et vous élève | au-dessus... des créatures... de ce monde périssable. | Les preuves... de l'existence... de Dieu | n'éclatent-elles pas | dans ces astres brillants... qui nous éclairent ? | dans cet ordre merveilleux... qui ramène... les saisons ? | dans ces lois immuables | dont il est... et sera... l'éternel législateur ? | enfin dans la nécessité... des peines... et des récompenses | après la mort ? | Tous les peuples,... même les plus sauvages, | ont adoré... un créateur. | Adorez donc... l'Être-Suprême | avec les cérémonies... que la religion... vous prescrit. | Mais le temple... qu'il préfère... est un cœur pur.

62° Exercice, même sujet.

DEVOIRS ENVERS DIEU

Le premier des devoirs que l'enfant doit connaître est celui qui consiste à rendre à Dieu l'hommage qui lui est dû. Adorer le Créateur est une obligation que vous impose la reconnaissance la plus vulgaire. Enfants, remerciez-le, matin et soir, de sa bonté suprême qui vous permet de contempler les merveilles de sa création et cet univers splendide où il trône dans une éternelle majesté. Remerciez-le encore de vous avoir donné une âme immortelle et ce flambeau divin qu'on nomme la *Raison*, qui vous éclaire, vous dirige et vous élève au-dessus des créatures de ce monde périssable. Les preuves de l'existence de Dieu n'éclatent-elles pas dans ces astres brillants qui nous éclairent? dans cet ordre merveilleux qui ramène les saisons? dans ces lois immuables dont il est et sera l'éternel législateur? enfin dans la nécessité des peines et des récompenses après la mort? Tous les peuples, même les plus sauvages, ont adoré un créateur. Adorez donc l'Être-Suprême avec les cérémonies que la religion vous prescrit. Mais le temple qu'il préfère est un cœur pur.

QUESTIONNAIRE

1. Quel est le premier des devoirs que l'enfant doit connaître? — 2. Quelle est l'obligation que nous impose la reconnaissance la plus vulgaire? — 3. Pourquoi devez-vous remercier Dieu? — 4. Donnez quelques preuves de l'existence de Dieu. — 5. Tous les peuples ont-ils adoré un Dieu? — 6. Comment doit-on adorer Dieu? — 7. Quel est le temple que Dieu préfère?

63ᵉ Exercice

DEVOIRS ENVERS LES PARENTS

L'obéissance
est le premier devoir
des enfants
envers leurs parents.
Il est écrit
dans la loi
donnée
à Moïse
sur le Mont-Sinaï :
« Père et mère
honoreras... »
Ces paroles
signifient
que l'enfant
ne doit jamais
manquer
au respect
envers ceux
dont il tient
l'existence.
Il ne faut
en aucun cas
abandonner
ses parents ;
et, quand ils deviendront
vieux ou infirmes,
l'enfant
les nourrira
et leur rendra
les bons soins
dont ils ont entouré
son enfance
et sa jeunesse.
L'enfant
qui manque
à ce devoir pieux
est un mauvais cœur.
La loi divine.
n'ordonne pas
d'aimer
son père
et sa mère,
parce que l'affection
est un sentiment
qui ne se commande pas.
Un père coupable
qui donnerait
de mauvais exemples
à ses enfants,
ou qui les maltraiterait
sans raison,
n'aurait pas droit
à leur affection ;
mais il a
toujours droit
au respect filial.
La Bible
nous en fournit
un exemple frappant :
Sem et Japhet,
fils de Noé,
furent bénis,
car leurs soins pieux
avaient dissimulé
la faute
de leur père.
L'insolent Cham
fut maudit.

64ᵉ Exercice, même sujet.

DEVOIRS ENVERS LES PARENTS

| L'obéissance | est le premier devoir... des enfants... envers leurs parents. | Il est écrit... dans la loi... donnée... à Moïse | sur le Mont-Sinaï : | « *Père et mère... honoreras.* » | Ces paroles... signifient | que l'enfant | ne doit jamais... manquer... au respect | envers ceux... dont il tient... l'existence. | Il ne faut... en aucun cas | abandonner... ses parents, | et, quand ils deviendront... vieux ou infirmes, | l'enfant... les nourrira | et leur rendra... les bons soins | dont ils ont entouré... son enfance... et sa jeunesse. | L'enfant... qui manque... à ce devoir pieux | est un mauvais cœur. | La loi divine | n'ordonne pas... d'aimer... son père... et sa mère, | parce que l'affection | est un sentiment... qui ne se commande pas. | Un père coupable | qui donnerait... de mauvais exemples... à ses enfants, | ou qui les maltraiterait... sans raison, | n'aurait pas droit... à leur affection ; | mais il a... toujours droit... au respect filial. | La Bible... nous en fournit... un exemple frappant : | Sem et Japhet,... fils de Noé, | furent bénis, | car leurs soins pieux | avaient dissimulé... la faute... de leur père. | L'insolent Cham... fut maudit.

65ᵉ Exercice, même sujet.

DEVOIRS ENVERS LES PARENTS.

L'obéissance est le premier devoir des enfants envers leurs parents. Il est écrit dans la loi donnée à Moïse sur le Mont-Sinaï : « Père et mère honoreras. » Ces paroles signifient que l'enfant ne doit jamais manquer au respect envers ceux dont il tient l'existence. Il ne faut, en aucun cas, abandonner ses parents ; et, quand ils deviendront vieux ou infirmes, l'enfant les nourrira et leur rendra les bons soins dont ils ont entouré son enfance et sa jeunesse. L'enfant qui manque à ce devoir pieux est un mauvais cœur. La loi divine n'ordonne pas d'aimer son père et sa mère, parce que l'affection est un sentiment qui ne se commande pas. Un père coupable qui donnerait de mauvais exemples à ses enfants, ou qui les maltraiterait sans raison, n'aurait pas droit à leur affection, mais il a toujours droit au respect filial. La Bible nous en fournit un exemple frappant : Sem et Japhet, fils de Noé, furent bénis, car leurs soins pieux avaient dissimulé la faute de leur père. L'insolent Cham fut maudit.

QUESTIONNAIRE

1. Quel est le premier devoir des enfants envers leurs parents ? — 2. Qu'y a-t-il d'écrit dans la loi donnée à Moïse sur le Mont-Sinaï ? — 3. Que signifient ces paroles ? — 4. Doit-on jamais abandonner ses parents ? — 5. Que doit faire l'enfant quand ses parents deviennent vieux ou infirmes ? — 6. Que dit-on de l'enfant qui manque à ce devoir ? — 7. Pourquoi la loi divine n'ordonne-t-elle pas d'aimer ses parents ? — 8. Un père qui maltraiterait ses enfants et leur donnerait de mauvais exemples aurait-il droit à leur affection ? — 9. Racontez l'histoire du patriarche Noé et de ses fils.

66ᵉ Exercice

DEVOIRS ENVERS LA PATRIE.

La *Patrie*
est le pays
où l'on a vu
le jour.
L'abandonner
ou combattre
contre elle
est un crime.
Thémistocle,
exilé d'Athènes
et réfugié
chez les Perses,
aima mieux
mourir
que de combattre
ses concitoyens.
L'amour
de la patrie
est tout entier
dans le dévouement
sans bornes
au sol sacré
qui renferme
ceux qui nous sont chers.
C'est à la fois
le berceau
et la tombe
de nos aïeux ;
c'est le culte
des souvenirs
et des traditions ;
chaîne invisible,
qui rattache
dans nos cœurs
le présent
au passé.
Le patriotisme
est la source
de tous les dévouements
et des actes
d'héroïsme.
C'est le patriotisme
qui inspirait
les héros grecs
quand ils défirent
les soldats perses
à Marathon.
Les Romains
furent illustres
parce qu'ils étaient
avant tout
grands patriotes.
C'est le patriotisme
qui a enfanté
Jeanne d'Arc.
C'est surtout
sur la terre
étrangère
que nous comprenons
mieux encore
ce sentiment profond
qui nous rattache
au pays
de nos ancêtres.
Nos cœurs émus
tressaillent
au seul aspect
du drapeau national.

67ᵉ Exercice, même sujet.

DEVOIRS ENVERS LA PATRIE.

| La *Patrie* | est le pays... où l'on a vu le jour. | L'abandonner... ou combattre... contre elle | est un crime. | Thémistocle,... exilé d'Athènes | et réfugié... chez les Perses, | aima mieux... mourir | que de combattre... ses concitoyens. | L'amour... de la patrie | est tout entier... dans le dévouement,... sans bornes | au sol sacré... qui renferme... ceux qui nous sont chers. | C'est à la fois | le berceau... et la tombe... de nos aïeux ; | c'est le culte... des souvenirs... et des traditions ; | chaîne invisible, | qui rattache... dans nos cœurs... le présent au passé. | Le patriotisme | est la source... de tous les dévouements | et des actes... d'héroïsme. | C'est le patriotisme | qui inspirait... les héros grecs | quand ils défirent... les soldats perses... à Marathon. | Les Romains... furent illustres | parce qu'ils étaient... avant tout... grands patriotes. | C'est le patriotisme | qui a enfanté... Jeanne d'Arc. | C'est surtout... sur la terre étrangère, | que nous comprenons... mieux encore | ce sentiment profond | qui nous rattache... au pays... de nos ancêtres. | Nos cœurs émus | tressaillent... au seul aspect... du drapeau national.

68ᵉ Exercice, même sujet.

DEVOIRS ENVERS LA PATRIE

La *Patrie* est le pays où l'on a vu le jour. L'abandonner ou combattre contre elle est un crime. Thémistocle, exilé d'Athènes et réfugié chez les Perses, aima mieux mourir que de combattre ses concitoyens. L'amour de la patrie est tout entier dans le dévouement sans bornes au sol sacré qui renferme ceux qui nous sont chers. C'est à la fois le berceau et la tombe de nos aïeux ; c'est le culte des souvenirs et des traditions ; chaîne invisible, qui rattache dans nos cœurs le présent au passé. Le patriotisme est la source de tous les dévouements et des actes d'héroïsme. C'est le patriotisme qui inspirait les héros grecs quand ils défirent les soldats perses à Marathon. Les Romains furent illustres parce qu'ils étaient, avant tout, grands patriotes. C'est le patriotisme qui a enfanté Jeanne d'Arc. C'est surtout sur la terre étrangère que nous comprenons mieux encore ce sentiment profond qui nous rattache au pays de nos ancêtres. Nos cœurs émus tressaillent au seul aspect du drapeau national.

QUESTIONNAIRE

1. Qu'est-ce que la patrie ? — 2. Doit-on abandonner sa patrie ou combattre contre elle ? — 3. Que fit Thémistocle l'Athénien ? — 4. En quoi consiste l'amour de la patrie ? — 5. Quelle est la source des actes de dévouement et d'héroïsme ? — 6. Qui inspirait les Grecs à Marathon ? — 7. Pourquoi les Romains furent-ils grands ? — 8. Quelle est la personnification la plus pure du patriotisme français ? — 9. Dans quelle circonstance comprenons-nous le mieux le sentiment patriotique ?

69° Exercice

DEVOIRS ENVERS SOI-MÊME.

Vous avez,
chers enfants,
des devoirs
à remplir
envers vous-mêmes.
Fortifiez
votre corps
par l'exercice
et la gymnastique ;
évitez
ce qui pourrait
être nuisible
à votre santé ;
meublez
votre esprit
de choses utiles ;
que votre tenue
soit propre
et correcte,
sans être recherchée.
Un proverbe dit :
la parole
est d'argent,
mais le silence
est d'or.
N'oubliez pas
de vous en faire
à vous-mêmes
l'application.
Parlez peu,
écoutez beaucoup.
Il est malséant
de voir
des enfants,
sans expérience
de la vie,
se mêler parfois
à tort et à travers
aux conversations
des gens sérieux,
et parler
d'un ton tranchant
sur des questions
dont ils n'ont pas
la moindre idée.
Ne remettez jamais
au lendemain
ce que vous pouvez
faire la veille.
Etudiez,
travaillez,
car, ainsi que l'a dit
le bon La Fontaine,
c'est le fonds
qui manque le moins.
Il n'est pas défendu
de s'amuser
et de se livrer
à une douce gaieté.
Mais ne sacrifiez pas
à des jeux stériles,
des moments précieux
qui pourraient
être mieux employés.
La vie
est courte,
et le temps perdu
ne revient jamais.

70ᵉ Exercice, même sujet.

DEVOIRS ENVERS SOI-MÊME

| Vous avez,... chers enfants, | des devoirs... à remplir... envers vous-mêmes. | Fortifiez... votre corps... par l'exercice... et la gymnastique ; | évitez... ce qui pourrait... être nuisible... à votre santé ; | meublez... votre esprit... de choses utiles ; | que votre tenue... soit propre... et correcte, | sans être recherchée. | Un proverbe dit : | la parole... est d'argent,... mais le silence... est d'or. | N'oubliez pas... de vous en faire... à vous-mêmes | l'application. | Parlez peu,... écoutez beaucoup. | Il est malséant | de voir... des enfants,... sans expérience... de la vie, | se mêler parfois... à tort et à travers | aux conversations... des gens sérieux, | et parler... d'un ton tranchant | sur des questions... dont ils n'ont pas... la moindre idée. | Ne remettez jamais... au lendemain | ce que vous pouvez... faire la veille. | Étudiez,... travaillez, | car, ainsi que l'a dit... le bon La Fontaine, | c'est le fonds... qui manque le moins. | Il n'est pas défendu... de s'amuser | et de se livrer... à une douce gaieté. | Mais ne sacrifiez pas... à des jeux stériles | des moments précieux... qui pourraient... être mieux employés. | La vie... est courte, | et le temps perdu... ne revient jamais.

71° Exercice, même sujet.

DEVOIRS ENVERS SOI-MÊME

Vous avez, chers enfants, des devoirs à remplir envers vous-mêmes. Fortifiez votre corps par l'exercice et la gymnastique; évitez ce qui pourrait être nuisible à votre santé ; meublez votre esprit de choses utiles; que votre tenue soit propre et correcte, sans être recherchée. Un proverbe dit : la parole est d'argent, mais le silence est d'or. N'oubliez pas de vous en faire à vous-mêmes l'application. Parlez peu, écoutez beaucoup. Il est malséant de voir des enfants, sans expérience de la vie, se mêler parfois à tort et à travers aux conversations des gens sérieux, et parler d'un ton tranchant sur des questions dont ils n'ont pas la moindre idée. Ne remettez jamais au lendemain ce que vous pouvez faire la veille. Étudiez, travaillez, car, ainsi que l'a dit le bon La Fontaine, c'est le fonds qui manque le moins. Il n'est pas défendu de s'amuser et de se livrer à une douce gaieté. Mais ne sacrifiez pas à des jeux stériles des moments précieux qui pourraient être mieux employés. La vie est courte, et le temps perdu ne revient jamais.

QUESTIONNAIRE

1. Avez-vous des devoirs à remplir envers vous-mêmes ? — 2. Quels sont-ils ? — 3. Quelle doit être votre tenue ? — 4. Quel proverbe doivent méditer les enfants ? — 5. Qu'est-ce qui est malséant ? — 6. Quel est le fonds qui manque le moins ? — 7. Est-il défendu de s'amuser ? — 8. Pourquoi ne doit-on pas perdre le temps ?

72ᵉ Exercice

DEVOIRS ENVERS LES SUPÉRIEURS

N'oubliez jamais,
mes jeunes amis,
que vos maîtres
tiennent
auprès de vous
la place
de vos parents.
Leur désobéir
est une faute grave,
non pas seulement
parce que vous perdez
l'excellent fruit
de leurs leçons,
mais parce que
vous faites preuve,
en agissant ainsi,
d'ingratitude
et de méchanceté.
Les rapports constants
de maître
à élève,
et d'élève
à maître,
établissent
entre eux
une parenté intellectuelle.
Vous devez donc,
enfants,
entourer
vos maîtres
d'estime
et de respect.
Leur sévérité,
qui parfois vous irrite,
n'a pour but
que votre seul intérêt
et votre avenir.
L'historien romain
Cornélius Népos
raconte,
dans son livre
des grands capitaines,
qu'Épaminondas,
général thébain,
chérissait
à tel point
son vieux maître
Lysis de Tarente,
qu'il préférait
la compagnie
de ce vieillard
triste et sévère
à celle des jeunes gens
de son âge.
Le cruel Charles IX
n'oublia jamais
son précepteur
Jacques Amyot,
et le roi
Louis XV,
bien qu'il ait été
souvent méprisable,
entoura
jusqu'à la mort
d'affection
et de respect
son vieux précepteur
le cardinal de Fleury.

73ᵉ Exercice, même sujet.

DEVOIRS ENVERS LES SUPÉRIEURS.

| N'oubliez jamais,... mes jeunes amis, | que vos maîtres... tiennent... auprès de vous | la place... de vos parents. | Leur désobéir... est une faute grave, | non pas seulement | parce que vous perdez... l'excellent fruit... de leurs leçons, | mais parce que... vous faites preuve,... en agissant ainsi, | d'ingratitude... et de méchanceté. | Les rapports constants | de maître... à élève,... et d'élève... à maître, | établissent... entre eux | une parenté intellectuelle. | Vous devez donc,... enfants, | entourer... vos maîtres... d'estime... et de respect ; | leur sévérité,... qui parfois vous irrite,... n'a pour but | que votre seul intérêt... et votre avenir. | L'historien romain... Cornélius Népos | raconte,... dans son livre... des grands capitaines, | qu'Epaminondas,... général thébain, | chérissait... à tel point | son vieux maître... Lysis de Tarente, | qu'il préférait... la compagnie... de ce vieillard... triste et sévère | à celle des jeunes gens... de son âge. | Le cruel Charles IX | n'oublia jamais... son précepteur... Jacques Amyot, | et le roi... Louis XV, | bien qu'il ait été... souvent méprisable, | entoura... jusqu'à la mort... d'affection... et de respect | son vieux précepteur... le cardinal de Fleury.

74ᵉ Exercice, même sujet.

DEVOIRS ENVERS LES SUPÉRIEURS.

N'oubliez jamais, mes jeunes amis, que vos maîtres tiennent auprès de vous la place de vos parents. Leur désobéir est une faute grave, non pas seulement parce que vous perdez l'excellent fruit de leurs leçons, mais parce que vous faites preuve, en agissant ainsi, d'ingratitude et de méchanceté. Les rapports constants de maître à élève, et d'élève à maître, établissent entre eux une parenté intellectuelle. Vous devez donc, enfants, entourer vos maîtres d'estime et de respect. Leur sévérité, qui parfois vous irrite, n'a pour but que votre seul intérêt et votre avenir. L'historien romain Cornélius Népos raconte, dans son livre des grands capitaines, qu'Epaminondas, général thébain, chérissait à tel point son vieux maître Lysis de Tarente, qu'il préférait la compagnie de ce vieillard triste et sévère à celle des jeunes gens de son âge. Le cruel Charles IX n'oublia jamais son précepteur Jacques Amyot, et le roi Louis XV, bien qu'il ait été souvent méprisable, entoura jusqu'à la mort d'affection et de respect son vieux précepteur le cardinal de Fleury.

QUESTIONNAIRE

1. Pourquoi ne faut-il pas désobéir à ses maîtres ? — 2. Qu'établissent les rapports constants de maître à élève et d'élève à maître ? — 3. Quels sont les devoirs des enfants envers leurs maîtres ? — 4. Quel est le but de la sévérité des maîtres ? — 5. Que raconte Cornélius Népos au sujet d'Epaminondas ? — 6. Que firent Charles IX et Louis XV à l'égard de leurs précepteurs ?

75ᵉ Exercice

DEVOIRS ENVERS LES INFÉRIEURS

Vous avez
des inférieurs ;
ce sont ceux
que la fortune
et l'éducation
n'ont pas favorisés,
et qui se trouvent
ainsi placés
tout au bas
de l'échelle sociale,
tandis que pour vous
le hasard
de la naissance
vous a placés
au sommet.
Si donc la fortune
vous a donné
des serviteurs,
traitez-les
avec douceur
et affabilité.
En un mot,
soyez pour eux
ce que vous voudriez
qu'ils fussent pour vous,
si la destinée
vous avait mis
à leur place.
L'orgueil
est l'indice
d'une âme vile
et d'un mauvais naturel.
Sans jamais descendre
à la basse familiarité,
qui engendre
le mépris,
soyez toujours
affables et polis,
et cherchez
à adoucir
par de bonnes paroles
les ordres
que vous donnez.
Ne méprisez jamais
les mains calleuses,
ni les vêtements usés
du travailleur.
Ce paysan hâlé,
dont la blouse bleue
est souillée
d'une terre jaunâtre,
sème pour vous
le blé doré
qui vous donne
du pain blanc.
Ce maçon
couvert de plâtre
construit
pour vos parents
la maison opulente
que vous habitez.
Si le serrurier
a les mains noires,
c'est qu'il a forgé
la grosse serrure
qui protége
votre porte
contre les rôdeurs de nuit.

76ᵉ Exercice, même sujet.

DEVOIRS ENVERS LES INFÉRIEURS

| Vous avez... des inférieurs ; | ce sont ceux... que la fortune... et l'éducation | n'ont pas favorisés, | et qui se trouvent... ainsi placés | tout au bas... de l'échelle sociale, | tandis que pour vous... le hasard... de la naissance | vous a placés... au sommet. | Si donc la fortune | vous a donné... des serviteurs, | traitez-les... avec douceur... et affabilité. | En un mot,... soyez pour eux | ce que vous voudriez... qu'ils fussent pour vous, | si la destinée... vous avait mis... à leur place. | L'orgueil... est l'indice... d'une âme vile | et d'un mauvais naturel. | Sans jamais descendre | à la basse familiarité,... qui engendre... le mépris, | soyez toujours... affables et polis ; | cherchez... à adoucir... par de bonnes paroles | les ordres... que vous donnez. | Ne méprisez jamais... les mains calleuses, | ni les vêtements usés... du travailleur. | Ce paysan hâlé, | dont la blouse bleue... est souillée... d'une terre jaunâtre, | sème pour vous... le blé doré... qui vous donne... du pain blanc. | Ce maçon... couvert de plâtre | construit... pour vos parents | la maison opulente... que vous habitez. | Si le serrurier... a les mains noires, | c'est qu'il a forgé | la grosse serrure... qui protège... votre porte | contre les rôdeurs de nuit.

77ᵉ Exercice, même sujet.

DEVOIRS ENVERS LES INFÉRIEURS

Vous avez des inférieurs ; ce sont ceux que la fortune et l'éducation n'ont pas favorisés, et qui se trouvent ainsi placés tout au bas de l'échelle sociale, tandis que pour vous le hasard de la naissance vous a placés au sommet. Si donc la fortune vous a donné des serviteurs, traitez-les avec douceur et affabilité. En un mot, soyez pour eux ce que vous voudriez qu'ils fussent pour vous, si la destinée vous avait mis à leur place. L'orgueil est l'indice d'une âme vile et d'un mauvais naturel. Sans jamais descendre à la basse familiarité, qui engendre le mépris, soyez toujours affables et polis, et cherchez à adoucir, par de bonnes paroles, les ordres que vous donnez. Ne méprisez jamais les mains calleuses, ni les vêtements usés du travailleur. Ce paysan hâlé, dont la blouse bleue est souillée d'une terre jaunâtre, sème pour vous le blé doré qui vous donne du pain blanc. Ce maçon, couvert de plâtre, construit pour vos parents la maison opulente que vous habitez. Si le serrurier a les mains noires, c'est qu'il a forgé la grosse serrure qui protége votre porte contre les rôdeurs de nuit.

QUESTIONNAIRE

1. Quels sont vos inférieurs ? — 2. Si la fortune vous a donné des serviteurs, comment devez-vous les traiter ? — 3. Que devez-vous vous rappeler à ce sujet ? — 4. Pourquoi ne faut-il pas être orgueilleux ? — 5. Que pensez-vous des mains calleuses et des vêtements usés du travailleur ? — 6. Quels services vous rendent le paysan et l'ouvrier ?

78' Exercice

DEVOIRS ENVERS LES ANIMAUX

Le Tout-Puissant
nous a donné
le droit naturel
de nous servir
des animaux
de la création.
Il nous est permis,
de par la loi divine,
de nous nourrir
de leur chair
et de nous vêtir
de leurs dépouilles.
Mais là s'arrête
la permission.
Tuer
sans nécessité
pour le plaisir seul
de tuer,
tourmenter
les pauvres animaux,
sont des actes dégradants
et qui indiquent,
chez les enfants
qui les commettent,
une âme cruelle.
Frapper
un cheval,
battre
un chien,
mutiler
un chat,
plumer vif
un oiseau,
ne sont le plus souvent

que des passe-temps joyeux
pour de jeunes étourdis.
Rentrez donc
en vous-mêmes,
et rappelez-vous
sans cesse
que les animaux
sont des créatures
de Dieu,
accessibles
comme vous
à la souffrance physique
et aux sentiments
de la nature.
Si votre œil perçant
découvre
un nid
sous la feuillée,
respectez-le.
Songez hélas !
à la douleur
de la pauvre mere
en ne retrouvant plus
sa chère couvée.
Ah ! laissez vivre
en liberté
ces pauvres petits êtres !
Pourquoi détruire en germe
cette joyeuse troupe
de chanteurs emplumés,
dont le gazouillement
salue l'aurore
et réjouit
nos bois touffus ?

79ᵉ Exercice, même sujet.

DEVOIRS ENVERS LES ANIMAUX

| Le Tout-Puissant | nous a donné... le droit naturel | de nous servir... des animaux... de la création. | Il nous est permis,... de par la loi divine, | de nous nourrir... de leur chair | et de nous vêtir... de leurs dépouilles. | Mais là s'arrête... la permission. | Tuer... sans nécessité... pour le plaisir seul... de tuer | tourmenter... les pauvres animaux, | sont des actes dégradants | et qui indiquent,... chez les enfants... qui les commettent, | une âme cruelle. | Frapper... un cheval, | battre... un chien,... mutiler... un chat, | plumer vif... un oiseau, | ne sont le plus souvent | que des passe-temps joyeux... pour de jeunes étourdis. | Rentrez donc... en vous-mêmes, | et rappelez-vous... sans cesse | que les animaux... sont des créatures,.. de Dieu, | accessibles... comme vous... à la souffrance physique | et aux sentiments... de la nature. | Si votre œil perçant... découvre... un nid... sous la feuillée, | respectez-le. | Songez hélas !... à la douleur... de la pauvre mère | en ne retrouvant plus... sa chère couvée. | Ah ! laissez vivre... en liberté... ces pauvres petits êtres ! | Pourquoi détruire en germe | cette joyeuse troupe... de chanteurs emplumés, | dont le gazouillement... salue l'aurore | et réjouit... nos bois touffus ?

80ᵉ Exercice, même sujet.

DEVOIRS ENVERS LES ANIMAUX.

Le Tout-Puissant nous a donné le droit naturel de nous servir des animaux de la création. Il nous est permis, de par la loi divine, de nous nourrir de leur chair et de nous vêtir de leurs dépouilles. Mais là s'arrête la permission. Tuer sans nécessité pour le plaisir seul de tuer, tourmenter les pauvres animaux, sont des actes dégradants et qui indiquent, chez les enfants qui les commettent, une âme cruelle. Frapper un cheval, battre un chien, mutiler un chat, plumer vif un oiseau, ne sont le plus souvent que des passe-temps joyeux pour de jeunes étourdis. Rentrez donc en vous-mêmes et rappelez-vous sans cesse que les animaux sont des créatures de Dieu, accessibles comme vous à la souffrance physique et aux sentiments de la nature. Si votre œil perçant découvre un nid sous la feuillée, respectez-le. Songez hélas ! à la douleur de la pauvre mère en ne retrouvant plus sa chère couvée. Ah ! laissez vivre en liberté ces pauvres petits êtres ! Pourquoi détruire en germe cette joyeuse troupe de chanteurs emplumés, dont le gazouillement salue l'aurore et réjouit nos bois touffus ?

QUESTIONNAIRE

1. Dieu nous a-t-il donné le droit d'utiliser les animaux ? — 2. Jusqu'où va notre droit sur les animaux ? — 3. Que peut-on dire de ceux qui tourmentent les animaux ? — 4. Que faut-il que les enfants se rappellent lorsqu'ils veulent tourmenter les animaux ? — 5. Si l'on trouve un nid, doit-on s'en emparer ou le détruire ? — 6. Pourquoi ne doit-on pas détruire les oiseaux ?

DEUXIÈME PARTIE

CHOIX DE LECTURES

MORALES ET INSTRUCTIVES

I. — LECTURES coupées au point de vue de la respiration,
et des inflexions de voix;
Mêmes lectures, mais non coupées. Toús les sujets
alternent de la manière suivante : *Fait scientifique, Lettre à un petit garçon, Biographie dialoguée, Lettre à une petite fille, Fait scientifique,
Poésie.*

II. — QUESTIONS sur ces lectures.

III. — RÉCITATION de ces lectures.

81ᵉ Exercice (1)

| LES HABITATIONS PRIMITIVES.

| Les hommes | n'ont pas toujours eu... ces splendides palais | et ces demeures commodes... qu'on admire aujourd'hui. | Les premiers humains | habitèrent..., dans le creux des rochers | et dans les profondeurs... des sombres forêts. | La nécessité... de se préserver | de la dent des bêtes féroces... et des piqûres des reptiles, | le besoin impérieux | de chercher un abri... contre l'inclémence des saisons, | firent naître l'idée... de construire des huttes. | Bientôt les huttes... se groupèrent | et formèrent... les premières bourgades.

| On a découvert,... près du lac de Zurich, | un de ces *villages lacustres,* | jadis habité... par les anciens habitants... de la vieille Europe. | Il y a quelque analogie... avec les huttes de castors | qu'on rencontre parfois | dans certaines régions... de l'Amérique du Nord. | Quelques-uns de ces travaux... des premiers âges humains | étonnent l'imagination. | On en trouve des vestiges... aux États-Unis, | et l'on a donné | le nom significatif... de *constructeurs de digues* | aux peuplades inconnues... qui les ont élevées.

| Les Gaulois,... nos ancêtres, | habitaient des cabanes | couvertes de chaume... et de feuillage. | Dans l'île d'Albion | les chaumières bretonnes | étaient construites... de la même manière. | Ces barbares entouraient... leurs misérables bourgades | d'énormes troncs d'arbre... entremêlés de pierres.

| Tacite nous apprend... que les anciens Germains | enduisaient leurs cabanes... d'une argile colorée. | Les peuples anciens... de la Grèce et de l'Italie | entassaient... l'un sur l'autre... de gros blocs de pierre, | sans le moindre ciment. | On a donné le nom... de *monuments cyclopéens* | aux ruines qui en subsistent... encore de nos jours.

---

(1) Voir dans la *Préface* l'exposé succinct de la *Méthode.*

82ᵉ Exercice, même sujet.

LES HABITATIONS PRIMITIVES

Les hommes n'ont pas toujours eu ces splendides palais et ces demeures commodes qu'on admire aujourd'hui. Les premiers humains habitèrent dans le creux des rochers et dans les profondeurs des sombres forêts. La nécessité de se préserver de la dent des bêtes féroces et des piqûres des reptiles, le besoin impérieux de chercher un abri contre l'inclémence des saisons, firent naître l'idée de construire des huttes. Bientôt les huttes se groupèrent et formèrent les premières bourgades.

On a découvert, près du lac de Zurich, un de ces *villages lacustres*, jadis habité par les anciens habitants de la vieille Europe. Il y a quelque analogie avec les huttes de castors qu'on rencontre parfois dans certaines régions de l'Amérique du Nord. Quelques-uns de ces travaux des premiers âges humains étonnent l'imagination. On en trouve des vestiges aux États-Unis, et l'on a donné le nom significatif de *constructeurs de digues* aux peuplades inconnues qui les ont élevées.

Les Gaulois, nos ancêtres, habitaient des cabanes couvertes de chaume et de feuillage. Dans l'île d'Albion les chaumières bretonnes étaient construites de la même manière. Ces barbares entouraient leurs misérables bourgades d'énormes troncs d'arbre entremêlés de pierres.

Tacite nous apprend que les anciens Germains enduisaient leurs cabanes d'une argile colorée. Les peuples anciens de la Grèce et de l'Italie entassaient l'un sur l'autre de gros blocs de pierre, sans le moindre ciment. On a donné le nom de *monuments cyclopéens* aux ruines qui en subsistent encore de nos jours.

QUESTIONNAIRE

1. Où habitèrent les premiers hommes? — 2. Qui leur donna l'idée de construire des huttes ? — 3. Comment se formèrent les premières bourgades ? — 4. Qu'a-t-on découvert près du lac de Zurich? — 5. A quoi ressemblaient les habitations lacustres ? — 6. Où trouve-t-on encore des restes des constructions primitives?—7. Quelles étaient les habitations des Gaulois et des peuples de l'île d'Albion ? — 8. Que nous apprend Tacite au sujet des habitations des anciens Germains ? — 9. Comment les peuples anciens de la Grèce et de l'Italie construisaient-ils leurs monuments? — 10. Quel nom a-t-on donné aux ruines qui en subsistent actuellement?

83ᵉ Exercice

| MON CHER FILS,

| Voilà le sixième jour... que tu es en pension, | et...
ta première lettre | est remplie de plaintes... et de récrimi-
nations. | C'est avec regret,... sans doute, | que ta mère
et moi | avons jugé nécessaire | de nous séparer d'un
fils... que nous aimons tendrement. | Mais... il s'agis-
sait ici | du succès... de tes études | et nous n'avons
pas hésité... à sacrifier... à ton intérêt | le bonheur...
que nous aurions | à te garder... près de nous. | La vie
commune | est utile... aux jeunes gens. | Elle assou-
plit... leur caractère | et fait naître... l'émulation.

| D'ailleurs, | avant de t'envoyer... à Albigny, | j'ai
pris avec soin... tous les renseignements | concernant...
la maison d'éducation | où je voulais... te placer. | Je me
suis assuré | que la vie matérielle... y était convenable, |
et que tu trouverais | auprès... de ton chef d'institu-
tion | et de sa femme | les soins d'un père... et d'une
mère. | Je me suis aussi informé | de la valeur intel-
lectuelle... et morale | du personnel... de l'établisse-
ment, | et j'ai acquis... la certitude | que tu ne pouvais
être mieux... nulle part.

| Ta lettre,... où tu te dis... si malheureux, | a beau-
coup chagriné... ta mère. | Je t'engage donc... fortement |
à ne pas... exagérer | les petites contrariétés... d'en-
fant. | Dans quelques jours, | tu auras fait... connais-
sance | d'un certain nombre... de bons camarades ; | de
plus, | l'époque des devoirs... et des leçons | va arri-
ver... d'une manière sérieuse, | et,... quand on travail-
le, | le temps passe... rapidement.

| Je t'ai promis... de t'écrire | tous les quinze jours |
Ta mère... m'a chargé de ce soin, | tandis que de
son côté | elle correspondra... avec ta sœur. | Rends-
moi la tâche | aussi agréable... que possible.

| Ta mère et moi | nous t'embrassons... de tout notre
cœur. | TON PÈRE.

84ᵉ Exercice, même sujet.

MON CHER FILS,

Voilà le sixième jour que tu es en pension, et ta première lettre est remplie de plaintes et de récriminations. C'est avec regret, sans doute, que ta mère et moi avons jugé nécessaire de nous séparer d'un fils que nous aimons tendrement. Mais il s'agissait ici du succès de tes études et nous n'avons pas hésité à sacrifier à ton intérêt le bonheur que nous aurions à te garder près de nous. La vie commune est utile aux jeunes gens. Elle assouplit leur caractère et fait naître l'émulation.

D'ailleurs, avant de t'envoyer à Albigny, j'ai pris avec soin tous les renseignements concernant la maison d'éducation où je voulais te placer. Je me suis assuré que la vie matérielle y était convenable, et que tu trouverais auprès de ton chef d'institution et de sa femme les soins d'un père et d'une mère. Je me suis aussi informé de la valeur intellectuelle et morale du personnel de l'établissement, et j'ai acquis la certitude que tu ne pouvais être mieux nulle part.

Ta lettre, où tu te dis si malheureux, a beaucoup chagriné ta mère. Je t'engage donc fortement à ne pas exagérer tes petites contrariétés d'enfant. Dans quelques jours, tu auras fait connaissance d'un certain nombre de bons camarades ; de plus, l'époque des devoirs et des leçons va arriver d'une manière sérieuse, et, quand on travaille, le temps passe rapidement.

Je t'ai promis de t'écrire tous les quinze jours. Ta mère m'a chargé de ce soin, tandis que de son côté elle correspondra avec ta sœur. Rends-moi la tâche aussi agréable que possible.

Ta mère et moi nous t'embrassons de tout notre cœur.

TON PÈRE.

QUESTIONNAIRE

1. Y a-t-il longtemps que l'enfant est en pension ? — 2. S'y plaît-il ? — 3. Pourquoi les parents l'ont-ils mis en pension ? — 4. Pourquoi la vie commune est-elle utile aux jeunes gens ? — 5. Quelles précautions ont prises les parents au sujet du pensionnat ? — 6. Quelle impression la lettre de l'enfant a-t-elle produite sur sa mère ? — 7. De quelle façon l'enfant s'habituera-t-il à la vie de pensionnat ? — 8. Qu'arrive-t-il lorsqu'on travaille ? — 9. Quelle pensée l'enfant doit-il toujours avoir à l'esprit ?

85ᵉ Exercice

LA FONTAINE.

— Où est né... La Fontaine ?

— A Château-Thierry,... en mil six cent... vingt et un.

— Connaît-on sa famille ?

— Son père | était... ce qu'on appelait alors | maître des eaux et forêts.

— Où fit-il ses études ?

— Au collége de Reims.

— Comment s'écoula... sa première jeunesse ?

— Dans l'oisiveté. | C'est en entendant... la lecture | d'une ode de Malherbe | qu'il sentit | se révéler en lui... le génie poétique.

— Fit-il alors... quelques ouvrages ?

— Ses premiers essais... furent médiocres ; | mais,... un de ses amis | lui ayant conseillé... de lire et de relire | les bons auteurs... de l'antiquité, | il s'éprit de passion... pour les poëtes latins, | et... c'est ainsi | qu'il façonna son style... et épura son goût.

— Quel âge avait-il | quand il composa... ses admirables *Fables* ?

— Il était âgé... de quarante-sept ans.

— Pourquoi La Fontaine | est-il connu... sous le sobriquet | du *Bonhomme* ?

— Parce que sa finesse... et son esprit gaulois | étaient cachés... sous un air de bonhomie.

— Comment fait-il... aimer la morale ?

— En la présentant... sous une forme agréable. | On peut ajouter... que nul mieux que lui | n'a su faire vibrer... la corde populaire.

— Comment cela ?

— *Le Loup et l'Agneau,* | les *Animaux malades de la Peste* | sont d'éloquentes protestations... contre le droit du plus fort.

— En quelle année... est mort La Fontaine ?

— En mil six cent... quatre-vingt-quinze.

86ᵉ Exercice, même sujet.

LA FONTAINE.

— Où est né La Fontaine ?

— A Château-Thierry, en mil six cent vingt et un.

— Connaît-on sa famille ?

— Son père était ce qu'on appelait alors maître des eaux et forêts.

— Où fit-il ses études ?

— Au collége de Reims.

— Comment s'écoula sa première jeunesse ?

— Dans l'oisiveté. C'est en entendant la lecture d'une ode de Malherbe qu'il sentit se révéler en lui le génie poétique.

— Fit-il alors quelques ouvrages ?

— Ses premiers essais furent médiocres; mais, un de ses amis lui ayant conseillé de lire et de relire les bons auteurs de l'antiquité, il s'éprit de passion pour les poëtes latins, et c'est ainsi qu'il façonna son style et épura son goût.

— Quel âge avait-il quand il composa ses admirables *Fables?*

— Il était âgé de quarante-sept ans.

— Pourquoi La Fontaine est-il connu sous le sobriquet du *Bonhomme?*

— Parce que sa finesse et son esprit gaulois étaient cachés sous un air de bonhomie.

— Comment fait-il aimer la morale?

— En la présentant sous une forme agréable. On peut ajouter que nul mieux que lui n'a su faire vibrer la corde populaire.

— Comment cela?

— *Le Loup et l'Agneau, les Animaux malades de la Peste* sont d'éloquentes protestations contre le droit du plus fort.

— En quelle année est mort La Fontaine?

— En mil six cent quatre-vingt-quinze.

QUESTIONNAIRE

1. Quelle profession exerçait le père de La Fontaine? — 2. Comment se révéla en lui le génie poétique? — 3. Comment La Fontaine parvint-il à devenir un grand écrivain? — 4. Quel est son principal ouvrage? — 5. Quel est le mérite des fables de La Fontaine? — 6. Citez les fables où le poëte proteste contre le droit de la force. — 7. Donnez la date de la naissance et de la mort de La Fontaine.

87° Exercice

| Ma chère fille,

| Ta lettre... m'a charmée. | J'ai appris... avec joie | que tu commençais... à te plaire... à ta pension, | et que tu avais déjà... conquis les cœurs... de tes jeunes compagnes | et l'affection... des excellentes maîtresses | qui contribuent... à la prospérité... de l'établissement.

| Pauvre chère enfant ! | Si tu savais... quelles larmes... j'ai versées | quand je t'ai vue partir... pour ta pension ! | Ton père... n'était pas moins ému... que moi, | bien qu'il ne voulût pas... le faire paraître. | Mais... j'ai dû... me raisonner. | L'institution... où je t'ai placée | est une des meilleures... que l'on puisse trouver. | Les enfants... y sont bien nourries | et reçoivent... une instruction solide, | telle qu'elle convient... à des jeunes filles | appelées un jour... à être mères de famille. | La directrice,... qui est une dame... d'un grand mérite, | veille... avec la plus vive sollicitude... sur ses pensionnaires.

| Un autre motif encore | nous a décidés,... ton père et moi, | à t'envoyer... au loin : | c'est la facilité | avec laquelle... tu pourras apprendre... l'anglais et l'italien. | Il y a... dans ton pensionnat | quelques jeunes filles anglaises. | Il te sera donc facile,... ma chère enfant, | de causer avec elles... dans leur propre langue, | et ces conversations seront,... en quelque sorte, | le complément des livres... que tu as... entre les mains.

| Nous avons dû... nous imposer | de grands... et lourds sacrifices, | pour subvenir... aux frais... de ton éducation | et de celle de ton frère. | Aussi... avons-nous l'espoir,... ma chère fille, | que tu nous donneras... toute la satisfaction | que nous sommes en droit d'attendre | de ton intelligence... et de ton bon cœur.

| Adieu !... Tu sais combien... ton père et moi | nous t'aimons... et nous t'embrassons.

| Ta Mère.

88ᵉ Exercice, même sujet.

MA CHÈRE FILLE,

Ta lettre m'a charmée. J'ai appris avec joie que tu commençais à te plaire à ta pension, et que tu avais déjà conquis les cœurs de tes jeunes compagnes et l'affection des excellentes maîtresses qui contribuent à la prospérité de l'établissement.

Pauvre chère enfant ! Si tu savais quelles larmes j'ai versées quand je t'ai vue partir pour ta pension ! Ton père n'était pas moins ému que moi, bien qu'il ne voulût pas le faire paraître. Mais j'ai dû me raisonner. L'institution où je t'ai placée est une des meilleures que l'on puisse trouver. Les enfants y sont bien nourries et reçoivent une instruction solide, telle qu'elle convient à des jeunes filles appelées un jour à être mères de famille. La directrice, qui est une dame d'un grand mérite, veille avec la plus vive sollicitude sur ses pensionnaires.

Un autre motif encore nous a décidés, ton père et moi, à t'envoyer au loin : c'est la facilité avec laquelle tu pourras apprendre l'anglais et l'italien. Il y a dans ton pensionnat quelques jeunes filles anglaises. Il te sera donc facile, ma chère enfant, de causer avec elles, dans leur propre langue, et ces conversations seront, en quelque sorte, le complément des livres que tu as entre les mains.

Nous avons dû nous imposer de grands et lourds sacrifices, pour subvenir aux frais de ton éducation et de celle de ton frère. Aussi, avons-nous l'espoir, ma chère fille, que tu nous donneras toute la satisfaction que nous sommes en droit d'attendre de ton intelligence et de ton bon cœur.

Adieu ! Tu sais combien ton père et moi nous t'aimons et nous t'embrassons.

TA MÈRE.

QUESTIONNAIRE

1. Pourquoi la mère est-elle charmée de la lettre de sa fille ? — 2. Quelle éducation reçoivent les jeunes personnes dans le pensionnat où la mère a placé sa fille ? — 3. Que fait la directrice ? — 4. Quel motif a décidé le père et la mère à mettre leur fille en pension ? — 5. Qu'y a-t-il dans le pensionnat ? — 6. Que fera la petite fille ? — 7. La pension est-elle chère ? — 8. Quels sacrifices se sont imposés les parents ? — 9. Quelle est l'espérance du père et de la mère de la petite fille ?

89ᵉ Exercice

| LES CINQ SENS.

| On distingue cinq sens : | la vue,... l'ouïe,... | l'odorat, le goût... et le toucher. | Il ne faut pas... confondre les sens | avec les organes, | qui n'en sont... que les instruments. | Chacun de nos sens | a un organe... qui lui est propre. | L'œil... est l'organe... de la vue; | l'organe de l'ouïe... est l'oreille; | l'odorat... a pour organe le nez ; | la langue et le palais... sont les organes du goût ; | le toucher | a la main pour organe, | mais il s'exerce aussi... par le corps tout entier.

| Les opérations diverses | par lesquelles les cinq sens... accomplissent leur action | ont reçu... différents noms : | l'acte de voir... se nomme *vision ;* | l'acte d'entendre... s'appelle *audition ;* | on donne le nom d'*olfaction* | à l'acte de sentir, | celui de *gustation*... à l'acte du goût; | l'acte du toucher... s'appelle le *tact* | ou bien encore... le *toucher* proprement dit.

| Les cinq sens | sont plus ou moins... perfectionnés; | beaucoup d'êtres organisés | n'ont qu'un nombre de sens... extrêmement limité | et ne perçoivent... que très-imparfaitement. | Chez d'autres,... au contraire, | certains sens sont développés... d'une façon extraordinaire. | Le chien,... par exemple, | possède un odorat | dont celui de l'homme... n'approche point. | Tous les oiseaux de proie... ont la vue perçante. | Les poissons,... plongés au sein des ondes, | entendent le moindre bruit. | Chez les sauvages, | la vue et l'ouïe | atteignent des proportions... vraiment étonnantes.

90° Exercice, même sujet.

LES CINQ SENS

On distingue cinq sens : la vue, l'ouïe, l'odorat, le goût et le toucher. Il ne faut pas confondre les sens avec les organes, qui n'en sont que les instruments. Chacun de nos sens a un organe qui lui est propre. L'œil est l'organe de la vue ; l'organe de l'ouïe est l'oreille ; l'odorat a pour organe le nez ; la langue et le palais sont les organes du goût ; le toucher a la main pour organe, mais il s'exerce aussi par le corps tout entier.

Les opérations diverses par lesquelles les cinq sens accomplissent leur action ont reçu différents noms : l'acte de voir se nomme *vision* ; l'acte d'entendre s'appelle *audition* ; on donne le nom d'*olfaction* à l'acte de sentir, celui de *gustation* à l'acte du goût ; l'acte du toucher s'appelle le *tact* ou bien encore le *toucher* proprement dit.

Les cinq sens sont plus ou moins perfectionnés ; beaucoup d'êtres organisés n'ont qu'un nombre de sens extrêmement limité, et ne perçoivent que très-imparfaitement. Chez d'autres, au contraire, certains sens sont développés d'une façon extraordinaire. Le chien, par exemple, possède un odorat dont celui de l'homme n'approche point. Tous les oiseaux de proie ont la vue perçante. Les poissons, plongés au sein des ondes, entendent le moindre bruit. Chez les sauvages, la vue et l'ouïe atteignent des proportions vraiment étonnantes.

QUESTIONNAIRE

1. Combien distingue-t-on de sens ? — 2. Nommez-les. — 3. Quelle différence y a-t-il entre les sens et les organes ? — 4. Donnez des exemples. — 5. Quels noms donne-t-on aux opérations des sens ? — 6. Les êtres organisés ont-ils tous le même nombre de sens ? — 7. Certains sens sont-ils plus développés chez les animaux que chez l'homme ? — 8. Donnez des exemples. — 9. Quels sont les sens les plus développés chez les sauvages ?

91° Exercice

| O PÈRE QUI RÉGNEZ AU CIEL.

| O Père... qui régnez au ciel,... votre lumineuse demeure, | notre Père... à nous tous, | vous... dont l'œil paternel... veille sur l'homme | en tout temps,... à tout heure,

| Que votre saint nom soit béni,... sanctifié... par la foi vive !

| Que votre règne... nous arrive... comme il s'étend... dans l'infini !

| Que votre volonté | se fasse sur la terre... comme elle est obéie aux cieux !

| Donnez-nous aujourd'hui,... nourricier tutélaire, | le pain quotidien,... aliment précieux !

| Comme nous pardonnons aux autres... les torts... qu'ils auront envers nous, | jugez de nos péchés,... ces crimes envers vous, | veuillez... nous pardonner les nôtres !

| Dans les combats sans fin... que le démon nous livre | ne laissez pas nos fronts fléchir... et se courber ;

| Et du mal,... quel qu'il soit,... où nous pourrions tomber, | que votre grâce... nous délivre !

92° Exercice, même sujet.

O PÈRE QUI RÉGNEZ AU CIEL

O Père qui régnez au ciel,
Votre lumineuse demeure,
Notre Père à nous tous, vous dont l'œil paternel
Veille sur l'homme en tout temps, à toute heure,
Que votre saint nom soit béni,
Sanctifié par la foi vive !
Que votre règne nous arrive
Comme il s'étend dans l'infini !
Que votre volonté se fasse sur la terre
Comme elle est obéie aux cieux !
Donnez-nous aujourd'hui, nourricier tutélaire,
Le pain quotidien, aliment précieux !
Comme nous pardonnons aux autres
Les torts qu'ils auront envers nous,
Jugez de nos péchés, ces crimes envers vous,
Veuillez nous pardonner les nôtres !
Dans les combats sans fin que le démon nous livre.
Ne laissez pas nos fronts fléchir et se courber ;
Et du mal, quel qu'il soit, où nous pourrions tomber,
Que votre grâce nous délivre !

QUESTIONNAIRE

1. A qui s'adresse cette prière ? — 2. Comment désignez-vous Dieu ? — 3. Que veulent dire ces mots : lumineuse demeure ? — 4. Quand Dieu veille-t-il sur vous ? — 5. Quel désir exprimez-vous ? — 6. Remplacez le mot : règne par un autre mot. — 7. Que demandez-vous aujourd'hui pour votre corps ? — 8. Expliquez cette phrase par une autre, en supprimant le mot quotidien. — 9. Est-ce qu'ici le mot : pain ne veut pas encore dire autre chose que la pâte levée et cuite au four ? — 10. De quelle manière demandez-vous que Dieu vous pardonne vos péchés ? — 11. Quelle conséquence tirez-vous de là ? — 12. Ne demandez-vous rien pour l'âme ? — 13. D'où tirez-vous ces mots : Ne nous laissez pas succomber à la tentation ?

93ᵉ Exercice.

| LES ALLUMETTES.

| Les anciens | ne connaissaient pas... les allumettes ; | pour se procurer du feu, | ils frottaient... l'un contre l'autre... deux morceaux de bois sec. | Ce procédé primitif | est encore en usage... chez les peuplades sauvages | de l'Amérique... et de l'Océanie. | L'invention du briquet... fut un progrès véritable. | On sait qu'il se compose... d'une tige d'acier | destinée à frapper... une pierre de silex | pour en faire jaillir... l'étincelle | et enflammer... l'amadou.

| Les allumettes soufrées | devinrent plus tard... d'un usage général. | Dans le siècle dernier | parut le briquet phosphorique : | c'était une petite fiole | contenant du phosphore, | dans laquelle on plongeait... l'allumette soufrée. | Le briquet phosphorique | fut à son tour détrôné... par les allumettes chimiques. | On attribue cette découverte, | qui remonte seulement... à une trentaine d'années, | à un chimiste allemand ; | mais tout fait présumer... que les allumettes chimiques | sont d'origine française, | et que leur vulgarisation... a commencé en Allemagne | et bientôt après... en Amérique | et en Angleterre. | La fabrication... des allumettes | constitue de nos jours | une industrie considérable.

| Pour fabriquer... les allumettes, | on enduit de soufre... à l'une de leurs extrémités... des bûchettes de bois sec, | que l'on plonge ensuite... dans une dissolution... de gomme arabique. | Puis on les trempe... dans un mélange pâteux | de phosphore... et de chlorate de potasse, | que l'on colore... en rouge ou en bleu | avec du cinabre... ou de l'indigo. | Cette préparation | permet... de les enflammer | par le simple frottement... sur un corps dur.

94ᵉ Exercice, même sujet.

LES ALLUMETTES

Les anciens ne connaissaient pas les allumettes ; pour se procurer du feu, ils frottaient l'un contre l'autre deux morceaux de bois sec. Ce procédé primitif est encore en usage chez les peuplades sauvages de l'Amérique et de l'Océanie. L'invention du briquet fut un progrès véritable. On sait qu'il se compose d'une tige d'acier destinée à frapper une pierre de silex pour en faire jaillir l'étincelle et enflammer l'amadou.

Les allumettes soufrées devinrent plus tard d'un usage général. Dans le siècle dernier parut le briquet phosphorique : c'était une petite fiole contenant du phosphore, dans laquelle on plongeait l'allumette soufrée. Le briquet phosphorique fut à son tour détrôné par les allumettes chimiques. On attribue cette découverte, qui remonte seulement à une trentaine d'années, à un chimiste allemand ; mais tout fait présumer que les allumettes chimiques sont d'origine française, et que leur vulgarisation a commencé en Allemagne et bientôt après en Amérique et en Angleterre. La fabrication des allumettes constitue de nos jours une industrie considérable.

Pour fabriquer les allumettes, on enduit de soufre à l'une de leurs extrémités des bûchettes de bois sec, que l'on plonge ensuite dans une dissolution de gomme arabique. Puis on les trempe dans un mélange pâteux de phosphore et de chlorate de potasse, que l'on colore en rouge ou en bleu avec du cinabre ou de l'indigo. Cette préparation permet de les enflammer par le simple frottement sur un corps dur.

QUESTIONNAIRE

1. Les anciens connaissaient-ils les allumettes ? — 2. Comment parvenaient-ils à se procurer du feu ? — 3. De quoi se compose le briquet ? — 4. A quelle époque parut le briquet phosphorique ? — 5. Décrivez le briquet phosphorique. — 6. Par quoi fut-il à son tour détrôné ? — 7. A qui attribue-t-on la découverte des allumettes chimiques ? — 8. Où se sont-elles d'abord vulgarisées ? — 9. Comment fabrique-t-on les allumettes chimiques ? — 10. A quoi sert pour les allumettes la préparation de phosphore et de chlorate de potasse ?

95ᵉ Exercice

| MON CHER FILS,

| Je ne connais... rien de plus laid | qu'un petit garçon... poltron. | On me dit... que plus d'une fois, | en allant seul... le soir | sous les grands arbres... du jardin... de ta pension, | tu as peur, | et que tu chantonnes... d'une voix mal assurée | pour raffermir... ton courage chancelant. | Comment ! | toi,... le fils... d'un ancien militaire, | tu as peur !

| Il y avait | sous le règne... de Louis XIV | un illustre marin | qui s'appelait... Jean Bart. | Un jour | qu'il livrait... aux Anglais | une bataille navale, | il s'aperçut | que son fils,... âgé de seize ans, | tremblait... de tous ses membres. | Que fit-il... alors? | Il ordonna | que l'enfant fût attaché | au grand mât... du navire ; | et c'est ainsi | qu'il le força | malgré ses pleurs... et ses cris | à assister... au combat, | au milieu... d'une pluie... de mitraille. | Je ne veux... certes pas, | mon cher enfant, | te soumettre... à une pareille épreuve. | Mais... je t'engage... sérieusement | à te corriger... de ces frayeurs puériles, | bonnes... tout au plus | pour des petites filles. | Tu sais... qu'aujourd'hui | tout le monde... est soldat. | Tu seras... dans quelques années | soldat toi-même. | Songe donc, | quelle honte... pour toi, | si tu conservais | cette détestable habitude... de t'effrayer de tout ! | Tu serais... la risée | de tes camarades.

| Relis... la charmante fable de La Fontaine | intitulée: | *Le Chameau... et les Bâtons flottants.* | Tu y apprendras | que les objets... qui nous semblent... le plus redoutables | de loin | ne nous effraient... souvent | que par la distance, | et... que dès qu'on s'en approche | on est... tout étonné | de n'y voir... rien d'extraordinaire.

| Adieu,... mon cher fils, | nous t'embrasserons,... ta mère et moi, | quand on me fera

96ᵉ Exercice, même sujet.

MON CHER FILS,

Je ne connais rien de plus laid qu'un petit garçon poltron. On me dit que plus d'une fois, en allant seul le soir sous les grands arbres du jardin de ta pension, tu as peur, et que tu chantonnes d'une voix mal assurée pour raffermir ton courage chancelant. Comment ! toi, le fils d'un ancien militaire, tu as peur !

Il y avait sous le règne de Louis XIV un illustre marin qui s'appelait Jean Bart. Un jour qu'il livrait aux Anglais une bataille navale, il s'aperçut que son fils, âgé de seize ans, tremblait de tous ses membres. Que fit-il alors ? Il ordonna que l'enfant fût attaché au grand mât du navire ; et c'est ainsi qu'il le força malgré ses pleurs et ses cris à assister au combat, au milieu d'une pluie de mitraille. Je ne veux certes pas, mon cher enfant, te soumettre à une pareille épreuve. Mais je t'engage sérieusement à te corriger de ces frayeurs puériles, bonnes tout au plus pour des petites filles. Tu sais qu'aujourd'hui tout le monde est soldat. Tu seras dans quelques années volontaire d'un an. Songe donc, quelle honte pour toi, si tu conservais cette détestable habitude de t'effrayer de tout ! Tu serais la risée de tes camarades.

Relis la charmante fable de La Fontaine intitulée : *Le Chameau et les Bâtons flottants*. Tu y apprendras que les objets qui nous semblent le plus redoutables de loin ne nous effraient souvent que par la distance, et que dès qu'on s'en approche on est tout étonné de n'y voir rien d'extraordinaire.

Adieu, mon cher fils, nous t'embrasserons, ta mère et moi, quand on me fera savoir que tu n'es plus un poltron.

TON PÈRE.

QUESTIONNAIRE

1. Qu'y a-t-il de plus laid chez un petit garçon ? — 2. Racontez l'histoire de Jean Bart et de son fils. — 3. De quoi le père engage-t-il son fils à se corriger ? — 4. Pourquoi l'enfant ne doit-il pas être poltron ? — 5. Que lui arriverait-il plus tard, s'il continuait à s'abandonner à des frayeurs puériles ? — 6. Quelle fable de La Fontaine son père l'engage-t-il à relire ? — 7. Quelle est la morale de la fable en question ? — 8. Quand le père et la mère embrasseront-ils leur fils ?

97e Exercice

|JEANNE D'ARC.

— Je ne passe jamais à Rouen... sur la place du *Vieux-Marché* | sans ressentir... une vive émotion !

— Et pourquoi cela ?

— Parce que c'est sur cette place... que fut brûlée Jeanne d'Arc | en mil quatre cent trente et un.

— C'est vrai,... je l'avais oublié.

— N'admirez-vous pas... comme moi... cette héroïque jeune fille | à qui l'antiquité... eût dressé des autels ?

— Certes oui, je l'admire ; | c'est la plus pure expression... du patriotisme national !

— De qui Jeanne d'Arc... était-elle fille ?

— De pauvres paysans... de Domrémy.

— C'était une simple bergère... des Vosges ?

— Oui. | Emue des ravages... causés par l'invasion anglaise, | elle conçut le projet... de délivrer la France.

— Comment parvint-elle... à son but ?

— On la conduisit à Chinon... devant le roi Charles VII ; | on l'arma... de pied en cap | et,... à la tête... de l'armée, | elle chevaucha... vers les murs d'Orléans.

— Que fit-elle alors ?

— Après avoir fait lever... le siége d'Orléans... à l'armée anglaise, | elle conduisit le roi... dans la cathédrale de Reims | et l'y fit sacrer.

— Ne voulut-elle pas alors... retourner dans son village ?

— Oui,... mais on la retint malgré elle | et ce fut là... l'origine de ses malheurs !

— Où fut-elle prise ?

— Au siége de Compiègne, | par l'armée Bourguignonne... qui la vendit aux Anglais.

Ainsi... ces ennemis impitoyables | livrèrent au ...er... celle qu'ils appelaient *sorcière* | et dont le seul crime... était d'être patriote.

98ᵉ Exercice, même sujet.

JEANNE D'ARC.

— Je ne passe jamais à Rouen sur la place du *Vieux-Marché* sans ressentir une vive émotion !

— Et pourquoi cela?

— Parce que c'est sur cette place que fut brûlée Jeanne d'Arc en mil quatre cent trente et un.

— C'est vrai, je l'avais oublié.

— N'admirez-vous pas comme moi cette héroïque jeune fille à qui l'antiquité eût dressé des autels?

— Certes oui, je l'admire, c'est la plus pure expression du patriotisme national !

— De qui Jeanne d'Arc était-elle fille ?

— De pauvres paysans de Domrémy.

— C'était une simple bergère des Vosges ?

— Oui. Emue des ravages causés par l'invasion anglaise, elle conçut le projet de délivrer la France.

— Comment parvint-elle à son but?

— On la conduisit à Chinon devant le roi Charles VII ; on l'arma de pied en cap, et, à la tête de l'armée, elle chevaucha vers les murs d'Orléans.

— Que fit-elle alors?

— Après avoir fait lever le siége d'Orléans à l'armée anglaise, elle conduisit le roi dans la cathédrale de Reims et l'y fit sacrer.

— Ne voulut-elle pas alors retourner dans son village?

— Oui, mais on la retint malgré elle, et ce fut là l'origine de ses malheurs !

— Où fut-elle prise?

— Au siége de Compiègne, par l'armée Bourguignonne qui la vendit aux Anglais.

— Ainsi ces ennemis impitoyables livrèrent au bûcher celle qu'ils appelaient *sorcière* et dont le seul crime était d'être patriote.

QUESTIONNAIRE

1. Où est née Jeanne d'Arc? — 2. Connaît-on sa famille ? — 3. Quel projet conçut Jeanne d'Arc? — 4. Racontez sommairement ses exploits. — 5. Quelle fut sa dernière expédition? — 6. Comment tomba-t-elle entre les mains des Anglais? — 7. Que lui arriva-t-il? — 8. Où Jeanne d'Arc fut-elle brûlée?

99ᵉ Exercice.

| MA chère fille,

| « Patience... et longueur de temps |
Font plus que force... ni que rage. » |

| Je te cite... ces deux vers... de La Fontaine, | en
réponse... à la lettre | dans laquelle... tu te plains |
d'apprendre... difficilement... tes leçons, | de n'avoir
pas le temps... de terminer... tes devoirs. | Comment
font donc... tes jeunes compagnes ? | Il me semble...
que les leçons | sont les mêmes... pour toutes les élèves.

| Il est probable... que les autres élèves | perdent...
moins de temps... que toi | ou savent mieux... tra-
vailler. | Au lieu... de t'impatienter | comme une petite
sotte | contre tes livres... et tes cahiers, | il faut lire...
et relire... avec attention | le même *alinéa*, | chercher
d'abord... à le comprendre, | puis... à le retenir. |
Une leçon comprise... est à moitié sue. | Tu apprends,...
me dis-tu,... difficilement par cœur ; | mais... la
mémoire... est une faculté | qui se développe vite | par
l'exercice... de chaque jour. | Je suis donc persuadée...
qu'en suivant ces conseils | tu ne tarderas pas... à
triompher... des obstacles naturels | qui te paraissent
aujourd'hui... invincibles.

| Quant à tes devoirs, | pour les faire... vite et bien |
il faut d'abord... bien savoir ! ce que tu as à faire, |
et commencer... par le plus pressé. | Or... pour savoir...
ce que tu as à faire, | il faut écouter attentivement...
les explications... de ta maîtresse. | Elles sont tou-
jours... une préparation... aux devoirs.

| Sache donc,... ma chère fillette, | que l'impa-
tience | ne conduit à rien... qu'au découragement... et
aux larmes, | tandis que la persévérance... vient à bout...
de tout.

| Adieu,... chère enfant, | nous t'aimons... ton père
et moi | et nous t'embrassons... de tout notre cœur.

| TA MÈRE.

100° Exercice, même sujet

MA CHÈRE FILLE,

« Patience et longueur de temps
Font plus que force ni que rage. »

Je te cite ces deux vers de La Fontaine, en réponse à la lettre dans laquelle tu te plains d'apprendre difficilement tes leçons, de n'avoir pas le temps de terminer tes devoirs. Comment font donc tes jeunes compagnes? Il me semble que les leçons sont les mêmes pour toutes les élèves.

Il est probable que les autres élèves perdent moins de temps que toi ou savent mieux travailler. Au lieu de t'impatienter comme une petite sotte contre tes livres et tes cahiers, il faut lire et relire avec attention le même *alinéa*, chercher d'abord à le comprendre, puis à le retenir. Une leçon comprise est à moitié sue. Tu apprends, me dis-tu, difficilement par cœur ; mais, la mémoire est une faculté qui se développe vite par l'exercice de chaque jour. Je suis donc persuadée qu'en suivant ces conseils tu ne tarderas pas à triompher des obstacles naturels qui te paraissent aujourd'hui invincibles.

Quant à tes devoirs, pour les faire vite et bien, il faut d'abord bien savoir ce que tu as à faire, et commencer par le plus pressé. Or, pour savoir ce que tu as à faire, il faut écouter attentivement les explications de ta maîtresse. Elles sont toujours une préparation aux devoirs.

Sache donc, ma chère fillette, que l'impatience ne conduit à rien qu'au découragement et aux larmes, tandis que la persévérance vient à bout de tout.

Adieu, chère enfant, nous t'aimons ton père et moi et nous t'embrassons de tout notre cœur.   TA MÈRE.

QUESTIONNAIRE

1. Quels vers de La Fontaine la mère cite-t-elle à sa fille ? — 2. Dans quel but cette citation du célèbre fabuliste ? — 3. Que doit faire la petite fille au lieu de s'impatienter quand elle apprend difficilement ses leçons ? — 4. Quel est le résultat d'une leçon comprise ? — 5. Que dit la petite fille ? — 6. Qu'est-ce que la mémoire ? — 7. A quoi parviendra la petite fille en suivant les conseils de sa mère ? — 8. Comment la petite fille arrivera-t-elle à faire ses devoirs vite et bien ? — 9. Comment parviendra-t-elle à savoir ce qu'elle a à faire ? — 10. Que résulte-t-il des explications de la maîtresse de la classe ? — 11. Où conduit l'impatience ?

101ᵉ Exercice.

|LES LUNETTES.

| Le nom de lunette | se donne... à des instruments d'optique | destinés à remédier... aux imperfections de la vue | ou à agrandir... le champ visuel | dans des proportions immenses. | Ce mot de lunette | est un diminutif... de celui de lune. | On prétend... que les lunettes | étaient connues en Chine... dans des temps très-anciens. | On raconte que Salomon, | le célèbre roi des Juifs, | se servait d'une boule de verre... qui grossissait les objets. | L'historien Suétone | dit que l'empereur Néron... possédait une émeraude | au travers de laquelle | il regardait... les jeux du cirque. | L'opinion commune | attribue... l'invention des lunettes | à Salvius d'Armoti | qui vivait à Florence... en mil deux cent quatre-vingt.

| Une lunette grossissante... est dite *convexe* ; | celle qui diminue les objets... se nomme *concave*. | Les lunettes prennent encore... différents noms : | *lunette d'approche*,... *lorgnette*, | *lunette de spectacle*,... *binocle*,... *monocle*,... *lorgnon*. | Le télescope... est une lunette astronomique. | Ce puissant instrument, | qui permet d'observer les astres,... dans le ciel, | à des distances énormes, | a été inventé par Galilée, | perfectionné par Kepler,... astronome allemand, | par l'illustre Newton,... et l'astronome anglais Herschell, | le même qui découvrit... la planète *Uranus*. | Le télescope le plus remarquable... de l'époque actuelle | est celui qu'on admire | à l'Observatoire de Paris. | On appelle *microscope* | une lunette grossissante | destinée à observer... les infiniment petits. | Cet admirable instrument | a été inventé... en mil six cent cinquante | par Jansen de Middlebourg. | Le microscope | a puissamment contribué | aux progrès des sciences naturelles.

103ᵉ Exercice, même sujet.

LES LUNETTES.

Le nom de lunette se donne à des instruments d'optique destinés à remédier aux imperfections de la vue ou à agrandir le champ visuel dans des proportions immenses. Ce mot de lunette est un diminutif de celui de lune. On prétend que les lunette étaient connues en Chine dans des temps très-anciens. On raconte que Salomon, le célèbre roi des Juifs, se servait d'une boule de verre qui grossissait les objets. L'historien Suétone dit que l'empereur Néron possédait une émeraude au travers de laquelle il regardait les jeux du cirque. L'opinion commune attribue l'invention des lunettes à Salvius d'Armoti, qui vivait à Florence en mil deux cent quatre-vingt.

Une lunette grossissante est dite *convexe*; celle qui diminue les objets se nomme *concave*. Les lunettes prennent encore différents noms : *lunette d'approche, lorgnette, lunette de spectacle, binocle, monocle, lorgnon*. Le *télescope* est une lunette astronomique. Ce puissant instrument, qui permet d'observer les astres, dans le ciel, à des distances énormes, a été inventé par Galilée, perfectionné par Kepler, astronome allemand, par l'illustre Newton, et l'astronome anglais Herschell, le même qui découvrit la planète *Uranus*. Le télescope le plus remarquable de l'époque actuelle est celui qu'on admire à l'Observatoire de Paris. On appelle *microscope* une lunette grossissante destinée à observer les infiniment petits. Cet admirable instrument a été inventé en mil six cent cinquante par Jansen de Middlebourg. Le microscope a puissamment contribué aux progrès des sciences naturelles.

QUESTIONNAIRE.

1. A quoi donne-t-on généralement le nom de lunette? — 2. D'où vient ce mot? — 3. L'usage des lunettes est-il ancien? — 4. Que dit-on à ce sujet du roi Salomon et de l'empereur Néron? — 5. A qui attribue-t-on l'invention des lunettes? — 6. Quel nom donne-t-on à la lunette grossissante? — 7. Quel nom à celle qui diminue les objets? — 8. Quels noms divers prennent les lunettes? — 9. Comment appelle-t-on la lunette astronomique? — 10. Par qui a été inventé le télescope? — 11. A quoi sert le microscope? — 12. A quoi a-t-il contribué?

102ᵉ Exercice.

| LE PREMIER BON POINT.

| Maman !... un bon point, | un bon point de ta petite fille si gentille ! | Maman !... un bon point,... un bon point : | range-le vite... dans un coin.

| Lorsque tu feras une lettre pour ma marraine, | tu comprends, | il faut avoir soin... de le mettre... entre les deux feuillets,... dedans. | D'abord,... elle sera contente ; | puis,... comme c'est mon premier prix, | il faudra qu'elle le présente... aux jeunes filles de Paris (1).

| Comme c'est encore un mystère... pour mon papa,... qui m'aime tant, | glisse-le... dans son secrétaire,... afin qu'il le trouve en rentrant. | Peut-être... que ce témoignage... de mes travaux bien assidus, | en lui prouvant que je suis sage, | me fera chérir... encor plus.

| Mais non. | Dans ton livre de messe... avec soin... tu le garderas, | et surtout,... fais-m'en la promesse,... au bon Dieu... tu le montreras. | En me voyant docile et bonne,... il m'aimera,... je te le dis, | et j'aurai l'espoir | qu'il me donne une place en son paradis !

---

1. Dans la lecture et la récitation, répéter le refrain après chaque stance.

5.

104e Exercice, même sujet.

LE PREMIER BON POINT.

Maman ! un bon point, un bon point
De ta petite fille
Si gentille !
Maman ! un bon point, un bon point :
Range-le vite dans un coin.

Lorsque tu feras une lettre
Pour ma marraine, tu comprends,
Il faut avoir soin de le mettre
Entre les deux feuillets, dedans.
D'abord, elle sera contente;
Puis, comme c'est mon premier prix,
Il faudra qu'elle le présente
Aux jeunes filles de Paris.

Comme c'est encore un mystère
Pour mon papa, qui m'aime tant,
Glisse-le dans son secrétaire,
Afin qu'il le trouve en rentrant.
Peut-être que ce témoignage
De mes travaux bien assidus,
En lui prouvant que je suis sage,
Me fera chérir encor plus.

Mais non. Dans ton livre de messe
Avec soin tu le garderas,
Et surtout, fais-m'en la promesse,
Au bon Dieu tu le montreras.
En me voyant docile et bonne,
Il m'aimera, je te le dis,
Et j'aurai l'espoir qu'il me donne
Une place en son paradis !

QUESTIONNAIRE

1. Que dit la petite fille à sa mère? — 2. Où la petite fille recommande-t-elle de mettre le bon point qu'elle a obtenu? — 3. Dira-t-elle tout de suite à son père qu'elle a obtenu un bon point ? — 4. Quel sera le résultat de ce bon point? — 5. A qui la mère devra-t-elle montrer le bon point ? — 6. Qu'arrivera-t-il si Dieu voitla petite fille docile et bonne ? — 7. Quel espoir aura-t-elle?

105e Exercice

| LE BAROMÈTRE.

| Le baromètre | sert à indiquer... les variations du poids... de l'atmosphère. | Il se compose... d'un tube en verre | et d'une cuvette... pleine de mercure. | Cet appareil... est fixé | sur une planchette... divisée... de bas en haut | en millimètres. | Dans la partie supérieure... du tube | on voit un espace vide | où le mercure... peut se mouvoir... en liberté.

| Quand l'air est lourd | il pèse... sur le mercure de la cuvette | et le fait monter... un peu plus haut... dans le tube ; | quand il est léger.... le mercure descend. | Quand la colonne... monte, | c'est un signe... de beau temps ; | quand elle descend, | c'est l'indice... d'un temps pluvieux. | Dans certains cas, | le baromètre... marque le vent... et la tempête ; | alors... le mercure | est au plus bas degré. | Lorsqu'on s'élève, | le baromètre... descend toujours, | car l'air .devient... de plus en plus léger. | Ainsi Pascal | a mesuré... la hauteur... des montagnes. | Le baromètre... dont nous parlons | est appelé... baromètre *à cuvette.* | Parfois on construit... des baromètres... *à cadran,* | instruments de parade | dont les indications... manquent le plus souvent... d'exactitude.

| L'idée du baromètre... vint à Galilée | en regardant... le jet d'une fontaine... à Florence. | Le constructeur... du premier baromètre | est l'Italien... Toricelli. | C'est vers l'année... seize cent quarante-trois. | que parut... le premier baromètre.

106ᵉ Exercice, même sujet.

LE BAROMÈTRE.

Le baromètre sert à indiquer les variations du poids de l'atmosphère. Il se compose d'un tube en verre et d'une cuvette pleine de mercure. Cet appareil est fixé sur une planchette divisée de bas en haut en millimètres. Dans la partie supérieure du tube, on voit un espace vide où le mercure peut se mouvoir en liberté.

Quand l'air est lourd, il pèse sur le mercure de la cuvette et le fait monter un peu plus haut dans le tube ; quand il est léger, le mercure descend. Quand la colonne monte, c'est un signe de beau temps ; quand elle descend, c'est l'indice d'un temps pluvieux. Dans certains cas, le baromètre marque le vent et la tempête ; alors le mercure est au plus bas degré. Lorsqu'on s'élève, le baromètre descend toujours, car l'air devient de plus en plus léger. Ainsi Pascal a mesuré la hauteur des montagnes. Le baromètre dont nous parlons est appelé baromètre *à cuvette*. Parfois on construit des baromètres *à cadran*, instruments de parade, dont les indications manquent le plus souvent d'exactitude.

L'idée du baromètre vint à Galilée en regardant le jet d'une fontaine à Florence. Le constructeur du premier baromètre est l'Italien Toricelli. C'est vers l'année seize cent quarante-trois que parut le premier baromètre.

QUESTIONNAIRE

1. A quoi sert le baromètre ? — 2. De quoi se compose le baromètre ? — 3. Comment est-il construit ? — 4. Qu'arrive-t-il quand l'air est lourd ? — 5. Que se passe-t-il quand l'air est léger ? — 6. Quel est le signe du beau temps ? — 7. Quel est l'indice de la pluie ? — 8. Comment appelle-t-on le baromètre ordinaire ? — 9. En construit-on d'autres ? — 10. Que se produit-il dans le baromètre lorsqu'on gravit une montagne ? — 11. Qui a eu l'idée du baromètre ? — 12. Par qui fut construit le premier baromètre ? — 13. En quelle année ?

107ᵉ Exercice

| Mon cher fils,

| Ton correspondant, | mon vieil ami... Durand, | qui t'a fait sortir... dimanche dernier, | vient de me donner... de tes nouvelles. | Il paraît... que tu as contracté | depuis quelque temps | l'habitude... de faire des grimaces | et des gestes... ridicules, | et que tu cherches... à exciter le rire | de ceux... qui t'entourent. | D'où te vient... ce nouveau travers ? | Ce n'est certes pas... à la maison | que l'on t'a appris... à te conduire | comme un pitre... de profession. | Ce ne peut être... qu'à cette soirée... des vacances, | lorsque je t'ai conduit... au cirque | pour te récompenser... de ton travail. | En vérité.... s'il en est ainsi, | je le regrette, | puisque tu t'efforces... d'imiter... les clowns... et les paillasses | dont la profession... est de divertir... le public.

| Ces grimaces... et ces gestes, | qui ne conviennent... qu'aux comiques des cirques, | sont tout à fait... déplacés | chez un enfant... bien élevé. | Tu crois... peut-être | que le rire... de ceux... que tu amuses | s'adresse... à ton talent... mimique? | Détrompe-toi... bien vite,... mon ami. | On se moque | de voir... un garçon... de bonne famille | se livrer... à des contorsions grotesques | qui jurent... avec l'éducation... qu'il reçoit. | D'ailleurs... tes grimaces | ont le double inconvénient | de t'attirer... dans ton pensionnat | des punitions... méritées, | et de donner... aux traits réguliers... de ton visage | une allure... de mauvais aloi. | Promets-moi donc bien... qu'à l'avenir | ces sottises... ne se renouvelleront plus, | et... que si je te conduis de nouveau... au cirque, | tu t'amuseras... comme tout le monde | sans chercher... désormais | à te faire l'émule... des clowns.

| En attendant... que tu sois devenu... raisonnable, | ta mère et moi | nous t'embrassons affectueusement.

| Ton Père.

108ᵉ Exercice, même sujet.

MON CHER FILS,

Ton correspondant, mon vieil ami Durand. qui t'a fait sortir dimanche dernier, vient de me donner de tes nouvelles. Il paraît que tu as contracté depuis quelque temps l'habitude de faire des grimaces et des gestes ridicules, et que tu cherches à exciter le rire de ceux qui t'entourent. D'où te vient ce nouveau travers? Ce n'est certes pas à la maison que l'on t'a appris à te conduire comme un pitre de profession. Ce ne peut être qu'à cette soirée des vacances, lorsque je t'ai conduit au cirque pour te récompenser de ton travail. En vérité, s'il en est ainsi, je le regrette, puisque tu t'efforces d'imiter les clowns et les paillasses dont la profession est de divertir le public.

Ces grimaces et ces gestes qui ne conviennent qu'aux comiques des cirques, sont tout à fait déplacés chez un enfant bien élevé. Tu crois peut-être que le rire de ceux que tu amuses s'adresse à ton talent mimique. Détrompe-toi bien vite, mon ami : on se moque de voir un garçon de bonne famille se livrer à des contorsions grotesques qui jurent avec l'éducation qu'il reçoit. D'ailleurs tes grimaces ont le double inconvénient de t'attirer dans ton pensionnat des punitions méritées, et de donner aux traits réguliers de ton visage une allure de mauvais aloi. Promets-moi donc bien qu'à l'avenir ces sottises ne se renouvelleront plus, et que si je te conduis de nouveau au cirque, tu t'amuseras comme tout le monde sans chercher désormais à te faire l'émule des clowns.

En attendant que tu sois devenu raisonnable, ta mère et moi nous t'embrassons affectueusement.

TON PÈRE.

QUESTIONNAIRE

1. Quelle habitude fâcheuse a contractée l'enfant? — 2. Quel est son but? — 3. Où l'enfant a-t-il pris le défaut que lui reproche son père? — 4. Quelle sorte de gens l'enfant s'efforce-t-il d'imiter? — 5. Pourquoi se moque-t-on de lui? — 6. Quels sont les inconvénients qui peuvent résulter pour lui de l'habitude de faire des grimaces? — 7. Quelle recommandation le père fait-il à son fils? — 8. Quelle promesse le père exige-t-il de son fils?

109° Exercice

| CHRISTOPHE COLOMB

— Où est né... Christophe Colomb ?

— A Gênes.

— Connaît-on... sa famille ?

— On sait seulement... qu'il était le fils... d'un pauvre tisserand.

— Lorsqu'il fit... son premier voyage... de découverte, | croyait-il trouver... le nouveau continent... appelé plus tard Amérique ?

— Non. | Ce qu'il cherchait,... c'était la route des Indes.

— Sa patrie... l'aida sans doute | à exécuter... son projet ?

— Non certes ; | il fut traité... de visionnaire, | et sollicita en vain... l'appui des cours européennes.

— Où trouva-t-il... des vaisseaux ?

— En Espagne | où régnaient alors... Ferdinand et Isabelle.

— Comment parvint-il... à pouvoir... s'embarquer ?

— Après huit ans d'attente | on lui fournit... trois navires.

— D'où... mit-il à la voile ?

— Du port de Palos,... l'an mil quatre cent quatre-vingt-douze.

— Son voyage... fut-il long ?

— Après deux mois et demi... d'une navigation périlleuse, | il aborda... aux Iles Lucaye.

— N'eut-il pas à lutter... contre son équipage ?

— Ses jours furent menacés, | et ce ne fut... qu'à force de prières | qu'il parvint... à conjurer... la fureur de ses matelots.

— Que devint-il... plus tard ?

— Sa vie | ne fut qu'un tissu... de disgrâces et d'infortunes. | Il mourut pauvre, | sans même avoir la gloire... de donner son nom | à ce nouveau monde... qu'il avait découvert.

110ᵉ Exercice, même sujet.

CHRISTOPHE COLOMB.

— Où est né Christophe Colomb?

— A Gênes.

— Connaît-on sa famille ?

— On sait seulement qu'il était le fils d'un pauvre tisserand.

— Lorsqu'il fit son premier voyage de découverte, croyait-il trouver le nouveau continent appelé plus tard Amérique?

— Non, ce qu'il cherchait, c'était la route des Indes.

— Sa patrie l'aida sans doute à exécuter son projet ?

— Non certes : il fut traité de visionnaire, et sollicita en vain l'appui des cours européennes.

— Où trouva-t-il des vaisseaux?

— En Espagne où régnaient alors Ferdinand et Isabelle.

— Comment parvint-il à pouvoir s'embarquer?

— Après huit ans d'attente, on lui fournit trois navires.

— D'où mit-il à la voile ?

— Du port de Palos, l'an mil quatre cent quatre-vingt-douze.

— Son voyage fut-il long?

— Après deux mois et demi d'une navigation périlleuse, il aborda aux Iles Lucaye.

— N'eut-il pas à lutter contre son équipage ?

— Ses jours furent menacés, et ce ne fut qu'à force de prières qu'il parvint à conjurer la fureur de ses matelots.

— Que devint-il plus tard ?

— Sa vie ne fut qu'un tissu de disgrâces et d'infortunes. Il mourut pauvre, sans même avoir la gloire de donner son nom à ce nouveau monde qu'il avait découvert.

QUESTIONNAIRE

1. Dans quelle ville d'Italie est né Christophe Colomb ? — 2. De qui était-il fils ? — 3. Sur quelle vérité scientifique s'appuya-t-il pour concevoir l'idée d'une terre nouvelle ? — 4. Comment fut-il traité par ses compatriotes ? — 5. Qui lui fournit des vaisseaux ? — 6. En quelle année Colomb mit-il à la voile pour aller à la découverte du nouveau monde? — 7. A l'aide de quel instrument parvint-il à se diriger à travers un océan inconnu? — 8. A quelles îles aborda-t-il ? — 9. Son voyage fut-il pénible? — 10. Comment Christophe Colomb fut-il récompensé par ses contemporains ?

111ᵉ Exercice

| Ma chère fille,

| Tu as attrapé... un mal de gorge | pour avoir né-gligé | de mettre... ton fichu | à l'heure... où la fraî-cheur... du soir | commence... à venir. | J'ai été... d'autant plus inquiète, | que j'ai craint... un instant | que cette indisposition subite | ne dégénérât... en angine.| Aujourd'hui,... je suis... pleinement rassurée | sur ton compte. | Le médecin... a déclaré | qu'il n'y avait... aucun danger.

| A cette occasion, | je ne saurais trop,... ma chère Marie, | te recommander... de prendre toujours | les précautions... qu'exige... la plus vulgaire prudence. | Je n'entends... certes pas | que tu sois... une petite fille | timorée... et douillette, | ayant peur... de tout, | criant... et pleurnichant | pour le plus petit bobo | ou pour la moindre égratignure. | Mais... la santé... est le plus précieux des biens | et nous devons... la ména-ger | en évitant... tout ce qui pourrait... la compro-mettre | et l'altérer.

| Encore une fois, | sois prudente,... mon enfant, | et,... lorsqu'on te conseille | d'éviter... le froid... de la nuit, | de ne point sortir... tête nue... au soleil, | de ne pas te mouiller... les pieds, | de ne jamais boire... d'eau fraîche... ou glacée | quand tu viens... de courir et que tu es... toute en sueur, | ce n'est... certes pas | dans le but... de te contrarier, | mais bien... dans celui de prévenir... les accidents | qui pourraient... l'atteindre.

| Tu as lu... *l'Hirondelle et les petits Oiseaux...* de La Fontaine | et *la Carpe et les Carpillons...* de Florian. | C'est... pour ne point avoir écouté | les con-seils... d'une mère attentive... et prudente | que les oisil-lons... sont tombés... dans le filet | et les carpillons... dans la poêle à frire.

| Ton père et moi | nous t'embrassons... tendrement.

| Ta Mère. ·

112ᵉ Exercice, même sujet.

MA CHÈRE FILLE,

Tu as attrapé un mal de gorge pour avoir négligé de mettre ton fichu à l'heure où la fraîcheur du soir commence à venir. J'ai été d'autant plus inquiète, que j'ai craint un instant que cette indisposition subite ne dégénérât en angine. Aujourd'hui, je suis pleinement rassurée sur ton compte. Le médecin a déclaré qu'il n'y avait aucun danger.

A cette occasion, je ne saurais trop, ma chère Marie, te recommander de prendre toujours les précautions qu'exige la plus vulgaire prudence. Je n'entends certes pas que tu sois une petite fille timorée et douillette, ayant peur de tout, criant et pleurnichant pour le plus petit bobo ou pour la moindre égratignure. Mais la santé est le plus précieux des biens et nous devons la ménager en évitant tout ce qui pourrait la compromettre et l'altérer.

Encore une fois, sois prudente, mon enfant, et, lorsqu'on te conseille d'éviter le froid de la nuit, de ne point sortir tête nue au soleil, de ne pas te mouiller les pieds, de ne jamais boire d'eau fraîche ou glacée quand tu viens de courir et que tu es toute en sueur, ce n'est certes pas dans le but de te contrarier, mais bien dans celui de prévenir les accidents qui pourraient t'atteindre.

Tu as lu l'*Hirondelle et les petits Oiseaux* de La Fontaine et *la Carpe et les Carpillons* de Florian. C'est pour ne point avoir écouté les conseils d'une mère attentive et prudente que les oisillons sont tombés dans le filet et les carpillons dans la poêle à frire.

Ton père et moi nous t'embrassons tendrement.

TA MÈRE.

QUESTIONNAIRE

1. Pourquoi la petite fille a-t-elle attrapé un mal de gorge? — 2. Que craignait la mère de la petite fille? — 3. Qu'a déclaré le docteur? — 4. Que recommande la mère à sa fille? — 5. Qu'est-ce que la santé? — 6. Comment devons-nous la ménager? — 7. Quels conseils prudents donne-t-on à la petite fille? — 8. Dans quel but? — 9. Quelle est la morale des fables de l'Hirondelle et les petits Oiseaux *et de* La Carpe et les Carpillons *? — 10. Que sont devenus les oisillons et les carpillons ?*

113° Exercice

| LE THERMOMÈTRE

| Le thermomètre | fut inventé... au siècle dernier | par Réaumur, | physicien français,... de la Rochelle. | Il sert... à apprécier | la température... des différents corps. | Tous les corps | ont la propriété | de se dilater... par la chaleur | et de se contracter... par le froid. | C'est... sur ce principe | qu'est établi... le thermomètre. | Il se compose... d'un tube de verre très-étroit | ayant à sa base... une petite boule | servant de réservoir... à un liquide, | soit du mercure,... soit de l'esprit-de-vin. | Si la chaleur... vient à s'accroître, | le liquide augmente... en volume | et s'élève... dans le tube. | Il s'abaisse... dans le cas contraire.

| Voici comment | on peut construire... un thermomètre. | Cet instrument | étant plongé... dans la glace fondante, | le mercure... ou l'esprit-de-vin | s'arrêtent... dans le tube | à un certain point... qu'on marque *zéro*. | Plongé... dans l'eau bouillante, | le liquide... se dilate | puis s'arrête... à un autre point | qu'on marque également. | On divise... l'intervalle | qui est compris... entre ces deux points | en cent parties égales... qu'on appelle *degrés*. | Avec le thermomètre... à mercure, | on peut aller... jusqu'à plus de trois cents degrés | au-dessus de zéro | sans que le métal... entre en ébullition.

| Pour apprécier... les températures basses | l'esprit-de-vin... vaut mieux, | car il se congèle... très-difficilement.

114ᵉ Exercice, même sujet.

LE THERMOMÈTRE

Le thermomètre fut inventé au siècle dernier par Réaumur, physicien français, de la Rochelle. Il sert à apprécier la température des différents corps. Tous les corps ont la propriété de se dilater par la chaleur et de se contracter par le froid. C'est sur ce principe qu'est établi le thermomètre. Il se compose d'un tube de verre très-étroit ayant à sa base une petite boule servant de réservoir à un liquide, soit du mercure, soit de l'esprit-de-vin. Si la chaleur vient à s'accroître, le liquide augmente en volume et s'élève dans le tube. Il s'abaisse dans le cas contraire.

Voici comment on peut construire un thermomètre. Cet instrument étant plongé dans la glace fondante, le mercure ou l'esprit-de-vin s'arrêtent dans le tube en un certain point qu'on marque *zéro*. Plongé dans l'eau bouillante, le liquide se dilate, puis s'arrête à un autre point qu'on marque également. On divise l'intervalle qui est compris entre ces deux points en cent parties égales qu'on appelle *degrés*. Avec le thermomètre à mercure, on peut aller jusqu'à plus de trois cents degrés au-dessus de zéro sans que le métal entre en ébullition.

Pour apprécier les températures basses, l'esprit-de-vin vaut mieux, car il se congèle très-difficilement.

QUESTIONNAIRE

1. A qui attribue-t-on le thermomètre? — 2. A quoi sert le thermomètre? — 3. Sur quel principe est-il établi? — 4. De quoi se compose-t-il? — 5. Qu'arrive-t-il si la chaleur s'accroît? 6. Que se produit-il si le froid arrive? — 7. Comment peut-on construire un thermomètre? — 8. Qu'appelle-t-on degrés? — 9. Jusqu'à combien de degrés au-dessus de zéro peut-on aller avec un thermomètre à mercure? — 10. Pourquoi vaut-il mieux employer l'esprit-de-vin pour apprécier les températures basses?

115e Exercice

| BON ANGE.

| Bon ange, | que Dieu même envoie pour me suivre et me protéger, | guidez mes pas... dans chaque voie... et sauvez-moi de tout danger.

| Pendant la nuit,... quand je sommeille, | que votre tendresse me veille et me berce... de mots d'amour; | et le matin... avec le jour... souriez-moi... quand je m'éveille !

| D'un âge hélas !... qui ne peut rien... je connais toute la faiblesse; | suppléez... par votre tendresse qui me prodigue son soutien ! | Si votre bonté m'abandonne, | si votre bras ne me défend... de tout piége qui m'environne, | que deviendrai-je,... pauvre enfant ? | Vous savez... que mon cœur écoute ce que vous lui dites tout bas; | daignez donc... soutenir mes pas et me montrer la bonne route.

116ᵉ Exercice, même sujet.

BON ANGE

Bon ange, que Dieu même envoie
Pour me suivre et me protéger,
Guidez mes pas dans chaque voie
Et sauvez-moi de tout danger.

Pendant la nuit, quand je sommeille,
Que votre tendresse me veille
Et me berce de mots d'amour ;
Et le matin avec le jour
Souriez-moi quand je m'éveille !

D'un âge hélas ! qui ne peut rien
Je connais toute la faiblesse ;
Suppléez par votre tendresse
Qui me prodigue son soutien !
Si votre bonté m'abandonne,
Si votre bras ne me défend
De tout piége qui m'environne,
Que deviendrai-je, pauvre enfant ?
Vous savez que mon cœur écoute
Ce que vous lui dites tout bas ;
Daignez donc soutenir mes pas
Et me montrer la bonne route.

QUESTIONNAIRE

1. Pourquoi Dieu vous envoie-t-il votre Bon ange ? — 2. Que demandez-vous à votre Bon ange ? — 3. Que lui demandez-vous pour la nuit ? — 4. Que lui demandez-vous quand vous vous éveillez le matin ? — 5. Que connaissez-vous de votre jeune âge ? — 6. Qui vous prodigue son soutien ? — 7. Comment pourrez-vous éviter les piéges qui vous environnent ? — 8. Qu'est-ce que votre cœur écoute ? — 9. Que doit faire votre Bon ange pour vous ?

117ᵉ Exercice.

| LA POMPE

| On donne... le nom de pompe | à une machine hydraulique | destinée à élever... un liquide quelconque... au-dessus de son niveau. | Une pompe... se compose | d'un cylindre creux... qu'on nomme *corps de pompe*, | d'un *piston* et de *soupapes*. | Il y a... deux sortes de pompes : | les *pompes aspirantes*... et les *pompes foulantes*. | Les pompes aspirantes | aspirent le liquide... en produisant le vide | dans l'intérieur... du tuyau. | Les pompes foulantes | refoulent... le liquide | qui s'échappe alors... par un tuyau latéral, | dont la soupape... s'ouvre et se ferme... alternativement.

| La *pompe aspirante et foulante* | réunit les deux genres... des pompes précédentes ; | elle possède.. à la fois | le tube d'aspiration...et le tube latéral : | telle est la pompe... de nos jardins.

| La *pompe à incendie* | est pourvue... d'un tuyau de cuir | par lequel l'eau... pressée dans le corps de pompe | s'échappe... en jets continus. | On construit... de nos jours | des pompes à incendie... mues par la vapeur. | On appelle... *pompe à feu* | une machine à vapeur | qui sert à élever... jusqu'à un bassin | l'eau d'une rivière... ou d'un fleuve. | Telle est la pompe à feu.... qu'on peut voir à Chaillot. | Elle distribue l'eau | dans différents quartiers... de la ville de Paris. | Il y a encore... la *pompe à air*, | ou *pompe pneumatique*, | destinée... à faire le vide.

| Ctésibius d'Alexandrie, | qui vivait l'an cent vingt... avant l'ère chrétienne, | est considéré... comme l'inventeur de la pompe. | La pompe à incendie... est due aux Allemands. | La première pompe à feu... a été faite en Angleterre. | La pompe est en usage... chez tous les peuples civilisés. | On l'emploie... sur les navires | pour parer... aux voies d'eau | qui se produisent parfois... pendant les gros temps.

118ᵉ Exercice, même sujet.

LA POMPE

On donne le nom de pompe à une machine hydraulique destinée à élever un liquide quelconque au-dessus de son niveau. Une pompe se compose d'un cylindre creux qu'on nomme *corps de pompe*, d'un *piston* et de *soupapes*. Il y a deux sortes de pompes : les *pompes aspirantes* et les *pompes foulantes*. Les pompes aspirantes aspirent le liquide en produisant le vide dans l'intérieur du tuyau. Les pompes foulantes refoulent le liquide qui s'échappe alors par un tuyau latéral, dont la soupape s'ouvre et se ferme alternativement.

La *pompe aspirante et foulante* réunit les deux genres des pompes précédentes ; elle possède à la fois le tube d'aspiration et le tube latéral : telle est la pompe de nos jardins.

La *pompe à incendie* est pourvue d'un tuyau de cuir par lequel l'eau pressée dans le corps de pompe s'échappe en jet continu. On construit de nos jours des pompes à incendie mues par la vapeur. On appelle *pompe à feu* une machine à vapeur qui sert à élever jusqu'à un bassin l'eau d'une rivière ou d'un fleuve. Telle est la pompe à feu qu'on peut voir à Chaillot. Elle distribue l'eau dans différents quartiers de la ville de Paris. Il y a encore la *pompe à air*, ou *pompe pneumatique*, destinée à faire le vide.

Ctésibius d'Alexandrie, qui vivait l'an cent vingt avant l'ère chrétienne, est considéré comme l'inventeur de la pompe. La pompe à incendie est due aux Allemands. La première pompe à feu a été faite en Angleterre. La pompe est en usage chez tous les peuples civilisés. On l'emploie sur les navires pour parer aux voies d'eau qui se produisent parfois pendant les gros temps.

QUESTIONNAIRE

1. Qu'appelle-t-on pompe ? — 2. De quoi se compose une pompe ? — 3. Combien y a-t-il de sortes de pompes ? — 4. Décrivez-les ? — 5. Quelles sont les propriétés de la pompe aspirante et foulante ? — 6. Décrivez la pompe à incendie ? — 7. Qu'appelle-t-on pompe à feu ? — 8. Qu'est-ce que la pompe à [illegible] qui [illegible]

119ᵉ Exercice

| Mon cher fils,

| Depuis... que ta mère | t'a envoyé... un vêtement neuf, | tu te pavanes... orgueilleusement | dans le jardin... de ta pension, | et... c'est à peine | si tu adresses... la parole | à tes petits camarades | moins bien vêtus... que toi. | Je t'ai cru intelligent... et rempli de cœur ; | et... ce qu'on m'apprend là | me donnerait... la triste conviction | que tu n'es... qu'un sot | et un petit présomptueux, | si... je n'y voyais plutôt | un enfantillage... qu'un défaut réel. | Défie-toi... de l'orgueil,... mon enfant. | C'est lui | qui a perdu... nos premiers parents ; | et... il te perdrait... sans retour, | si tu t'abandonnais | à ses méchantes inspirations. | Qu'est-ce... qu'un bel habit, | si celui... qui le porte | pèche... par les qualités... du cœur | et de l'esprit ?

| Tu reconnaîtras... plus tard,... toi-même, | que les gens... d'une véritable valeur | sont simples,... modestes, | affables envers tout le monde, | et... ne dédaignent point | ceux... qui leur sont inférieurs | par la naissance,... la fortune... et l'intelligence. | L'orgueilleux... ressemble | à ce geai... paré des plumes du paon, | dont parle... La Fontaine. | Repoussé... par les uns et les autres, | il n'a même point | les sympathies... de ses pareils, | aussi... ou plus orgueilleux que lui, | et... il demeure... tristement | dans la solitude... et l'abandon.

| On dit parfois... d'un homme orgueilleux | qu'il est *fier*. | Cette locution populaire, | prise... en mauvaise part, | est loin... d'être exacte. | La fierté | est... cette juste estime de nous-même | qui nous empêche... de commettre | une action basse... ou vile. | L'orgueilleux | s'attribue une supériorité... qu'il n'a pas, | et se croit... au-dessus des autres, | sans avoir rien fait | pour justifier... cette ridicule... prétention.

| Ta mère et moi | nous t'embrassons... de tout cœur. | Ton Père.

120° Exercice, même sujet.

MON CHER FILS,

Depuis que ta mère t'a envoyé un vêtement neuf, tu te pavanes orgueilleusement dans le jardin de ta pension, et c'est à peine si tu adresses la parole à tes petits camarades moins bien vêtus que toi. Je t'ai cru intelligent et rempli de cœur ; et ce qu'on m'apprend là me donnerait la triste conviction que tu n'es qu'un sot et un petit présomptueux, si je n'y voyais plutôt un enfantillage qu'un défaut réel. Défie-toi de l'orgueil, mon enfant. C'est lui qui a perdu nos premiers parents ; et il te perdrait sans retour, si tu t'abandonnais à ses méchantes inspirations. Qu'est-ce qu'un bel habit, si celui qui le porte pêche par les qualités du cœur et de l'esprit ?

Tu reconnaîtras plus tard, toi-même, que les gens d'une véritable valeur sont simples, modestes, affables envers tout le monde, et ne dédaignent point ceux qui leur sont inférieurs par la naissance, la fortune et l'intelligence. L'orgueilleux ressemble à ce geai paré des plumes du paon, dont parle La Fontaine. Repoussé par les uns et les autres, il n'a même point les sympathies de ses pareils aussi, ou plus orgueilleux que lui, et il demeure tristement dans la solitude et l'abandon.

On dit parfois d'un homme orgueilleux qu'il est fier. Cette locution populaire, prise en mauvaise part, est loin d'être exacte. La fierté est cette juste estime de nous-même qui nous empêche de commettre une action basse ou vile. L'orgueilleux s'attribue une supériorité qu'il n'a pas, et se croit au-dessus des autres, sans avoir rien fait pour justifier cette ridicule prétention.

Ta mère et moi nous t'embrassons de tout cœur.

TON PÈRE.

QUESTIONNAIRE

1. Que fait l'enfant depuis que sa mère lui a envoyé un vêtement neuf? — 2. Quels reproches le père fait-il à son fils? — 3. Quel conseil lui donne-t-il? — 4. Pourquoi doit-il se défier de l'orgueil? — 5. Quelle est la valeur d'un bel habit? — 6. Que reconnaîtra plus tard l'enfant? — 7. A quoi ressemble l'orgueilleux? — 8. Que lui arrive-t-il dans le monde? — 9. Que dit-on parfois d'un homme orgueilleux?— 10. Quelle différence y a-t-il entre un homme fier et un homme orgueilleux?

121ᵉ Exercice

| LE TASSE

— Que lisez-vous là ?

— La *Jérusalem délivrée*.

— C'est un beau poëme, | où le merveilleux... s'allie admirablement... avec les croyances chrétiennes.

— Malheureusement, | je ne puis le lire... dans cette belle langue italienne | que le Tasse... maniait si bien !

— Connaissez-vous quelques détails... sur l'existence... de ce poëte illustre ?

— Je sais qu'il est né... à Sorrente, | célèbre par son beau ciel... et sa mer bleue.

— En quelle année ?

— En mil cinq cent quarante-quatre.

— On dit que sa vie... fut très-accidentée ?

— Torquato Tasso... fut toujours malheureux, | en proie à de noirs chagrins... et à une sombre mélancolie.

— Quel fut... son séjour favori ?

— La ville de Ferrare... le captiva longtemps.

— Il trouva donc enfin... le repos et la tranquillité ?

— Loin de là : | Alphonse II,... duc de Ferrare, | le fit enfermer... pendant sept ans... dans une maison de fous.

— Connaît-on le motif... de ce traitement barbare ?

— Le Tasse avait,... dit-on, | osé aspirer... à la main d'Eléonore,... fille du duc Alphonse II.

— Que devint-il plus tard ?

— Il mena de ville en ville... une vie misérable, | jusqu'au jour,... où le pape Clément VIII... l'appela à Rome.

— Pour quelle raison ?

— Pour le couronner au Capitole.

— Quel triomphe... pour le Tasse !

— Hélas ! ce fut la mort... qui triompha du poëte | et ce fut son cercueil... qui reçut la couronne d'or !

122ᵉ Exercice, même sujet.

LE TASSE

— Que lisez-vous là ?

— La *Jérusalem délivrée*.

— C'est un beau poëme, où le merveilleux s'allie admirablement avec les croyances chrétiennes.

— Malheureusement, je ne puis le lire dans cette belle langue italienne que le Tasse maniait si bien !

— Connaissez-vous quelques détails sur l'existence de ce poëte illustre ?

— Je sais qu'il est né à Sorrente, célèbre par son beau ciel et sa mer bleue.

— En quelle année ?

— En mil cinq cent quarante-quatre.

— On dit que sa vie fut très-accidentée ?

— Torquato Tasso fut toujours malheureux, en proie à de noirs chagrins et à une sombre mélancolie.

— Quel fut son séjour favori ?

— La ville de Ferrare le captiva longtemps.

— Il trouva donc enfin le repos et la tranquillité ?

— Loin de là : Alphonse II, duc de Ferrare, le fit enfermer pendant sept ans dans une maison de fous.

— Connaît-on le motif de ce traitement barbare ?

— Le Tasse avait, dit-on, osé aspirer à la main d'Éléonore, fille du duc Alphonse II.

— Que devint-il plus tard ?

— Il mena de ville en ville une vie misérable, jusqu'au jour où le pape Clément VIII l'appela à Rome.

— Pour quelle raison ?

— Pour le couronner au Capitole.

— Quel triomphe pour le Tasse !

— Hélas ! ce fut la mort qui triompha du poëte, et ce fut son cercueil qui reçut la couronne d'or !

QUESTIONNAIRE

1. A quelle nation appartient le Tasse ? — 2. Quel est son chef-d'œuvre ? — 3. Où est né le Tasse ? — 4. Dans quel siècle vivait-il ? — 5. L'existence du Tasse fut-elle heureuse ? — 6. Où chercha-t-il à se fixer ? — 7. Que lui arriva-t-il à Ferrare ? — 8. A quel moment mourut le Tasse ?

123ᵉ Exercice

| Ma chère fille,

| Tu me fais savoir... que plusieurs de tes jeunes compagnes | apprennent... la gymnastique, | et... tu me demandes... la permission | de prendre part... à leurs exercices. | Pour mon compte, | je n'y vois... nul inconvénient : | au contraire, | la gymnastique... développe les membres, | assouplit... les articulations | et donne... une certaine hardiesse | qui est utile... en plus d'une circonstance... de la vie. | Je ne présume pas... d'ailleurs | que les exercices... tels qu'on les pratique.... dans ton pensionnat | soient périlleux. | Mais enfin... sois toujours prudente | et ne t'expose pas... inconsidérément | à te casser... un bras... ou une jambe.

| Ton père,... que j'ai consulté... à cet égard, | partage... ma manière de voir. | Il m'a dit... que chez les Grecs, | et notamment... chez les Spartiates, | les jeunes filles... pratiquaient... la gymnastique | dès l'âge... le plus tendre. | Elles acquéraient... par là | un corps robuste... et une santé vigoureuse. | Il est vrai... que les anciens | tenaient... avant tout... aux qualités du corps, | mais,... sans aller... aussi loin qu'eux, | il est bon... que les jeunes filles | cultivent... dans une certaine mesure | les exercices fortifiants.

| Il est bien entendu... que l'étude... de la gymnastique | sera prise... sur tes heures de récréation, | et... que ton travail intellectuel... n'en souffrira pas. | Je suis bien aise... de t'apprendre | que ton frère... fait aussi... de la gymnastique | dans son pensionnat | et... qu'il en fait même... beaucoup, | mais... ce qui serait... une superfluité pour toi | est pour lui... une nécessité.

| Ton père et moi | nous pensons toujours.... à notre fille chérie | que nous embrassons... avec tendresse.

| Ta Mère.

124ᵉ Exercice, même sujet.

MA CHÈRE FILLE,

Tu me fais savoir que plusieurs de tes jeunes compagnes apprennent la gymnastique, et tu me demandes la permission de prendre part à leurs exercices. Pour mon compte, je n'y vois nul inconvénient : au contraire, la gymnastique développe les membres, assouplit les articulations et donne une certaine hardiesse qui est utile en plus d'une circonstance de la vie. Je ne présume pas d'ailleurs que les exercices tels qu'on les pratique dans ton pensionnat soient périlleux, mais enfin sois toujours prudente et ne t'expose pas inconsidérément à te casser un bras ou une jambe.

Ton père, que j'ai consulté à cet égard, partage ma manière de voir ; il m'a dit que chez les Grecs, et notamment chez les Spartiates, les jeunes filles pratiquaient la gymnastique dès l'âge le plus tendre. Elles acquéraient par là un corps robuste et une santé vigoureuse. Il est vrai que les anciens tenaient avant tout aux qualités du corps. Mais, sans aller aussi loin qu'eux, il est bon que les jeunes filles cultivent dans une certaine mesure les exercices fortifiants.

Il est bien entendu que l'étude de la gymnastique sera prise sur tes heures de récréation, et que ton travail intellectuel n'en souffrira pas. Je suis bien aise de t'apprendre que ton frère fait aussi de la gymnastique dans son pensionnat, et qu'il en fait même beaucoup, mais ce qui serait une superfluité pour toi est pour lui une nécessité.

Ton père et moi nous pensons toujours à notre fille chérie que nous embrassons avec tendresse.

TA MÈRE.

QUESTIONNAIRE

1. Que fait savoir la petite fille à sa mère ? — 2. Que lui demande-t-elle ? — 3. Quels sont les bons résultats de la gymnastique ? — 4. Les exercices gymnastiques du pensionnat sont-ils périlleux ? — 5. A quoi la petite fille ne doit-elle pas s'exposer ? — 6. Que pense le père au sujet de la gymnastique ? — 7. Qu'a-t-il dit à la mère ? — 8. A quelles qualités les anciens tenaient-ils particulièrement ? — 9. Sur quelles heures sera prise l'étude de la gymnastique ? — 10. Qu'apprend la mère à sa fille au sujet de son jeune frère ?

185ᵉ Exercice

| LE PARATONNERRE

| Le paratonnerre | a été inventé... en mil sept cent cinquante-deux | par l'illustre Franklin,... savant américain. | C'est en constatant... l'identité de la foudre... avec l'électricité | et la propension... du fluide électrique | à s'écouler sans secousses... par les pointes métalliques | que ce célèbre physicien... imagina le paratonnerre.

| Cet instrument | se compose... d'une barre de fer | d'une longueur... d'environ huit à neuf mètres | et s'amincissant... graduellement... de la base au sommet. | A son extrémité supérieure | est adaptée,... une tige de laiton, | et à celle-ci... une aiguille de platine. | Souvent on se contente | de terminer la pointe... par un cône de cuivre doré | pour éviter le vert de gris. | A la base... de la tige | est une corde... en fil de fer, | qui va se perdre... dans un terrain humide... ou dans un puits.

| Quand il y a... orage, | le fluide... des nuages | qui passent... au-dessus... du paratonnerre | décompose... l'électricité du sol, | attire... le fluide contraire | qui s'écoule... par la tige... de l'appareil | et vient ainsi | neutraliser... en partie... l'électricité atmosphérique.

| On a constaté... qu'un paratonnerre | peut préserver... autour de lui... un espace circulaire | d'un rayon... double de sa hauteur. | Ainsi... un paratonnerre | ayant une hauteur... de dix mètres | préservera... des atteintes de la foudre | un cercle,... ayant quarante mètres... de diamètre.

126ᵉ Exercice, même sujet.

LE PARATONNERRE

Le paratonnerre a été inventé en mil sept cent cinquante-deux par l'illustre Franklin, savant américain. C'est en constatant l'identité de la foudre avec l'électricité et la propension du fluide électrique à s'écouler sans secousses par les pointes métalliques que ce célèbre physicien imagina le paratonnerre.

Cet instrument se compose d'une barre de fer d'une longueur d'environ huit à neuf mètres et s'amincissant graduellement de la base au sommet. A son extrémité supérieure est adaptée une tige de laiton et à celle-ci une aiguille de platine. Souvent on se contente de terminer la pointe par un cône de cuivre doré, pour éviter le vert de gris. A la base de la barre est une corde en fil de fer, qui va se perdre dans un terrain humide ou dans un puits.

Quand il y a orage, le fluide des nuages qui passent au-dessus du paratonnerre décompose l'électricité du sol, attire le fluide contraire qui s'écoule par la tige de l'appareil et vient ainsi neutraliser en partie l'électricité atmosphérique.

On a constaté qu'un paratonnerre peut préserver autour de lui un espace circulaire d'un rayon double de sa hauteur. Ainsi un paratonnerre ayant une hauteur de dix mètres préservera des atteintes de la foudre un cercle ayant quarante mètres de diamètre.

QUESTIONNAIRE

1. En quelle année a été inventé le paratonnerre? — 2. Par qui? — 3. De quoi se compose le paratonnerre? — 4. Faites-en la description détaillée. — 5. Que se passe-t-il quand il y a orage? — 6. Quel espace peut préserver autour de lui un paratonnerre?

127ᵉ Exercice

| AIDE-TOI,... LE CIEL T'AIDERA

| Pour un pauvre petit garçon | ah !... que l'étude est difficile, | lorsque sa mémoire inhabile... ne retient pas longue leçon ! | D'apprendre,... hélas !... je désespère ; | j'en ai pourtant un vif désir. | Ne serait-ce pas un plaisir que d'être agréable... à mon père ?

| Travaille,... enfant,... la mémoire viendra : | aide-toi,... le Ciel t'aidera !

| Au travail... vouer tous ses jours... est pénible,... dans la jeunesse ; | scie et rabot... pour ma faiblesse... sont parfois... fatigants et lourds. | Mais quand ma tâche m'épouvante, | que le dégoût... vient m'assiéger, | je songe,... pour m'encourager,... à rendre ma mère... contente !

| Travaille,... enfant,... la force te viendra : | aide-toi,... le Ciel t'aidera !

| Je veux,... par un juste retour, | à ceux dont je tiens l'existence, | témoigner ma reconnaissance... de leurs soins... et de leur amour. | Je suis pauvre, | et quand la vieillesse... pour mes parents... vient à grand pas, | en fils pieux,... ne dois-je pas... les préserver de la détresse ?

| Travaille,... enfant,... la fortune viendra : | aide-toi, le Ciel t'aidera !

128ᵉ Exercice, même sujet.

AIDE-TOI, LE CIEL T'AIDERA

Pour un pauvre petit garçon
Ah ! que l'étude est difficile,
Lorsque sa mémoire inhabile
Ne retient pas longue leçon !
D'apprendre, hélas ! je désespère ;
J'en ai pourtant un vif désir.
Ne serait-ce pas un plaisir
Que d'être agréable à mon père ?

Travaille, enfant, la mémoire viendra :
Aide-toi, le Ciel t'aidera !

Au travail vouer tous ses jours
Est pénible, dans la jeunesse ;
Scie et rabot pour ma faiblesse
Sont parfois fatigants et lourds.
Mais quand ma tâche m'épouvante,
Que le dégoût vient m'assiéger,
Je songe, pour m'encourager,
A rendre ma mère contente !

Travaille, enfant, la force te viendra :
Aide-toi, le Ciel t'aidera !

Je veux, par un juste retour,
A ceux dont je tiens l'existence,
Témoigner ma reconnaissance
De leurs soins et de leur amour
Je suis pauvre, et quand la vieillesse
Pour mes parents vient à grand pas,
En fils pieux, ne dois-je pas
Les préserver de la détresse ?

Travaille, enfant, la fortune viendra :
Aide-toi, le Ciel t'aidera !

QUESTIONNAIRE

1. Quand l'étude est-elle difficile pour un pauvre petit garçon ? — 2. Qu'est-ce qui serait pour lui un plaisir ? — 3. Que faut-il pour que la mémoire vienne ? — 4. Qu'est-ce qui est pénible dans la jeunesse ? — 5. Que désire faire l'enfant pour témoigner sa reconnaissance à ses parents ?

129ᵉ Exercice

|LA BOUSSOLE

| La boussole | est un petit cadran | dont l'aiguille...
frottée d'aimant | se tourne toujours... vers le nord. |
Le principal usage | de ce précieux instrument | est de
servir... à la navigation sur mer. | C'est en effet... au
moyen de la boussole | que les navigateurs | recon-
naissent la direction... qu'ils doivent donner... à leur
navire | pour arriver... au point précis | qu'ils veulent
atteindre.

| On prétend... que la boussole | est d'origine ita-
lienne ; | on attribue... son invention | à Flavio Gioja
d'Amalfi | qui vivait,... dit-on,... au quatorzième siècle ; |
mais des auteurs sérieux | assurent... que les Chinois... |
connaissaient... la boussole | plus de deux mille ans...
avant l'ère chrétienne.

| La boussole... demeura longtemps | un simple
objet... de curiosité, | et ce ne fut guère... qu'au quin-
zième siècle | qu'on commença... à comprendre... son
utilité pratique. | C'est à la boussole | que les Portu-
gais... sont redevables | de leurs découvertes... mari-
times. | C'est grâce... à la boussole | que Christophe
Colomb... a découvert l'Amérique, | et Magellan...
l'Océanie.

| Avant l'invention... de la boussole, | les anciens
navigateurs | se guidaient en mer... au moyen de l'*é-
toile polaire* | qui indique toujours... la direction du
nord. | Mais, quand le ciel... était couvert de nuages, |
on était incertain... de la route à suivre ; | aussi les
anciens... s'éloignaient peu des côtes | et n'entrepre-
naient point... de voyages au long cours.

| On dit vulgairement... qu'on *perd la boussole,* |
quand on ne sait plus... comment se diriger.

130ᵉ Exercice, même sujet.

LA BOUSSOLE

La boussole est un petit cadran dont l'aiguille frottée d'aimant se tourne toujours vers le nord. Le principal usage de ce précieux instrument est de servir à la navigation sur mer. C'est en effet au moyen de la boussole que les navigateurs reconnaissent la direction qu'ils doivent donner à leur navire, pour arriver au point précis qu'ils veulent atteindre.

On prétend que la boussole est d'origine italienne; on attribue son invention à Flavio Gioja d'Amalfi qui vivait, dit-on, au quatorzième siècle; mais des auteurs sérieux assurent que les Chinois connaissaient la boussole plus de deux mille ans avant l'ère chrétienne.

La boussole demeura longtemps un simple objet de curiosité; et ce ne fut guère qu'au quinzième siècle qu'on commença à comprendre son utilité pratique. C'est à la boussole que les Portugais sont redevables de leurs découvertes maritimes. C'est grâce à la boussole que Christophe Colomb a découvert l'Amérique, et Magellan l'Océanie.

Avant l'invention de la boussole, les anciens navigateurs se guidaient en mer au moyen de l'*étoile polaire* qui indique toujours la direction du nord. Mais, quand le ciel était couvert de nuages, on était incertain de la route à suivre; aussi les anciens s'éloignaient peu des côtes et n'entreprenaient point de voyages au long cours.

On dit vulgairement qu'on *perd la boussole,* quand on ne sait plus comment se diriger.

QUESTIONNAIRE

1. Qu'est-ce que la boussole ? — 2. A quoi sert la boussole ? — 3. A qui attribue-t-on l'invention de la boussole ? — 4. Les Chinois connaissaient-ils la boussole? — 5. Quelle a été l'influence de la boussole sur les grandes découvertes maritimes? — 6. Avant l'invention de la boussole, comment se guidaient les marins? — 7. Les anciens s'éloignaient-ils des côtes ? — 8. Que signifie cette locution vulgaire : perdre la boussole?

131ᵉ Exercice

| Mon cher fils,

| On m'a dit,... hier,... dans une maison, | que ton ancien professeur | était assez gravement malade. | Le pauvre homme | a été rudement éprouvé... dans ces derniers temps. | Il a perdu sa femme... et son fils aîné, | et un banquier brésilien | lui a emporté... dans une faillite | le fruit... de trente ans d'économies... et de privations. | Je suppose,... mon cher enfant, | que je n'ai pas besoin... de t'engager | à aller voir... ce brave... et excellent homme | qui t'a donné... les premières leçons... de grammaire et d'orthographe | et... qui était si bon | et si indulgent... pour toi. | L'ingratitude... envers nos bienfaiteurs | est un vice odieux, | et qui part... d'un mauvais naturel.

| L'histoire... flétrit... avec raison | les ingrats. | Bélisaire | avait reconquis... l'Afrique sur les Vandales, | et l'Italie... sur les Ostrogoths ; | il avait éteint... une révolte | qui menaçait... le trône... et la vie | de son souverain. | L'Empereur Justinien, | jaloux de sa gloire... et de sa popularité, | le disgracia. | Bélisaire, | pauvre... et devenu aveugle, | fut réduit... à mendier... son pain. | Charles VII,... roi de France, | ne fit... aucune tentative | pour sauver... Jeanne d'Arc | à qui il devait... sa couronne. | Je ne parlerai pas... de l'ingratitude de Néron, | qui alla, dit-on, | jusqu'au parricide. | En voilà assez... sur ce sujet.

| Va donc visiter... ton vieux professeur, | pour lequel je sais... que tu as conservé | des sentiments d'affection... et de reconnaissance, | et... ne manque pas | de l'assurer... de mes respectueuses sympathies, | comme je t'assure,... mon cher fils, | de mon affection paternelle | et de la tendresse... et du dévouement... de ta mère.

| Ton Père.

132ᵉ Exercice, même sujet.

MON CHER FILS,

On m'a dit, hier, dans une maison, que ton ancien professeur était assez gravement malade. Le pauvre homme a été rudement éprouvé dans ces derniers temps. Il a perdu sa femme et son fils aîné, et un banquier brésilien lui a emporté dans une faillite le fruit de trente ans d'économies et de privations. Je suppose, mon cher enfant, que je n'ai pas besoin de t'engager à aller voir ce brave et excellent homme qui t'a donné les premières leçons de grammaire et d'orthographe et qui était si bon et si indulgent pour toi. L'ingratitude envers nos bienfaiteurs est un vice odieux, et qui part d'un mauvais naturel.

L'histoire flétrit avec raison les ingrats. Bélisaire avait reconquis l'Afrique sur les Vandales, et l'Italie sur les Ostrogoths ; il avait éteint une révolte qui menaçait le trône et la vie de son souverain. L'empereur Justinien, jaloux de sa gloire et de sa popularité, le disgracia. Bélisaire, pauvre et devenu aveugle, fut réduit à mendier son pain. Charles VII, roi de France, ne fit aucune tentative pour sauver Jeanne d'Arc à qui il devait sa couronne. Je ne parlerai pas de l'ingratitude de Néron, qui alla, dit-on, jusqu'au parricide. En voilà assez sur ce sujet.

Va donc visiter ton vieux professeur, pour lequel je sais que tu as conservé des sentiments d'affection et de reconnaissance, et ne manque pas de l'assurer de mes respectueuses sympathies, comme je t'assure, mon cher fils, de mon affection paternelle et de la tendresse et du dévouement de ta mère.

TON PÈRE.

QUESTIONNAIRE

1. Qu'est-il arrivé à l'ancien professeur de l'enfant ? — 2. Comment doit-on juger l'ingratitude ? — 3. Que fait l'histoire au sujet des ingrats ? — 4. Racontez ce qui arriva à Bélisaire. — 5. Quelle fut la conduite de Charles VII envers Jeanne d'Arc ? — 6. Jusqu'où alla l'ingratitude de Néron ? — 7. Quels sentiments l'enfant a-t-il conservés pour son vieux professeur ? — 8. Que lui recommande son père ? — 9. Quelles assurances le père donne-t-il à son fils ?

133° Exercice

| KLÉBER.

— Rappelez-vous, enfants,... le beau nom de Kléber, | |
c'est celui d'un grand patriote.

— De qui... était-il fils ?

— Il était fils... d'un maçon.

— Quel fut... son lieu de naissance ?

— Il naquit à Strasbourg... en mil sept cent cinquante-trois.

— Où se fit-il remarquer... pour la première fois ?

— Au siége... de Mayence.

— Que devint-il ensuite ?

— Il fut nommé,.. général de division | à l'armée de
Sambre-et-Meuse.

— Par quels exploits nouveaux,.. s'immortalisa-t-il ?

— Il contribua puissamment... à la victoire de Fleu-
rus | et fit la campagne d'Allemagne, | de mil sept cent
quatre-vingt-quinze... et de mil sept cent quatre-vingt-
seize.

— Fit-il encore... d'autres campagnes ?

— Il prit une part active... à l'expédition d'Égypte.

— Où... se distingua-t-il ?

— A la bataille du mont Thabor...et à celle d'Aboukir.

— Dans quelle situation... était alors l'Égypte ?

— Dans une situation... des plus désastreuses, |
par suite de la coalition... des Anglais et des Turcs.

— Que fit alors Kléber.

— La victoire d'Héliopolis... le rendit maître absolu... de toute l'Egypte.

— Quelles mesures prit-il... pour consolider sa conquête ?

— Il réorganisa... l'administration du pays.

— Put-il réaliser... ses louables projets ?

— Non,... car un Turc fanatique | poignarda ce
grand homme... dans la ville du Caire, | en l'année mil
huit cent.

134ᵉ Exercice, même sujet.

KLÉBER

— Rappelez-vous, enfants, le beau nom de Kléber, c'est celui d'un grand patriote.

— De qui était-il fils ?

— Il était fils d'un maçon.

— Quel fut son lieu de naissance ?

— Il naquit à Strasbourg en mil sept cent cinquante-trois.

— Où se fit-il remarquer pour la première fois ?

— Au siége de Mayence.

— Que devint-il ensuite ?

— Il fut nommé général de division à l'armée de Sambre-et-Meuse.

— Par quels exploits nouveaux s'immortalisa-t-il ?

— Il contribua puissamment à la victoire de Fleurus et fit la campagne d'Allemagne de mil sept cent quatre-vingt-quinze et de mil sept cent quatre-vingt-seize.

— Fit-il encore d'autres campagnes ?

— Il prit une part active à l'expédition d'Égypte.

— Où se distingua-t-il ?

— A la bataille du mont Thabor et à celle d'Aboukir.

— Dans quelle situation était alors l'Égypte ?

— Dans une situation des plus désastreuses, par suite de la coalition des Anglais et des Turcs.

— Que fit alors Kléber ?

— La victoire d'Héliopolis le rendit maître absolu de toute l'Égypte.

— Quelles mesures prit-il pour consolider sa conquête ?

— Il réorganisa l'administration du pays.

— Put-il réaliser ses louables projets ?

— Non, car un Turc fanatique poignarda ce grand homme dans la ville du Caire, en l'année mil huit cent.

QUESTIONNAIRE

1. La naissance de Kléber fut-elle illustre ? — 2. Où et en quelle année naquit-il ? — 3. Enumérez les principales batailles auxquelles il prit part. — 4. A quel moment partit-il pour l'Egypte ? — 5. Comment rétablit-il la domination française en Égypte ? — 6. Comment mourut Kléber ? — 7. Où et en quelle année mourut-il ?

135ᵉ Exercice

| MA CHÈRE FILLE,

| Que je suis malheureuse... d'avoir une petite fille... aussi entêtée ! | Jeudi,... lorsque tu assistais... à la leçon de chant, | ta maîtresse a voulu... te faire changer de place, | parce que tu causais... avec une de tes voisines. | Tu as refusé... d'obéir, | tu t'es cramponnée... à la chaise | et... ni les raisons, | ni les menaces,... ni les punitions | n'ont pu triompher... de ton obstination. | Qu'en est-il résulté ? | Lorsque la leçon... a été terminée, | la directrice,... informée... de ta conduite, | t'a renfermée... dans la classe... jusqu'au soir. | Tu n'as eu... pour dîner | que du pain... et de l'eau. | Alors... tu as demandé pardon, | et l'on t'a mise... en liberté. | Ne valait-il pas mieux,... ma chère fille, | céder... de suite | à l'ordre... de ta maîtresse de chant, | au lieu... de t'attirer... cette sévère punition ?

| La volonté... persistante et énergique | n'a rien de commun... avec l'entêtement. | L'un... conduit au mal | et l'autre... conduit au bien. | On dit... ordinairement : | entêté... comme un âne, | parce que... cet animal, | quand il a pris... la résolution | de ne point passer... dans un endroit, | résiste... opiniâtrément | aux injonctions... et aux coups. | Tu sais aussi,... ma fille, | que l'âne... est le symbole... de l'ignorance ; | ce qui veut dire... qu'il n'y a... que les ignorants | qui soient entêtés. | Fais donc en sorte | d'éviter... de fâcheuses comparaisons.

| Les fêtes de Noël... et du Jour de l'an | approchent. | J'espère... que tu mériteras | par ton travail... et ta conduite | la faveur | de venir... passer quelques jours... à la maison. | Ton frère... viendra aussi | à la même époque, | et... il sera bien heureux... de te revoir.

| A bientôt,.... chère amie. | Ton père et moi,... nous nous réjouissons | de t'accueillir... et de t'embrasser.

| TA MÈRE.

136ᵉ Exercice, même sujet.

MA CHÈRE FILLE,

Que je suis malheureuse d'avoir une petite fille aussi entêtée ! Jeudi, lorsque tu assistais à la leçon de chant, ta maîtresse a voulu te faire changer de place, parce que tu causais avec une de tes voisines. Tu as refusé d'obéir, tu t'es cramponnée à la chaise et ni les menaces, ni les punitions n'ont pu triompher de ton obstination. Qu'en est-il résulté ? Lorsque la leçon a été terminée, la directrice, informée de ta conduite, t'a renfermée dans la classe jusqu'au soir. Tu n'as eu pour dîner que du pain et de l'eau. Alors tu as demandé pardon, et l'on t'a mise en liberté. Ne valait-il pas mieux, ma chère fille, céder de suite à l'ordre de ta maîtresse de chant, au lieu de t'attirer cette sévère punition ?

La volonté persistante et énergique n'a rien de commun avec l'entêtement. L'un conduit au mal et l'autre conduit au bien. On dit ordinairement : entêté comme un âne, parce que cet animal, quand il a pris la résolution de ne point passer dans un endroit, résiste opiniâtrément aux injonctions et aux coups. Tu sais aussi, ma fille, que l'âne est le symbole de l'ignorance ; ce qui veut dire qu'il n'y a que les ignorants qui soient entêtés. Fais donc en sorte d'éviter de fâcheuses comparaisons.

Les fêtes de Noël et du Jour de l'an approchent. J'espère que tu mériteras par ton travail et ta conduite la faveur de venir passer quelques jours à la maison. Ton frère viendra aussi à la même époque, et il sera bien heureux de te revoir.

A bientôt, chère amie. Ton père et moi, nous nous réjouissons de t'accueillir et de t'embrasser.

TA MÈRE.

[QUESTIONNAIRE

1. Pourquoi la mère est-elle si malheureuse ? — 2. Qu'est-il arrivé à la petite fille, tandis qu'elle assistait à la leçon de chant ? — 3. Qu'est-il résulté de son obstination ? — 4. Qu'a-t-elle eu pour dîner ? — 5. Quelle différence y a-t-il entre la volonté et l'entêtement ? — 6. Pourquoi dit-on d'ordinaire : entêté comme un âne ? — 7. De quoi l'âne est-il le symbole ? — 8. Quelles fêtes vont bientôt arriver ? — 9. Quel est l'espoir de la mère ? — 10. De quoi se réjouissent le père et la mère ?

137ᵉ Exercice

| NAVIGATION.

| La navigation | a pour objet | la direction des navires... et des bateaux | sur les mers,... les lacs, | les fleuves,... les rivières... et les canaux.

| On distingue | entre la navigation... que l'on appelle intérieure... ou *fluviale* | et la navigation... dite *maritime*. | Cette dernière... se divise... à son tour | en navigation... au *long cours* | et en navigation... dite de *cabotage*, | selon que l'on navigue... en pleine mer | ou simplement... le long des côtes. | Si on la considère... au point de vue du moteur, | la navigation... prend plusieurs noms :... | *navigation à la rame*, | *navigation à la voile*, | *navigation à vapeur*, | et,... par extension, | *navigation aérienne*,... s'il s'agit des ballons.

| Parmi les peuples anciens | qui cultivèrent... la science nautique, | on cite... les Phéniciens... et les Carthaginois. | Le plus ancien voyage... de circumnavigation | est celui... entrepris par les Phéniciens... autour de l'Afrique, | par ordre de Néchao, | pharaon... ou roi d'Egypte. | Pendant le moyen âge, | la république de Venise | régna... sur les mers du Levant. | Au quinzième siècle, | les Portugais | créèrent... des forts et des comptoirs | sur les côtes de l'Inde. | Le premier voyage... autour du monde | fut entrepris... par Magellan | en mil cinq cent dix-neuf. | Aujourd'hui,... tous les peuples... sont plus ou moins navigateurs.

| Les navires de commerce... se nomment *vaisseaux marchands;* | les navires de guerre... portent différents noms, | dont les principaux sont : | les *flûtes*,... les *gabares*, | les *goëlettes*,... les *bricks*, | les *corvettes*,... les *frégates*, | et enfin, les *vaisseaux*... proprement dits. .

133ᵉ **Exercice,** même sujet.

NAVIGATION

La navigation a pour objet la direction des navires et des bateaux sur les mers, les lacs, les fleuves, les rivières et les canaux.

On distingue entre la navigation que l'on appelle intérieure ou *fluviale* et la navigation dite *maritime*. Cette dernière se divise à son tour en navigation au *long cours* et en navigation dite de *cabotage*, selon que l'on navigue en pleine mer ou simplement le long des côtes. Si on la considère au point de vue du moteur, la navigation prend plusieurs noms : *navigation à la rame, navigation à la voile, navigation à vapeur,* et, par extension, *navigation aérienne,* s'il s'agit des ballons.

Parmi les peuples anciens qui cultivèrent la science nautique, on cite les Phéniciens et les Carthaginois. Le plus ancien voyage de circumnavigation est celui entrepris par les Phéniciens autour de l'Afrique, par ordre de Néchao, pharaon ou roi d'Egypte. Pendant le moyen âge, la république de Venise régna sur les mers du Levant. Au quinzième siècle, les Portugais créèrent des forts et des comptoirs sur les côtes de l'Inde. Le premier voyage autour du monde fut entrepris par Magellan en mil cinq cent dix-neuf. Aujourd'hui, tous les peuples sont plus ou moins navigateurs.

Les navires de commerce se nomment *vaisseaux marchands;* les navires de guerre portent différents noms, dont les principaux sont : les *flûtes,* les *gabares,* les *goëlettes,* les *bricks,* les *corvettes,* les *frégates,* et enfin les *vaisseaux* proprement dits.

QUESTIONNAIRE

1. Quel est l'objet de la navigation? — 2. Y a-t-il plusieurs sortes de navigation ? — 3. Quels noms différents sont donnés à la navigation d'après la force motrice?— 4. Quels sont les peuples anciens qui ont cultivé la science nautique ?—5. Quel a été le premier voyage de circumnavigation?— 6. Quelle fut la plus grande nation maritime pendant le moyen âge ?—7. Par qui et en quelle année fut entrepris le premier voyage autour du monde? — 8. Comment se nomment les navires de commerce? — 9. Quels différents noms donne-t-on aux navires de guerre?

139ᵉ Exercice

| LA FLEUR... QUI SE CACHE SOUS L'HERBE.

| Enfant, | si le pécheur qui doute | cherche à t'entraîner sur la route où la faute égare ses pas, | dans l'erreur où son cœur se livre, | enfant,... garde-toi de le suivre,... cher enfant,... ne l'écoute pas !

| Le cœur simple... a dans sa noblesse... un don plus cher que la richesse, | un don plus précieux que l'or. | Qu'importent la splendeur,... le luxe,... la puissance ? | La plus haute fortune est encor l'innocence,... la vertu le plus beau trésor.

| L'humanité, | voilà la parure de l'âme ; | c'est l'encens... malgré lui répandant son dictame, | c'est l'enfant... à Dieu seul... ouvrant son cœur soumis. | Dieu déteste l'esprit superbe ; | mais du ciel... il regarde,... avec des yeux amis,... la fleur... qui se cache sous l'herbe !

140ᵉ Exercice, même sujet.

LA FLEUR QUI SE CACHE SOUS L'HERBE

Enfant, si le pécheur qui doute
Cherche à t'entraîner sur la route
Où la faute égare ses pas,
Dans l'erreur où son cœur se livre,
Enfant, garde-toi de le suivre ;
Cher enfant, ne l'écoute pas !

Le cœur simple a dans sa noblesse
Un don plus cher que la richesse,
Un don plus précieux que l'or.
Qu'importent la splendeur, le luxe, la puissance ?
La plus haute fortune est encor l'innocence,
La vertu le plus beau trésor.

L'humanité, voilà la parure de l'âme ;
C'est l'encens malgré lui répandant son dictame,
C'est l'enfant à Dieu seul ouvrant son cœur soumis.
Dieu déteste l'esprit superbe ;
Mais du ciel il regarde, avec des yeux amis,
La fleur qui se cache sous l'herbe !

QUESTIONNAIRE

1. Que devez-vous faire si le pécheur cherche à vous entraîner dans la route du mal ? — 2. Que possède un cœur simple ? — 3. Quelle est la plus haute fortune ? — 4. Quel est le plus beau trésor qu'on doit s'efforcer d'acquérir ? — 5. Quelle est la plus belle parure de l'âme ? — 6. Qu'est-ce que Dieu déteste ? — 7. Qu'est-ce que regarde Dieu avec des yeux amis ?

141ᵉ Exercice

| LES CHEMINS DE FER.

| Les voies ferrées | facilitent... le tirage des véhicules | et permettent... aux moteurs... à vapeur | de se déplacer... avec une vitesse prodigieuse | qui est ordinairement... de quarante kilomètres à l'heure. | C'est à l'Angleterre... qu'on doit... cette utile invention, | mais ce n'est... que peu à peu | qu'on en est arrivé... au système actuel. | On avait commencé | par poser des *rails*... dans les mines de Newcastle | pour soulager les chevaux... employés aux charrois.

| En l'an mil huit cent deux, | l'ingénieur Trevithick | essaya... pour la première fois | de substituer aux chevaux... la machine à vapeur. | En mil huit cent vingt-neuf, | Seguin en France,... et Stephenson en Angleterre | créèrent la *locomotive*... telle qu'elle existe à présent. | Elle fonctionna... pour la première fois | sur le chemin de fer... de Manchester à Liverpool.

| A l'exemple de l'Angleterre, | tous les pays civilisés... créèrent des chemins de fer. | Les Etats-Unis,... la Belgique,... l'Allemagne | construisirent à l'envi... des réseaux de voies ferrées. | La France elle-même | ne suivit qu'assez tard... cet utile exemple. | Aujourd'hui elle possède... de nombreux chemins de fer : | presque toutes les parties... de son territoire | sont reliées... à la capitale... par de grandes lignes.

| La création... des voies ferrées | a importé... dans la langue... des mots nouveaux. | Les *rails*... sont des bandes de fer | posées parallèlement... sur la chaussée, | et s'emboîtant... dans les roues des voitures. | Les *wagons*... sont destinés | à conduire les voyageurs... et les marchandises. | Le *train*... est cette longue suite de machines... et de wagons | qui file à toute vapeur... d'une *station* à l'autre. | Le *train-omnibus*... s'arrête à toutes les stations ; | le *train express* | ne s'arrête qu'aux stations... plus ou moins importantes.

142° Exercice, même sujet.

LES CHEMINS DE FER

Les voies ferrées facilitent le tirage des véhicules et permettent aux moteurs à vapeur de se déplacer avec une vitesse prodigieuse qui est ordinairement de quarante kilomètres à l'heure. C'est à l'Angleterre qu'on doit cette utile invention; mais ce n'est que peu à peu qu'on en est arrivé au système actuel. On avait commencé par poser des *rails* dans les mines de Newcastle pour soulager les chevaux employés aux charrois.

En l'an mil huit cent deux, l'ingénieur Trevithick essaya pour la première fois de substituer aux chevaux la machine à vapeur. En mil huit cent vingt-neuf, Seguin en France, et Stephenson en Angleterre, créèrent la *locomotive* telle qu'elle existe à présent. Elle fonctionna pour la première fois sur le chemin de fer de Manchester à Liverpool.

A l'exemple de l'Angleterre, tous les pays civilisés créèrent des chemins de fer. Les Etats-Unis, la Belgique, l'Allemagne construisirent à l'envi des réseaux de voies ferrées. La France elle-même ne suivit qu'assez tard cet utile exemple. Aujourd'hui elle possède de nombreux chemins de fer : presque toutes les parties de son territoire sont reliées à la capitale par de grandes lignes.

La création des voies ferrées a importé dans la langue des mots nouveaux. Les *rails* sont des bandes de fer posées parallèlement sur la chaussée, et s'emboîtant dans les roues des voitures. Les *wagons* sont destinés à conduire les voyageurs et les marchandises. Le *train* est cette longue suite de machines et de wagons qui file à toute vapeur d'une *station* à l'autre. Le *train omnibus* s'arrête à toutes les stations ; le *train express* ne s'arrête qu'aux stations plus ou moins importantes.

QUESTIONNAIRE

1. Quelle est la vitesse ordinaire des chemins de fer? — 2. A quelle nation doit-on cette utile invention? — 3. Comment furent imaginés les premiers chemins de fer? — 4. Par qui et en quelle année fut créée la première locomotive? — 5. Où fonctionna-t-elle pour la première fois? — 6. Quelles nations eurent les premiers réseaux de chemins de fer? — 7. Et la France? — 8. La France possède-t-elle de nombreuses lignes de chemin de fer? — 9. Quels mots ont été introduits dans la langue par suite de la création des chemins de fer? — 10. Quels noms divers donne-t-on aux trains?

143ᵉ Exercice

| Mon cher fils,

| Je viens d'apprendre | que malgré les avertisse-ments réitérés... de ton oncle et de ta bonne tante, | chez qui tu passes... les fêtes de Noël, | tu continues... à être imprudent... et téméraire. | Tu grimpes sur les arbres,... au risque de te tuer ; | tu sautes des fossés... beaucoup trop larges, | et l'autre jour... tu as failli te rompre les jambes... en tombant.

| Jeudi dernier, | n'as-tu pas voulu aller faire des glissades | sur l'étang gelé... du père Mathurin ! | C'est en vain | qu'on t'a fait voir... le peu d'épaisseur de la couche de glace. | Tu as persisté... malgré tout | à satisfaire... ton caprice, | et, sans le garde champê-tre,... qui se trouvait là par hasard, | et qui t'a retenu à temps... par le pan de ta veste, | tu allais être en-glouti... dans l'eau glacée. | Tu en as été quitte... pour un gros rhume, | juste punition... de ton imprudence. | Puisse cet avertissement... t'être profitable... pour l'avenir ! | S'il s'agissait... de sauver la vie... à tes parents | ou même à un de tes petits camarades... en exposant tes jours, | loin de te blâmer, | je remercierais Dieu... de m'avoir donné un fils courageux | et dévoué... à ses semblables. | Mais... livrer son existence... à tous les hasards, | sans but... et sans utilité, | c'est l'acte d'un enfant insensé... et désobéissant.

| Souviens-toi,... mon cher fils, | que si le courage... est digne d'éloges, | rien n'est blâmable... comme la té-mérité | qui est le résultat... de l'irréflexion, | de l'igno-rance... et de l'entêtement.

| Ta mère et moi, | nous t'embrassons... encore et toujours.

| Ton Père.

144ᵉ Exercice, même sujet.

MON CHER FILS,

Je viens d'apprendre que malgré les avertissements réitérés de ton oncle et de ta bonne tante, chez qui tu passes les fêtes de Noël, tu continues à être imprudent et téméraire. Tu grimpes sur les arbres, au risque de te tuer ; tu sautes des fossés beaucoup trop larges, et l'autre jour tu as failli te rompre les jambes en tombant.

Jeudi dernier, n'as-tu pas voulu aller faire des glissades sur l'étang gelé du père Mathurin ! C'est en vain qu'on t'a fait voir le peu d'épaisseur de la couche de glace. Tu as persisté malgré tout à satisfaire ton caprice, et, sans le garde champêtre, qui se trouvait là par hasard et qui t'a retenu à temps par le pan de ta veste, tu allais être englouti dans l'eau glacée. Tu en as été quitte pour un gros rhume, juste punition de ton imprudence. Puisse cet avertissement t'être profitable pour l'avenir ! S'il s'agissait de sauver la vie à tes parents ou même à un de tes petits camarades en exposant tes jours, loin de te blâmer, je remercierais Dieu de m'avoir donné un fils courageux et dévoué à ses semblables. Mais livrer son existence à tous les hasards, sans but et sans utilité, c'est l'acte d'un enfant insensé et désobéissant.

Souviens-toi, mon cher fils, que si le courage est digne d'éloges, rien n'est blâmable comme la témérité qui est le résultat de l'irréflexion, de l'ignorance et de l'entêtement.

Ta mère et moi, nous t'embrassons encore et toujours.

TON PÈRE.

QUESTIONNAIRE

1. Que vient d'apprendre le père au sujet de son fils ? — 2. Que fait l'enfant chez son oncle pendant les fêtes de Noël ? — 3. Quel accident a manqué lui arriver ? — 4. Qu'est allé faire l'enfant sur l'étang glacé du père Mathurin ? — 5. Que lui est-il arrivé ? — 6. Pour quelle chose en a-t-il été quitte ? — 7. Doit-on exposer imprudemment ses jours ? — 8. Quel est l'acte d'un enfant insensé et désobéissant ? — 9. De quoi l'enfant doit-il se souvenir ? — 10. Qu'est-ce que la témérité ?

145ᵉ Exercice

| BLAISE PASCAL.

— Avez-vous remarqué... dans l'intérieur de la tour Saint-Jacques,... à Paris, | la statue d'un personnage | revêtu du costume... du dix-septième siècle ?

— J'ai vu cette statue, | mais je n'ai pas songé,... à la regarder de près.

— Eh bien,... c'est la statue... de Blaise Pascal, | né à Clermont-Ferrand... en mil six cent vingt-trois.

— Je le connais de nom,... mais je ne l'ai pas lu.

— Vous le lirez un jour, | car c'est un des hommes... qui ont le mieux manié... la langue française.

— Quels sont donc... ses ouvrages ?

— Il suffit de nommer.., les *Lettres provinciales*... et les *Pensées* | pour évoquer le souvenir... d'un de nos plus illustres écrivains.

— Travailla-t-il beaucoup... pendant son enfance ?

— Trop certes,.... car il était débile | et son père, | craignant... de fatiguer... sa jeune intelligence, | lui avait interdit... les livres scientifiques.

— Mais alors... que fit-il ?

— Dévoré... de la soif... de connaître, | il étudia en cachette... la géométrie.

— Quoi ! | sans le secours... de personne ?

— Absolument seul. | Et il devint si fort... qu'à l'âge de douze ans | il étonnait,... dit-on, | les hommes... les plus savants.

— C'est merveilleux,... en vérité.

— Il avait inventé... la géométrie... à son usage, | et cela... dans un âge | où les autres enfants... ne songent qu'à jouer.

— Fit-il... des découvertes ?

— Il expérimenta... l'un des premiers... la pesanteur de l'air.

— Pascal... mourut-il jeune ?

— Il n'avait pas trente-neuf ans | quand la mort... le saisit.

146ᵉ Exercice, même sujet.

BLAISE PASCAL

— Avez-vous remarqué dans l'intérieur de la tour Saint-Jacques la statue d'un personnage revêtu du costume du dix-septième siècle ?

— J'ai vu cette statue, mais je n'ai pas songé à la regarder de près.

— Eh bien, c'est la statue de Blaise Pascal, né à Clermont-Ferrand en mil six cent vingt-trois.

— Je le connais de nom, mais je ne l'ai pas lu.

— Vous le lirez un jour, car c'est un des hommes qui ont le mieux manié la langue française.

— Quels sont donc ses ouvrages ?

— Il suffit de nommer les *Lettres provinciales* et les *Pensées* pour évoquer le souvenir d'un de nos plus illustres écrivains.

— Travailla-t-il beaucoup pendant son enfance ?

— Trop certes, car il était débile, et son père, craignant de fatiguer sa jeune intelligence, lui avait interdit les livres scientifiques.

— Mais alors que fit-il ?

— Dévoré de la soif de connaître, il étudia en cachette la géométrie.

— Quoi ! sans le secours de personne ?

— Absolument seul. Et il devint si fort qu'à l'âge de douze ans il étonnait, dit-on, les hommes les plus savants.

— C'est merveilleux, en vérité.

— Il avait inventé la géométrie à son usage, et cela dans un âge où les autres enfants ne songent qu'à jouer.

— Fit-il des découvertes ?

— Il expérimenta l'un des premiers la pesanteur de l'air.

— Pascal mourut-il jeune ?

— Il n'avait pas trente-neuf ans quand la mort le saisit.

QUESTIONNAIRE

1. Où est né Blaise Pascal ? — 2. En quelle année ? — 3. Quels sont ses principaux ouvrages comme écrivain ? — 4. Comment et à quel âge Pascal devint-il géomètre ? — 5. Quelle est l'expérience physique la plus connue de Pascal ? — 6. A quel âge mourut-il ? — 7. Où voit-on la statue de Pascal ?

147º Exercice

| Ma chère ᴠ̓ʟʟᴇ,

| Sais-tu pourquoi... la violette | est l'emblème...
de la modestie ? | Parce que cette fleur,... aux suaves
parfums, | se cache... pour ainsi dire... sous les touffes
de feuillage, | et... qu'on ne la découvre... qu'avec
peine | et grâce... à l'odeur délicieuse | qu'elle ré-
pand... autour d'elle. | Sois donc,... ma chère Marie, |
modeste... comme cette humble fleur des bois, | et,...
si tu possèdes... des qualités, | n'en fais point... or-
gueilleusement parade, | et laisse aux autres... le soin |
de les découvrir... et de les mettre en relief.

| Je te dis... tout cela,... mon enfant, | parce que tu
as manqué... aux lois... de la modestie | dans la dernière
soirée... de jeudi | où ta bonne tante... t'avait fait
venir. | Ainsi,... avant qu'on ne t'en eût priée, | tu t'es
mise... au piano | et tu as joué... une partie... de ton
petit répertoire. | On t'a complimentée, | car... il était
naturel | que l'on cherchât... à flatter... la nièce | de la
maîtresse... de la maison. | Mais, au lieu... de rece-
voir... les louanges... avec modestie, | tu as fait la
roue... comme le paon | qui vit... dans la basse-cour...
de ton grand-père, | disant... que tu savais encore |
beaucoup d'autres morceaux.

| Encore une fois,... chère Marie, | la modestie...
sied... à tout le monde, | mais plus encore... à une
petite fille... sans expérience. | Le défaut opposé |
consiste... à se faire prier... et supplier | avant... de
se mettre... au piano, | chanter... une romance, |
ou réciter... une pièce de vers. | Dans la société, | cha-
cun... doit se rendre agréable | et payer... de sa per-
sonne | sans ostentation | comme sans fausse modestie.

| Adieu,... ma bien-aimée. | Tu nous pries... ton
père et moi | de t'aimer beaucoup. | Nous te répon-
dons... en t'embrassant : | C'est fait. | Ta Mère.

148ᵉ **Exercice**, même sujet.

MA CHÈRE FILLE,

Sais-tu pourquoi la violette est l'emblème de la modestie ? Parce que cette fleur, aux suaves parfums, se cache pour ainsi dire sous les touffes de feuillage, et qu'on ne la découvre qu'avec peine et grâce à l'odeur délicieuse qu'elle répand autour d'elle. Sois donc, ma chère Marie, modeste comme cette humble fleur des bois, et, si tu possèdes des qualités, n'en fais point orgueilleusement parade, et laisse aux autres le soin de les découvrir et de les mettre en relief.

Je te dis tout cela, mon enfant, parce que tu as manqué aux lois de la modestie dans la dernière soirée de jeudi où ta bonne tante t'avait fait venir. Ainsi, avant qu'on ne t'en eût priée, tu t'es mise au piano et tu as joué une partie de ton petit répertoire. On t'a complimentée, car il était naturel que l'on cherchât à flatter la nièce de la maîtresse de la maison. Mais, au lieu de recevoir les louanges avec modestie, tu as fait la roue comme le paon qui vit dans la basse-cour de ton grand-père, disant que tu savais encore beaucoup d'autres morceaux.

Encore une fois, chère Marie, la modestie sied à tout le monde, mais plus encore à une petite fille sans expérience. Le défaut opposé consiste à se faire prier et supplier avant de se mettre au piano, chanter une romance, ou réciter une pièce de vers. Dans la société, chacun doit se rendre agréable et payer de sa personne sans ostentation comme sans fausse modestie.

Adieu, ma bien-aimée. Tu nous pries ton père et moi de t'aimer beaucoup. Nous te répondons en t'embrassant : C'est fait.

TA MÈRE.

QUESTIONNAIRE

1. Pourquoi la violette est-elle l'emblème de la modestie ? — 2. Comment doit être la petite Marie ? — 3. Si elle possède des qualités, que doit-elle faire ? — 4. Pourquoi sa mère lui donne-t-elle des conseils ? — 5. Qu'a fait la petite fille pour manquer aux lois de la modestie ? — 6. A qui sied la modestie ? — 7. Quel est le défaut opposé à la modestie ? — 8. Que doit faire chacun dans la société ?

149ᵉ Exercice
| LES MONNAIES.

| La monnaie... est un instrument d'échange. | On sait que chez les anciens | les bœufs... et les moutons | servirent longtemps... de monnaie. | C'est ainsi que chez les modernes... on a vu jadis | de singuliers spécimens... de monnaie courante : | la morue,... à Terre-Neuve, | et le tabac... dans l'Amérique du Nord ; | mais ces moyens d'échange | étaient trop encombrants.

| On a dû préférer... certains métaux, | tels que... le cuivre, | l'argent et l'or, | auxquels on a donné... une valeur de convention, | au moyen du poids,... du *titre*, | et d'une estampille quelconque. | On appelle *titre*... le poids de métal fin | que la monnaie renferme... par rapport à son poids total. | Les monnaies d'or françaises | contiennent neuf dixièmes... d'or fin | et un dixième... de cuivre. | Cette addition... de cuivre | constitue... un alliage. | Nos pièces de bronze,... vulgairement appelées *sous*, | renferment exactement... quatre-vingt-quinze parties de cuivre, | quatre parties d'étain... et une de zinc.

| L'invention... de la monnaie | se perd... dans la nuit des temps. | Les pièces de monnaie... les plus anciennement frappées | portent comme empreinte...l'image d'un bœuf, | d'un mouton... ou d'une chèvre, | pour rappeler sans doute... que les troupeaux | furent à l'origine... les seuls moyens d'échange. | La monnaie des Israélites... se nommait *sicle*, | ainsi que nous l'apprend la Bible. | Le *sicle* servait... à la fois | de poids... et de moyen d'échange. | L'usage de la monnaie... chez les anciens Romains | remonte...à Servius Tullius,...sixième roi de Rome. | Les monnaies étaient autrefois... fabriquées au marteau ; | elles sont aujourd'hui frappées | à l'aide d'un instrument... qu'on nomme *balancier*.

| Dans les moments de crise, | on remplace quelquefois... la monnaie... par du papier, | qui prend le nom... de *papier-monnaie*.

150ᵉ Exercice, même sujet.

LES MONNAIES

La monnaie est un instrument d'échange. On sait que chez les anciens les bœufs et les moutons servirent longtemps de monnaie. C'est ainsi que chez les modernes on a vu jadis de singuliers spécimens de monnaie courante : la morue, à Terre-Neuve, et le tabac dans l'Amérique du Nord ; mais ces moyens d'échange étaient trop encombrants.

On a dû préférer certains métaux, tels que le cuivre, l'argent et l'or, auxquels on a donné une valeur de convention, au moyen du poids, du *titre,* et d'une estampille quelconque. On appelle *titre* le poids de métal fin que la monnaie renferme par rapport à son poids total. Les monnaies d'or françaises contiennent neuf dixièmes d'or fin et un dixième de cuivre. Cette addition de cuivre constitue un alliage. Nos pièces de bronze, vulgairement appelées *sous,* renferment exactement quatre-vingt-quinze parties de cuivre, quatre parties d'étain et une de zinc.

L'invention de la monnaie se perd dans la nuit des temps. Les pièces de monnaie les plus anciennement frappées portent comme empreinte l'image d'un bœuf, d'un mouton ou d'une chèvre, pour rappeler sans doute que les troupeaux furent à l'origine les seuls moyens d'échange. La monnaie des Israélites se nommait *sicle,* ainsi que nous l'apprend la Bible. Le *sicle* servait à la fois de poids et de moyen d'échange. L'usage de la monnaie chez les anciens Romains remonte à Servius Tullius, sixième roi de Rome. Les monnaies étaient autrefois fabriquées au marteau ; elles sont aujourd'hui frappées à l'aide d'un instrument qu'on nomme *balancier.*

Dans les moments de crise, on remplace quelquefois la monnaie par du papier qui prend le nom de *papier-monnaie.*

QUESTIONNAIRE

1. Qu'est-ce que la monnaie ? — 2. Quel était l'instrument d'échange usité chez les anciens ? — 3. En a-t-on des exemples chez les modernes ? — 4. Pourquoi a-t-on préféré le métal ? — 5. Quels métaux servent à la confection des monnaies ? — 6. Qu'appelle-t-on le titre de la monnaie ? — 7. Comment s'appelle l'addition de cuivre aux monnaies d'or et d'argent ? — 8. De quoi se composent nos sous vulgaires ? — 9. Quelle est l'empreinte des pièces de monnaie les plus anciennes ? — 10. Comment se nommait la monnaie des anciens Juifs ? — 11. Comment frappe-t-on les monnaies aujourd'hui ? — 12. Qu'est-ce que le papier-monnaie ?

151ᵉ Exercice

| L'ENFANT... ET LES FLEURS.

| Un jeune enfant,... léger,... volage, | voulait cueillir,... sur le rivage d'un ruisseau gracieux, | mille charmantes fleurs... qui s'offraient à ses yeux. | Mais,... à son désespoir,... ses mains sont bientôt pleines, | et, pour une pervenche,... il en perd deux douzaines; | il pleure, | il se désole,... et de tout perdre... il craint : | « Qui trop embrasse... mal étreint. »

152ᵉ Exercice, même sujet.

L'ENFANT ET LES FLEURS

Un jeune enfant, léger, volage,
Voulait cueillir, sur le rivage
D'un ruisseau gracieux,
Mille charmantes fleurs qui s'offraient à ses yeux.
Mais, à son désespoir, ses mains sont bientôt pleines,
Et, pour une pervenche, il en perd deux douzaines ;
Il pleure, il se désole, et de tout perdre il craint :
    « Qui trop embrasse mal étreint. »

QUESTIONNAIRE

1. Que voulait cueillir l'enfant sur les bords d'un ruisseau ? — 2. Pourquoi est-il désespéré ? — 3. Que perd-il pour une pervenche ? — 4. Que fait-il ? — 5. Que craint-il ? — 6. Quelle est la morale de cette fable ?

153° Exercice

| LES TROIS ÉTATS DES CORPS.

| Tous les corps | répandus... à la surface du globe | peuvent se présenter à nous... sous trois états : | l'état solide,... l'état liquide, | et l'état gazeux. | Cette classification... fondée sur l'observation | est rigoureusement vraie.

| Quand plus tard | vous étudierez... les mathématiques, | vous verrez qu'en géométrie | on nomme *solide* | tout corps réunissant | ce qu'on est convenu... d'appeler | les trois dimensions : | *longueur,... largeur,... épaisseur.* | En physique | on appelle solide | un corps dont les parties... sont réunies par une force | qu'on nomme *cohésion.* | La cohésion... est cette force, | ou,... si l'on veut,... cette puissance inconnue | qui unit entre elles... les particules des corps, | et les tient... comme liées... les unes aux autres. | Une pierre,... par exemple, | un morceau de métal | sont des corps solides.

| La force de cohésion | existe... à un degré moindre... dans les corps liquides. | Les particules... de ces corps | sont assez mobiles | pour être indépendantes... les unes des autres. | L'eau... en offre... un exemple frappant. | Les liquides | prennent la forme... du vase qui les contient.

| On dit qu'un corps... est à l'état gazeux | quand les particules... qui le composent | tendent plutôt | à se désunir... qu'à se rapprocher. | Cette propriété... donne à ce genre de corps | ce qu'on nomme... en physique | la *force élastique.* | La vapeur... est un gaz. | On a utilisé... sa *force élastique* | dans l'emploi... de cette machine | si connue... sous le nom... de *machine à vapeur.*

154ᵉ Exercice, même sujet.

LES TROIS ÉTATS DES CORPS

Tous les corps répandus à la surface du globe peuvent se présenter à nous sous trois états : l'état solide, l'état liquide et l'état gazeux. Cette classification fondée sur l'observation est rigoureusement vraie.

Quand plus tard vous étudierez les mathématiques, vous verrez qu'en géométrie on nomme *solide* tout corps réunissant ce qu'on est convenu d'appeler les trois dimensions : *longueur, largeur, épaisseur.* En physique on appelle solide un corps dont les parties sont réunies par une force qu'on nomme *cohésion.* La cohésion est cette force, ou si l'on veut, cette puissance inconnue qui unit entre elles les particules des corps, et les tient comme liées les unes aux autres. Une pierre, par exemple, un morceau de métal sont des corps solides.

La force de cohésion existe à un degré moindre dans les liquides. Les particules de ces corps sont assez mobiles pour être indépendantes les unes des autres. L'eau en offre un exemple frappant. Les liquides prennent la forme du vase qui les contient.

On dit qu'un corps est à l'état gazeux quand les particules qui le composent tendent plutôt à se désunir qu'à se rapprocher. Cette propriété donne à ce genre de corps ce qu'on nomme en physique la *force élastique.* La vapeur est un gaz. On a utilisé sa *force élastique* dans l'emploi de cette machine si connue sous le nom de *machine à vapeur.*

QUESTIONNAIRE

1. Sous combien d'états se présentent à nous les corps répandus sur la surface du globe ? — 2. Nommez-les. — 3. Qu'appelle-t-on un corps solide en géométrie ? — 4. Qu'appelle-t-on un corps solide en physique ? — 5. Citez-moi quelques exemples de corps solides. — 6. Qu'est-ce qu'un liquide ? — 7. Donnez un exemple de corps liquide. — 8. Quand un corps est-il à l'état gazeux ? — 9. Qu'est-ce que la vapeur ? — 10. Comment a-t-on utilisé sa force élastique ?

155ᵉ Exercice

| Mon cher fils,

| Je t'ai envoyé... au village | chez ta tante Louise, | pour passer... une partie... de tes vacances, | et l'autre jour | mon vieil ami Paul,... qui est allé te voir... de ma part, | ne t'a pas reconnu... tout d'abord. | Il t'a pris... pour un petit pauvre | accouru... pour demander... l'aumône. | Tes habits... étaient déchirés | et tes cheveux... ébouriffés. | Ton visage... était barbouillé de terre, | et tes mains... noires et crasseuses | comme celles... d'un ramoneur. | Je t'avoue... que ce portrait | n'a pas du tout flatté... mon orgueil paternel.

| La propreté, | outre qu'elle donne... à l'individu | un aspect attrayant... et agréable, | est essentielle... à la santé. | Les anciens Romains | se baignaient... fréquemment. | Les peuples orientaux | ont fait... de la propreté | un précepte religieux. | Mahomet, | le prophète... des Arabes, | a ordonné... à ses sectateurs | des ablutions quotidiennes. | La saleté du corps | finit... par engendrer... la lèpre de l'âme. | L'enfant... qui se complaît | dans cet état... de dégradation physique | devient en peu de temps | nonchalant,... paresseux,... maussade | et indifférent à tout. | Dédaigné... et repoussé... par tout le monde, | il finit... par prendre en haine | ceux qui l'entourent.

| Les animaux... eux-mêmes | nous donnent... des exemples de propreté. | Vois plutôt... Minet, | le gros chat... de ta bonne maman. | Chaque jour... il se peigne | et se débarbouille... avec sa patte | et... passe et repasse | sa langue râpeuse... sur sa fourrure, | afin de lui donner... le lustre... et le brillant.

| On dit... communément | d'un petit garçon... malpropre, | qu'on ne voudrait pas... le toucher | même... avec des pincettes. | Lave-toi donc,... cher ami, | la figure... et les mains,... si tu veux... que nous t'embrassions... ta mère et moi. | Ton Père.

156ᵉ Exercice, même sujet.

MON CHER FILS,

Je t'ai envoyé au village chez ta tante Louise, pour passer une partie de tes vacances, et l'autre jour mon vieil ami Paul, qui est allé te voir de ma part, ne t'a pas reconnu tout d'abord. Il t'a pris pour un petit pauvre accouru pour demander l'aumône. Tes habits étaient déchirés et tes cheveux ébouriffés. Ton visage était barbouillé de terre, et tes mains noires et crasseuses comme celles d'un ramoneur. Je t'avoue que ce portrait n'a pas du tout flatté mon orgueil paternel.

La propreté, outre qu'elle donne à l'individu un aspect attrayant et agréable, est essentielle à la santé. Les anciens Romains se baignaient fréquemment. Les peuples orientaux ont fait de la propreté un précepte religieux. Mahomet, le prophète des Arabes, a ordonné à ses sectateurs des ablutions quotidiennes. La saleté du corps finit par engendrer la lèpre de l'âme. L'enfant qui se complaît dans cet état de dégradation physique devient en peu de temps nonchalant, paresseux, maussade et indifférent à tout. Dédaigné et repoussé par tout le monde, il finit par prendre en haine ceux qui l'entourent.

Les animaux eux-mêmes nous donnent des exemples de propreté. Vois plutôt Minet, le gros chat de ta bonne maman. Chaque jour il se peigne et se débarbouille avec sa patte et passe et repasse sa langue râpeuse sur sa fourrure, afin de lui donner le lustre et le brillant.

On dit communément d'un petit garçon malpropre, qu'on ne voudrait pas le toucher même avec des pincettes. Lave-toi donc, cher ami, la figure et les mains, si tu veux que nous t'embrassions ta mère et moi. 		TON PÈRE.

QUESTIONNAIRE

1. Pourquoi le père a-t-il envoyé l'enfant chez sa tante Louise? — 2. Pourquoi le vieil ami Paul n'a-t-il pas reconnu l'enfant? — 3. Dans quel état était-il? — 4. Quelle est l'utilité de la propreté? — 5. Que faisaient les anciens Romains? — 6. Quel précepte Mahomet a-t-il ordonné à ses sectateurs? — 7. Quel est le résultat de la saleté du corps? — 8. Que devient l'enfant malpropre? — 9. Les animaux nous donnent-ils l'exemple de la propreté? — 10. Que dit-on communément d'un petit garçon malpropre?

157ᵉ Exercice

| PIERRE-PAUL RUBENS.

— Où Pierre-Paul Rubens... a-t-il vu le jour?

— A Cologne,... à Seigen, | ou... plus vraisembla-
blement,... à Anvers, | en mil cinq cent soixante-dix-sept.

— Quel fut son premier maître?

— Le peintre Otto Venius.

— Comment s'écoula... la jeunesse de Rubens?

— Il parcourut l'Italie, | s'inspirant çà et là... des
chefs-d'œuvre... des maîtres.

— Quels furent ses protecteurs?

— L'archiduc Albert,... gouverneur des Pays-Bas, |
et Marie de Médicis,... femme de Henri IV.

— La reine de France... lui commanda-t-elle...
quelques tableaux?

— Un très-grand nombre, | et l'on voit... au musée
du Louvre | les scènes principales... de la vie de la
reine, | dues au pinceau de Rubens.

— Rubens ne fut-il pas chargé... de quelques missions diplomatiques?

— L'archiduc Albert... l'envoya en Angleterre... et
à la Cour d'Espagne.

— Dans quel genre... excellait-il?

— Dans tous les genres. | Il peignait également bien |
les animaux,... les fleurs,... l'histoire,... le portrait... et
le paysage.

— A-t-il composé... beaucoup de tableaux?

— On évalue... son œuvre picturale | à plus de
treize cents sujets.

— Où résida-t-il... le plus souvent?

— A Anvers,... sa ville de prédilection, | qu'il enri-
chit... de ses chefs-d'œuvre, | parmi lesquels se trouve...
la célèbre *Descente de Croix.*

— A quelle époque... mourut-il?

— En l'an mil six cent quarante, | riche, | et comblé
d'honneurs... par ses contemporains.

158ᵉ Exercice, même sujet.

PIERRE-PAUL RUBENS

— Où Pierre-Paul Rubens a-t-il vu le jour ?

— A Cologne, à Seigen, ou plus vraisemblablement, à Anvers, en mil cinq cent soixante-dix-sept.

— Quel fut son premier maître ?

— Le peintre Otto Venius.

— Comment s'écoula la jeunesse de Rubens ?

— Il parcourut l'Italie, s'inspirant çà et là des chefs-d'œuvre des maîtres.

— Quels furent ses protecteurs ?

— L'archiduc Albert, gouverneur des Pays-Bas, et Marie de Médicis, femme de Henri IV.

— La reine de France lui commanda-t-elle quelques tableaux?

— Un très-grand nombre, et l'on voit au musée du Louvre les scènes principales de la vie de la reine, dues au pinceau de Rubens.

— Rubens ne fut-il pas chargé de quelques missions diplomatiques ?

— L'archiduc Albert l'envoya en Angleterre et à la Cour d'Espagne.

— Dans quel genre excellait-il ?

— Dans tous les genres. Il peignait également bien les animaux, les fleurs, l'histoire, le portrait et le paysage.

— A-t-il composé beaucoup de tableaux ?

— On évalue son œuvre picturale à plus de treize cents sujets.

— Où résida-t-il le plus souvent ?

— A Anvers, sa ville de prédilection, qu'il enrichit de ses chefs-d'œuvre, parmi lesquels se trouve la célèbre *Descente de Croix.*

— A quelle époque mourut-il ?

— En l'an mil six cent quarante, riche, et comblé d'honneurs par ses contemporains.

QUESTIONNAIRE

1. De quelle ville Rubens était-il originaire ? — 2. En quelle année naquit-il ? — 3. Quel pays visita-t-il pendant sa jeunesse ? — 4. Pour quels grands personnages Rubens a-t-il travaillé ? — 5. Où fut-il envoyé comme ambassadeur ? — 6. Donnez-nous un aperçu de l'œuvre picturale de Rubens. — 7. Où et en quelle année mourut-il ?

159° Exercice

| MA CHÈRE FILLE,

| Tu me traçais... dans ta dernière lettre | le portrait... d'une des sous-maîtresses... de ta pension. | Tu t'é-gayais... aux dépens... de sa taille, | de sa figure... et de son costume. | Tu parlais... de son caractère in-flexible | et de sa grande sévérité | qui punit impitoya-blement... les moindres négligences.

| L'esprit de malignité... qui perce... dans ton récit | m'a vivement peinée. | C'est de la pure malveillance, | et je regrette | que tu n'aies consulté,... ni ton cœur,... ni les convenances, | avant de t'abandonner... à ces écarts de plume. | Tout le monde,... ma chère fille, | n'a pas reçu... en partage | la grâce,... la beauté... et l'aménité du caractère.

| D'ailleurs,... qui t'assure | que la pauvre sous-maî-tresse | que tu me dépeins... sous des traits si noirs | ne soit dans le fond... douce et bonne? | Qui sait... si cette sévérité | dont tu te plains... avec tant d'amer-tume | n'est pas plus apparente... que réelle? | Qui te dit... que cette demoiselle | ne meurt pas d'envie... de vous embrasser toutes, | mais... qu'elle emploie... la sévérité | comme un moyen... propre à tenir... en respect | une troupe... de petites tapageuses | qui ne demandent... qu'à rire... et à jouer? | Tu relèves mé-chamment | les imperfections... et les ridicules de son costume. | Tout le monde... ne peut pas... avoir des habits neufs, | à mettre... tous les jours. | Ta mère... elle-même... est dans ce cas; | et... elle est loin... de s'en plaindre. | Une mise simple... et modeste | est préférable à l'éclat... d'une parure exagérée.

| Adieu,... ma chère fille; | fais-moi savoir... que tu es revenue | à de meilleurs sentiments... envers ton prochain, | et crois bien... que ton père et ta mère | sont tes meilleurs amis,... malgré toutes ces réprimandes.

| TA MÈRE. .

160° Exercice, même sujet.

MA CHÈRE FILLE,

Tu me traçais dans ta dernière lettre le portrait d'une des sous-maîtresses de ta pension. Tu t'égayais aux dépens de sa taille, de sa figure et de son costume. Tu parlais de son caractère inflexible et de sa grande sévérité qui punit impitoyablement les moindres négligences.

L'esprit de malignité qui perce dans ton récit m'a vivement peinée. C'est de la pure malveillance, et je regrette que tu n'aies consulté, ni ton cœur, ni les convenances, avant de t'abandonner à ces écarts de plume. Tout le monde, ma chère fille, n'a pas reçu en partage la grâce, la beauté et l'aménité du caractère.

D'ailleurs, qui t'assure que la pauvre sous-maîtresse que tu me dépeins sous des traits si noirs ne soit dans le fond douce et bonne? Qui sait si cette sévérité dont tu te plains avec tant d'amertume n'est pas plus apparente que réelle? Qui te dit que cette demoiselle ne meurt pas d'envie de vous embrasser toutes, mais qu'elle emploie la sévérité comme un moyen propre à tenir en respect une troupe de petites tapageuses qui ne demandent qu'à rire et à jouer? Tu relèves méchamment les imperfections et les ridicules de son costume. Tout le monde ne peut pas avoir des habits neufs à mettre tous les jours. Ta mère elle-même est dans ce cas ; et elle est loin de s'en plaindre. Une mise simple et modeste est préférable à l'éclat d'une parure exagérée.

Adieu, ma chère fille ; fais-moi savoir que tu es revenue à de meilleurs sentiments envers ton prochain, et crois bien que ton père et ta mère sont tes meilleurs amis, malgré toutes ces réprimandes. TA MÈRE.

QUESTIONNAIRE

1. De qui la petite fille traçait-elle le portrait ? — 2. Aux dépens de quoi s'égayait la petite fille ? — 3. De quoi parlait-elle ? — 4. Qu'est-ce qui a peiné la mère ? — 5. Que regrette-t-elle ? — 6. Quel caractère peut avoir la sous-maîtresse? — 7. Doit-on relever méchamment les imperfections du costume ? — 8. Qu'est-ce qui est préférable à une parure exagérée ? — 9. De quoi a fait preuve la petite Marie ? — 10. Que doit croire la petite fille malgré les réprimandes de son père et de sa mère ?

161ᵉ Exercice

| L'ATMOSPHÉRE.

| La masse d'air... qui nous environne | s'appelle atmosphère. | Elle enveloppe... le globe entier. | Cette couche d'air | ne s'étend... probablement pas | au delà... de cent kilomètres | au-dessus... de la surface terrestre.

| L'air... est un fluide transparent. | Comme tous les corps,... il est *pondérable,* | c'est-à-dire pesant : | un mètre cube... d'air | pèse... à peu près... treize hectogrammes. | Son *expansibilité...* et sa *compressibilité* | sont très-grandes. | Il n'a, ni odeur,... ni saveur ; | il est *incolore...* sous une faible épaisseur, | et bleuâtre... sous une épaisseur... très-grande. | L'air... est un mélange | de deux éléments gazeux : | l'*oxygène...* et l'*azote;* | il contient... en outre | un peu d'*acide carbonique...* et de *vapeur d'eau.*

| Les animaux | consomment... de l'oxygène... par la respiration | et dégagent... de l'acide carbonique. | Les plantes,... au contraire, | se nourrissent | d'acide carbonique... qu'elles décomposent : | elles gardent... le *carbone* | et restituent... l'oxygène... à l'air. | Le règne animal... et le règne végétal | entretiennent ainsi... l'équilibre | dans la composition... de l'atmosphère.

| La pesanteur... de l'air | varie en raison... de son rapprochement... de la surface du globe. | La pression atmosphérique | équivaut... au poids... d'une colonne d'eau | d'environ... dix mètres... de hauteur. | Le corps... de l'homme | reçoit... de la part... de l'air | une pression... de quinze mille kilogrammes... en moyenne. | Cette masse fluide | enveloppe et baigne... pour ainsi dire | l'être humain... de tous côtés : | aussi... ne la sent-il pas.

162ᵉ Exercice, même sujet.

ATMOSPHÈRE

La masse d'air qui nous environne s'appelle atmosphère. Elle enveloppe le globe entier. Cette couche d'air ne s'étend probablement pas au delà de cent kilomètres au-dessus de la surface terrestre.

L'air est un fluide transparent. Comme tous les corps, il est *pondérable*, c'est-à-dire pesant : un mètre cube d'air pèse à peu près treize hectogrammes. Son *expansibilité* et sa *compressibilité* sont très-grandes. Il n'a, ni odeur, ni saveur ; il est *incolore* sous une faible épaisseur, et bleuâtre sous une épaisseur très-grande. L'air est un mélange de deux éléments gazeux : l'*oxygène* et l'*azote ;* il contient, en outre, un peu d'*acide carbonique* et de *vapeur d'eau.*

Les animaux consomment de l'oxygène par la respiration et dégagent de l'acide carbonique. Les plantes, au contraire, se nourrissent d'acide carbonique qu'elles décomposent : elles gardent le *carbone* et restituent l'oxygène à l'air. Le règne animal et le règne végétal entretiennent ainsi l'équilibre dans la composition de l'atmosphère.

La pesanteur de l'air varie en raison de son rapprochement de la surface du globe. La pression atmosphérique équivaut au poids d'une colonne d'eau d'environ dix mètres de hauteur. Le corps de l'homme reçoit de la part de l'air une pression de quinze mille kilogrammes en moyenne. Cette masse fluide enveloppe et baigne pour ainsi dire l'être humain de tous côtés : aussi ne la sent-il pas.

QUESTIONNAIRE

1. Qu'appelle-t-on atmosphère? — 2. A quelle distance s'étend la couche d'air qui entoure le globe? — 3. Quelles sont les qualités de l'air ? — 4. L'air est-il incolore ? — 5. Quels sont les éléments qui composent l'air atmosphérique? — 6. Quel rôle jouent les animaux et les végétaux dans la composition de l'air atmosphérique? — 7. A quelle colonne d'eau équivaut le poids de la couche d'air qui environne le globe? — 8. Quel poids d'air supporte le corps d'un homme ? — 9. Comment supporte-t-il cette pression?

103ᵉ Exercice

| LES DEUX ORPHELINS.

| Sous les flocons... d'une neige abondante... disparaissait le sentier du hameau | et par degrés,... l'ombre déjà croissante... enveloppait la plaine et le coteau. | En cheminant... à travers la clairière,... deux beaux enfants se tenaient par le bras. | D'où venaient-ils ? | Hélas !... du cimetière : | Ah !... plaignons-les... ils sont seuls ici-bas.

| Vous pour qui,... dès l'adolescence... commencent les jours de douleur, | mettez en Dieu votre espérance ; | il nous soutient dans le malheur !

| Six mois à peine... ont passé sur la tombe | d'un père mort à la fleur de ses ans. | Puis vient un jour où la mère succombe, | donnons des pleurs au sort de ces enfants. | Et maintenant,... s'ils n'ont sur cette terre,... pas un ami pour leur tendre la main,... c'est vous,... Seigneur, | qui,... leur servant de père,... les guiderez... dans leur rude chemin ! (1)

| Matin et soir,... dans la funèbre enceinte,... les orphelins... viennent s'agenouiller, | puis,... soulagés par la prière sainte, | le cœur moins gros,... regagnent leur foyer. | Frêles roseaux,... que fait plier l'orage,... c'est à la Foi... qu'ils demandent secours, | elle leur dit :... Espoir et bon courage ! | Le Tout-Puissant... sur vous... veille toujours.

1. Dans la lecture et dans la récitation, répéter le refrain après chaque stance.

164ᵉ Exercice, même sujet.

LES DEUX ORPHELINS

Sous les flocons d'une neige abondante
Disparaissait le sentier du hameau,
Et par degrés, l'ombre déjà croissante
Enveloppait la plaine et le coteau.
En cheminant à travers la clairière,
Deux beaux enfants se tenaient par le bras.
D'où venaient-ils? Hélas! du cimetière :
Ah! plaignons-les, ils sont seuls ici-bas.

Vous pour qui, dès l'adolescence
Commencent les jours de douleur,
Mettez en Dieu votre espérance ;
Il nous soutient dans le malheur !

Six mois à peine ont passé sur la tombe
D'un père mort à la fleur de ses ans.
Puis vient un jour où la mère succombe,
Donnons des pleurs au sort de ces enfants.
Et maintenant, s'ils n'ont sur cette terre,
Pas un ami pour leur tendre la main,
C'est vous, Seigneur, qui, leur servant de père,
Les guiderez dans leur rude chemin !

Matin et soir, dans la funèbre enceinte,
Les orphelins viennent s'agenouiller,
Puis, soulagés par la prière sainte,
Le cœur moins gros, regagnent leur foyer.
Frêles roseaux, que fait plier l'orage,
C'est à la Foi qu'ils demandent secours,
Elle leur dit : Espoir et bon courage !
Le Tout-Puissant sur vous veille toujours.

QUESTIONNAIRE

1. Sous quoi disparaissait le sentier du hameau? — 2. Pourquoi devons-nous plaindre les deux pauvres orphelins? — 3. Qui nous soutient dans le malheur? — 4. En qui devez-vous mettre votre espérance? — 5. Comment est mort le père des deux enfants? — 6. Qui sera le soutien des orphelins s'ils n'ont point d'amis sur la terre? — 7. Où viennent s'agenouiller matin et soir les orphelins? — 8. A qui demandent-ils secours? — 9. Que leur dit la Foi?

165ᵉ Exercice

| LA PLUIE.

| Si l'on fait bouillir... de l'eau... dans un vase clos | et qu'on ôte... le couvercle | la vapeur amassée... contre le couvercle | saisie... par l'air plus froid | se condense... et tombe en gouttes.

| Il en est de même... pour les nuages. | Si l'air est assez froid... pour les condenser, | les globules de vapeur... se rapprochent,..., s'agglomèrent | et tombent en gouttes... assez rapidement | pour ne pouvoir pas... être vaporisés | dans leur passage,... à travers l'atmosphère ; | alors il y a *pluie.*

| La pluie... peut encore être produite | par le *rayonnement* des nuages, | c'est-à-dire... par la perte de chaleur... qu'ils subissent | en passant... au-dessus des continents. | Car le rayonnement | ayant pour objet... de refroidir par degré... les nuages, | il arrive un moment... où ils se condensent... en gouttes | et tombent... sur la terre. | Deux masses d'air | chargées de vapeurs,... d'une température différente | produisent... quelquefois la pluie... par leur mélange.

| L'électricité | influe puissamment... sur la condensation... des nuages. | En été,... où son action... est plus forte, | des pluies torrentielles | ont souvent lieu | sur des points... peu étendus. | Au contraire,... en hiver, | les pluies... peuvent couvrir | plusieurs centaines de kilomètres.

| C'est dans la zone torride | que tombe... le plus d'eau, | et cette quantité | va en diminuant... quand on s'approche des pôles. | Il ne pleut jamais... en Égypte, | et les eaux du Nil... y remplacent la pluie.

166ᵉ Exercice, même sujet.

LA PLUIE

Si l'on fait bouillir de l'eau dans un vase clos et qu'on ôte le couvercle la vapeur amassée contre le couvercle saisie par l'air plus froid se condense et tombe en gouttes.

Il en est de même pour les nuages. Si l'air est assez froid pour les condenser, les globules de vapeur se rapprochent, s'agglomèrent et tombent en gouttes assez rapidement pour ne pouvoir pas être vaporisés dans leur passage à travers l'atmosphère ; alors il y a *pluie*.

La pluie peut encore être produite par le *rayonnement* des nuages, c'est-à-dire par la perte de chaleur qu'ils subissent en passant au-dessus des continents. Car le rayonnement ayant pour objet de refroidir par degré les nuages, il arrive un moment où ils se condensent en gouttes et tombent sur la terre. Deux masses d'air chargées de vapeurs, d'une température différente, produisent quelquefois la pluie par leur mélange.

L'électricité influe puissamment sur la condensation des nuages. En été, où son action est plus forte, des pluies torrentielles ont souvent lieu sur des points peu étendus. Au contraire, en hiver, les pluies peuvent couvrir plusieurs centaines de kilomètres.

C'est dans la zone torride que tombe le plus d'eau, et cette quantité va en diminuant quand on s'approche des pôles. Il ne pleut jamais en Égypte, et les eaux du Nil y remplacent la pluie.

QUESTIONNAIRE

1. Décrivez-nous le phénomène de la pluie ? — 2. Comment peut être encore produite la pluie ? — 3. Quel est le rôle de l'électricité dans la formation de la pluie ? — 4. Sous quelle zone terrestre tombe-t-il le plus d'eau ? — 5. Pleut-il en Égypte ? — 6. Comment la pluie est-elle remplacée dans ce pays ?

167ᵉ Exercice

| Mon cher fils,

| Je suis loin... de désapprouver... la fantaisie | que tu as eue, | d'aller... quelquefois... assister... à des *veillées* | chez les paysans. | Mais... je ne saurais trop... t'engager | à ne prêter... qu'une oreille défiante | aux récits... et aux contes... des vieilles femmes. | Les paysans... sont de braves gens, | travailleurs,... économes, | simples... et bons ; | mais... ils sont | d'une crédulité extrême ; | et... je ne voudrais... certes pas | te voir donner... dans ce travers.

| Tous ces récits... de fées, | de lutins,... de fantômes, | de revenants, | dont on farcit... la tête... des enfants, | ont pour résultat... de les rendre peureux, | de leur donner... des idées fausses... ou ridicules. | Dans leur ignorance... des lois de la nature, | les paysans | travestissent... les faits... les plus ordinaires, | et... ils voient... du merveilleux, | là... où les gens sensés... et éclairés | ne remarquent... qu'un phénomène | purement physique... ou chimique. | Ainsi,... tu sais... que parfois... dans les cimetières, | on voit voltiger... pendant la nuit... des feux follets. | Ces phosphorescences | que les gens crédules... regardent... comme les âmes... des trépassés, | sont dues... à un gaz | qu'on appelle... l'hydrogène phosphoré | qui se dégage... et s'enflamme... au contact de l'air.

| Je ne cite... que ce fait... en passant, | et seulement... pour te mettre en garde | contre une foule... de sottises, | qu'on ne manque jamais... de débiter | dans les veillées champêtres, | où... le narrateur | cherche surtout... à exciter... la terreur... et l'effroi | dans l'âme... de ses auditeurs | bénévoles... et crédules.

| Nous t'embrassons,... cher ami, ta mère et moi. | Va donc... aux veillées | puisque cela... t'amuse ; | mais... souviens-toi... de mes conseils paternels.

| Ton Père.

168ᵉ Exercice, même sujet.

MON CHER FILS,

Je suis loin de désapprouver la fantaisie que tu as eue, d'aller quelquefois assister à des *veillées* chez les paysans. Mais je ne saurais trop t'engager à ne prêter qu'une oreille défiante aux récits et aux contes des vieilles femmes. Les paysans sont de braves gens, travailleurs, économes, simples et bons ; mais ils sont d'une crédulité extrême ; et je ne voudrais certes pas te voir donner dans ce travers.

Tous ces récits de fées, de lutins, de fantômes, de revenants, dont on farcit la tête des enfants, ont pour résultat de les rendre peureux, de leur donner des idées fausses ou ridicules. Dans leur ignorance des lois de la nature, les paysans travestissent les faits les plus ordinaires, et ils voient du merveilleux, là où les gens sensés et éclairés ne remarquent qu'un phénomène purement physique ou chimique. Ainsi, tu sais que parfois dans les cimetières, on voit voltiger pendant la nuit des feux follets. Ces phosphorescences que les gens crédules regardent comme les âmes des trépassés, sont dues à un gaz qu'on appelle l'hydrogène phosphoré, qui se dégage et s'enflamme au contact de l'air.

Je ne cite que ce fait en passant, et seulement pour te mettre en garde contre une foule de sottises qu'on ne manque jamais de débiter dans les veillées champêtres, où le narrateur cherche surtout à exciter la terreur et l'effroi dans l'âme de ses auditeurs bénévoles et crédules.

Nous t'embrassons, cher ami, ta mère et moi. Va donc aux veillées puisque cela t'amuse ; mais souviens-toi de mes conseils paternels.　　　　　　　　　　　　　TON PÈRE.

QUESTIONNAIRE

1. Quelle fantaisie a eue l'enfant à la campagne ? — 2. Quel conseil le père donne-t-il à son fils ? — 3. Quelle sorte de gens sont les paysans ? — 4. Quel est leur défaut principal ? — 5. Quel résultat ont pour les enfants les contes de fées et de revenants ? — 6. Pourquoi les paysans travestissent-ils les faits naturels ? — 7. Où voient-ils du merveilleux ? — 8. Que se passe-t-il la nuit dans les cimetières ? — 9. Que cherche le narrateur dans les veillées champêtres ?

169ᵉ Exercice

| MILTON.

— Est-il vrai que Milton... fût aveugle ?

— Sur la fin de sa vie... seulement.

— Quel fut le lieu... de sa naissance ?

— Milton naquit à Londres... en mil six cent huit.

— Quelle était... sa famille ?

— Son père... était un simple tabellion.

— Comment s'écoula... sa première jeunesse ?

— Dans l'étude... et les voyages.

— A quelle époque... revint-il... en Angleterre ?

— Au moment où éclata... la Révolution | qui détruisit le trône... de Charles Iᵉʳ.

— Milton... s'occupa-t-il... de politique ?

— Il s'y jeta... à corps perdu. | On lui doit... un pamphlet... très-célèbre | en faveur... de la liberté de la presse.

— Quel rôle... joua Milton | dans la Révolution... d'Angleterre ?

— Il devint secrétaire... du *protecteur* Cromwell.

— Que fit-il ensuite... après la mort de Cromwell.

— Il s'occupa avec ardeur... de littérature... et de poésie, | et commença,... dit-on, | son poème fameux... le *Paradis perdu.*

— Ne fut-il pas persécuté... au retour des Stuarts ?

— Il fut emprisonné... comme ami des régicides.

— Que fit-il plus tard... quand il redevint libre ?

— Il passa sa vie... dans la solitude... et dans l'oubli.

— N'est-ce pas à cette époque... qu'il acheva son poème ?

— En effet, | la tradition... le représente... triste et aveugle | dictant... à ses deux filles... ses vers immortels ?

— Quand mourut Milton ?

— En mil six cent soixante-quinze.

— Combien fut vendu... le *Paradis perdu ?*

— Trente livres seulement.

170ᵉ Exercice, même sujet.

MILTON.

— Est-il vrai que Milton fût aveugle ?

— Sur la fin de sa vie seulement.

— Quel fut le lieu de sa naissance ?

— Milton naquit à Londres en mil six cent huit.

— Quelle était sa famille ?

— Son père était un simple tabellion.

— Comment s'écoula sa première jeunesse ?

— Dans l'étude et les voyages.

— A quelle époque revint-il en Angleterre ?

— Au moment où éclata la Révolution qui détruisit le trône de Charles Iᵉʳ.

— Milton s'occupa-t-il de politique ?

— Il s'y jeta à corps perdu. On lui doit un pamphlet très-célèbre en faveur de la liberté de la presse.

— Quel rôle joua Milton dans la révolution d'Angleterre ?

— Il devint secrétaire du *protecteur* Cromwell.

— Que fit-il ensuite après la mort de Cromwell ?

— Il s'occupa avec ardeur de littérature et de poésie et commença, dit-on, son poème fameux *Le Paradis perdu.*

— Ne fut-il pas persécuté au retour des Stuarts ?

— Il fut emprisonné comme ami des régicides.

— Que fit-il plus tard quand il redevint libre ?

— Il passa sa vie dans la solitude et dans l'oubli.

— N'est-ce pas à cette époque qu'il acheva son poème ?

— En effet, la tradition le représente triste et aveugle dictant à ses deux filles ses vers immortels.

— Quand mourut Milton ?

— En mil six cent soixante-quinze.

— Combien fut vendu le *Paradis perdu* ?

— Trente livres seulement.

QUESTIONNAIRE

1. Où naquit Milton ? — 2. De qui était-il fils ? — 3. Dans quel temps vécut-il ? — 4. Quel est le pamphlet célèbre dont il est l'auteur ? — 5. Milton remplit-il des fonctions politiques ? — 6. Comment s'appelle son poème ? — 7. Milton eut-il une vie paisible ? — 8. Comment la tradition représente-t-elle Milton sur la fin de sa vie ?

171ᵉ Exercice

| Ma chère fille,

| Quand tu es venue... passer avec nous | les vacances de Noël, | je t'ai dit... que Mme S. | avait résolu... de retirer sa fille... de pension,... à Pâques; | mais... comme la chose | n'était pas... bien sûre encore, | je t'ai priée... de n'en parler... à personne. | Qu'as-tu fait ? | De retour... à ta pension, | tu n'as rien eu... de plus pressé | que de confier... ce petit secret | à une de tes bonnes amies, | qui l'a redit... à une sous-maîtresse, | laquelle en a fait part... à la directrice. | On a fait monter... la petite fille | dans la chambre... de Madame; | il y a eu... des explications désagréables; | et... le plus ennuyeux... pour moi, | c'est que Mme S.... m'accuse | d'avoir trahi... sa confiance, | puisque j'ai fait part... du secret... qu'elle m'avait confié | à une petite fille... indiscrète et bavarde.

| Tu vois,... mon enfant, | où mènent... des paroles inconsidérées. | Heureusement,... l'affaire... dont il s'agit... ici | n'est pas très-grave; | mais... il y a des circonstances | où... la moindre indiscrétion... peut devenir funeste. | Combien... au contraire,... mérite d'être louée... la discrétion ! | Elle est l'indice... d'une âme élevée.

| Le dernier des Stuarts,... Charle-Edouard. | vaincu à Culloden... et poursuivi... par les soldats de Georges II, | erra... pendant huit mois... dans toute l'Écosse | caché... sous un déguisement. | Tous les paysans,... très-pauvres... pour la plupart, | gardèrent... le silence | sur les différents lieux... de sa retraite, | bien... que sa tête... fût mise à prix, | pour une somme considérable.

| Adieu,... chère enfant, | il faut... te quitter, | mais... nous t'embrassons toujours, | ton père et moi,... de tout notre cœur.

| Ta Mère.

172ᵉ **Exercice**, même sujet.

MA CHÈRE FILLE,

Quand tu es venue passer avec nous les vacances de Noël, je t'ai dit que Mᵐᵉ S. avait résolu de retirer sa fille de pension, à Pâques ; mais comme la chose n'était pas bien sûre encore, je t'ai priée de n'en parler à personne. Qu'as-tu fait ? De retour à ta pension, tu n'as rien eu de plus pressé que de confier ce petit secret à une de tes bonnes amies, qui l'a redit à une sous-maîtresse, laquelle en a fait part à la directrice. On a fait monter la petite fille dans la chambre de Madame ; il y a eu des explications désagréables ; et le plus ennuyeux pour moi, c'est que Mᵐᵉ S. m'accuse d'avoir trahi sa confiance, puisque j'ai fait part du secret qu'elle m'avait confié à une petite fille indiscrète et bavarde.

Tu vois, mon enfant, où mènent des paroles inconsidérées. Heureusement, l'affaire dont il s'agit ici n'est pas très-grave ; mais il y a des circonstances où la moindre indiscrétion peut devenir funeste. Combien au contraire mérite d'être louée la discrétion ! Elle est l'indice d'une âme élevée.

Le dernier des Stuarts, Charles-Edouard, vaincu à Culloden et poursuivi par les soldats de Georges II, erra pendant huit mois dans toute l'Écosse caché sous un déguisement. Tous les paysans, très-pauvres pour la plupart, gardèrent le silence sur les différents lieux de sa retraite, bien que sa tête fût mise à prix, pour une somme considérable.

Adieu, chère enfant, il faut te quitter, mais nous t'embrassons toujours ton père et moi de tout notre cœur.

TA MÈRE.

QUESTIONNAIRE

1. Qu'a dit la mère à sa fille quand elle est venue passer à la maison les fêtes de Noël ? — 2. Quelle recommandation la mère avait-elle faite à la petite fille ? — 3. Quel cas la petite fille en a-t-elle fait ? — 4. Qu'est-il résulté de son indiscrétion ? — 5. Que peut parfois devenir l'indiscrétion ? — 6. Quel est l'indice de la discrétion ? — 7. Racontez l'histoire du prince Charles-Edouard ?

173ᵉ Exercice

| LA NEIGE.

| La neige | est de la vapeur d'eau... qui se congèle... dans l'atmosphère | et tombe sur la terre... en cristaux réguliers, | que l'on nomme *flocons*. | La neige | forme des étoiles... à six branches | dont les dessins symétriques... varient à l'infini.

| La quantité de neige | s'accroît à mesure... que l'on s'éloigne... de la zone torride | et qu'on s'approche... des pôles ; | voici pourquoi : | vers les régions polaires | la température... étant habituellement... inférieure à *zéro*, | les pluies sont presque inconnues | et les vapeurs... de l'atmosphère | s'y précipitent... constamment | sous forme de neige. | Si la température... la plus haute d'un lieu | s'élève... à moins de zéro, | le sol... y reste... couvert de neige | toute l'année. | Ainsi en est-il... dans les contrées... voisines du pôle, | et dans les lieux élevés... des zones tempérées. | Les couches de l'atmosphère | en se refroidissant... graduellement | causent... la présence... des neiges perpétuelles | dont les sommets... des hautes montagnes... sont toujours couverts.

| La neige exerce... une heureuse influence | sur l'agriculture... et la végétation ; | la couche blanche,... dont elle recouvre... le sol, | protége les semailles... et les jeunes pousses... contre le froid, | en empêchant... la chaleur de la terre | de s'échapper... et de rayonner... dans l'espace.

| Quelquefois la neige... prend une teinte rouge ; | on l'attribue | à des masses innombrables... de champignons microscopiques | qui croissent spontanément.

174ᵉ Exercice, même sujet.

LA NEIGE

La neige est de la vapeur d'eau qui se congèle dans l'atmosphère et tombe sur la terre en cristaux réguliers, que l'on nomme *flocons*. La neige forme des étoiles à six branches dont les dessins symétriques varient à l'infini.

La quantité de neige s'accroît à mesure que l'on s'éloigne de la zone torride et qu'on s'approche des pôles ; voici pourquoi : vers les régions polaires la température étant habituelleme nt inférieure à *zéro*, les pluies sont presque inconnues et les vapeurs de l'atmosphère s'y précipitent constamment sous forme de neige. Si la température la plus haute d'un lieu s'élève à moins de zéro, le sol y reste couvert de neige toute l'année. Ainsi en est-il dans les contrées voisines du pôle, et dans les lieux élevés des zones tempérées. Les couches de l'atmosphère en se refroidissant graduellement causent la présence des neiges perpétuelles dont les sommets des hautes montagnes sont toujours couverts.

La neige exerce une heureuse influence sur l'agriculture et la végétation; la couche blanche, dont elle recouvre le sol, protége les semailles et les jeunes pousses contre le froid, en empêchant la chaleur de la terre de s'échapper et de rayonner dans l'espace.

Quelquefois la neige prend une teinte rouge ; on l'attribue à des masses innombrables de champignons microscopiques qui croissent spontanément.

QUESTIONNAIRE

1. Qu'appelle-t-on la neige? — 2. La neige a-t-elle une forme déterminée? — 3. Pourquoi la neige s'accroît-elle à mesure qu'on approche des pôles ? — 4. Comment est causée la présence des neiges perpétuelles? — 5. Quelle influence la neige exerce-t-elle sur l'agriculture et la végétation? — 6. Pourquoi la neige prend-elle parfois une teinte rouge ?

175º Exercice

| C'EST MA PETITE SŒUR |

| Si devant vous sourit... une enfant de dix ans, | une petite fille... aimant bien ses parents,... aimant bien sa famille : | c'est ma petite sœur, | charmant lutin,... ma foi ! | embrassez-la pour moi !

| Sans peine, sans efforts, | si son cœur sait trouver une bonne parole | pour choyer,... consoler... chaque enfant à l'école : | c'est ma petite sœur, | charmant lutin.... ma foi ! | embrassez-la pour moi !

| Si sa main généreuse... ouverte aux malheureux, | quand vient la froide haleine | s'occupe encor pour eux... à tricoter la laine : | c'est ma petite sœur, | char-mant lutin,... ma foi ! | embrassez-la pour moi !

178e Exercice, même sujet.

C'EST MA PETITE SŒUR !

Si devant vous sourit une enfant de dix ans,
    Une petite fille
    Aimant bien ses parents,
    Aimant bien sa famille :
C'est ma petite sœur, charmant lutin, ma foi !
    Embrassez-la pour moi !

Sans peine, sans efforts, si son cœur sait trouver
    Une bonne parole
    Pour choyer, consoler
    Chaque enfant à l'école :
C'est ma petite sœur, charmant lutin, ma foi !
    Embrassez-la pour moi !

Si sa main généreuse ouverte aux malheureux,
    Quand vient la froide haleine
    S'occupe encor pour eux
    A tricoter la laine :
C'est ma petite sœur, charmant lutin, ma foi !
    Embrassez-la pour moi !

QUESTIONNAIRE

1. Quelle est cette petite fille qui aime bien ses parents ? — 2. Que signifient ces mots « charmant lutin » ? — 3. Que fait la petite fille pour chaque enfant à l'école ? — 4. A quoi s'occupe la petite fille aux approches de l'hiver ? — 5. Qu'entendez-vous par les mots « la froide haleine » ?

177ᵉ Exercice

| LA GRÊLE.

| On nomme grêle | la chute sur terre... de petits fragments de glace | appelés grêlons. | C'est un fléau destructeur... pour l'agriculture. | Les grêlons... ont des formes... et des grossseurs variées. | Tantôt ils sont arrondis... comme des boules, | tantôt ils sont aplatis... comme des palets ; | parfois encore... ils sont pyramidaux. | Tous les grêlons... tombant dans un même orage | ont une forme identique. | Leur grosseur ordinaire... est celle d'une noisette ; | mais il en existe | d'un volume... plus considérable.

| En mil sept cent trois | il tomba... dans le Maine | des grêlons... gros comme le poing. | En mil sept cent quatre-vingt-huit | plus de mille communes... de la France | furent dévastées... par une grêle horrible ; | on estima le dommage... à vingt-cinq millions de francs.

| Les nuages qui contiennent la grêle | ont un aspect... particulier : | ils sont étendus et profonds ; | leur teinte est sombre et rousse | et leurs bords... offrent à l'œil... des déchirures bizarres. | La chute de la grêle | est précédée... d'un bruit spécial... au sein des nuages, | comme celui... de sacs de noix... remués violemment. | Les uns... pensent... que ce bruit | provient... du choc des grêlons, | les uns... contre les autres ; | d'autres croient | qu'il est produit... par l'électricité | qui se développe... dans les flancs du nuage. | Rarement... la grêle... tombe la nuit, | et... sa plus grande durée | n'excède pas... dix minutes.

| Les savants... ont avancé... de nombreuses hypothèses | sur la formation... de la grêle... dans l'atmosphère ; | mais jusqu'ici... la science humaine | s'est trouvée impuissante... à résoudre... le problème.

178ᵉ Exercice, même sujet.

LA GRÊLE

On nomme grêle la chute sur terre de petits fragments de glace appelés grêlons. C'est un fléau destructeur pour l'agriculture. Les grêlons ont des formes et des grosseurs variées. Tantôt ils sont arrondis comme des boules, tantôt ils sont aplatis comme des palets ; parfois encore ils sont pyramidaux. Tous les grêlons tombant dans un même orage ont une forme identique. Leur grosseur ordinaire est celle d'une noisette ; mais il en existe d'un volume plus considérable.

En mil sept cent trois il tomba dans le Maine des grêlons gros comme le poing. En mil sept cent quatre-vingt-huit plus de mille communes de la France furent dévastées par une grêle horrible ; on estima le dommage à vingt-cinq millions de francs.

Les nuages qui contiennent la grêle ont un aspect particulier : ils sont étendus et profonds ; leur teinte est sombre et rousse et leurs bords offrent à l'œil des déchirures bizarres. La chute de la grêle est précédée d'un bruit spécial, au sein des nuages, comme celui de sacs de noix remués violemment. Les uns pensent que ce bruit provient du choc des grêlons, les uns contre les autres ; d'autres croient qu'il est produit par l'électricité qui se développe dans les flancs du nuage. Rarement la grêle tombe la nuit, et sa plus grande durée n'excède pas dix minutes.

Les savants ont avancé de nombreuses hypothèses sur la formation de la grêle dans l'atmosphère ; mais jusqu'ici la science humaine s'est trouvée impuissante à résoudre le problème.

QUESTIONNAIRE

1. Qu'est-ce que la grêle ? — 2. Quelle est la forme des grêlons ? — 3. Quelle est leur grosseur ordinaire ? — 4. Qu'arriva-t-il en France en 1788 ? — 5. Quel est l'aspect particulier des nuages qui renferment la grêle ? — 6. Quel bruit produisent-ils ? — 7. D'où provient ce bruit particulier ? — 8. La grêle tombe-t-elle la nuit ? — 9. Quelle est la durée moyenne de la chute ? — 10. Comment explique-t-on la formation de la grêle ?

179° Exercice

| Mon cher fils,

| Ta bonne tante Louise | t'avait adressé,... au jour de
l'an, | une boîte... de fruits confits | et un gros sac... de
bonbons, | dont tu devais...envoyer...la moitié | à ta jeune
sœur. | Il paraît | que tu as jugé à propos... de garder le
tout. | C'est la conduite... d'un véritable égoïste.

| Dans le monde, | on appelle... égoïstes | les êtres...
qui ne pensent... qu'à eux | et qui sacrifieraient... sans
hésiter | le genre humain... tout entier | à leur satisfac-
tion personnelle. | Ces gens là... sont détestés.

| Je me rappelle... avoir vu | dans mon jeune temps, |
une estampe... qui m'a vivement... impressionné. | Elle
représentait... un gros homme ventru, | assis... devant
une table... chargée de bouteilles | et de mets appétis-
sants. | Une femme... pauvrement vêtue | lui demandait...
quelques bribes... de son succulent repas, | pour apaiser
la faim... de ses enfants. | Le personnage... en question |
lui répondait... la bouche pleine... et sans s'émouvoir : |
« Est-ce qu'on meurt... jamais de faim ! » | Voilà,...
mon cher ami, | l'image... de l'égoïste. | Je te souhaite...
de ne pas lui ressembler.

| Ta bonne mère... a été... profondément affligée |
de ta conduite inexcusable ; | et... j'ai eu... toutes les
peines du monde, | à lui faire entendre | que ce n'était
là...qu'une étourderie, | à laquelle... il ne fallait pas...
attacher... une importance exagérée.

| Je viens... de mon côté, | d'envoyer... à ta jeune
sœur | des bonbons... et des fruits confits, | pour réparer...
ton oubli... envers elle, | avec défense expresse | de ne
t'en rien donner.

| Tu mérites bien... cette petite punition.

| Nous oublions,... ta mère et moi, | de t'embrasser
aujourd'hui. | Nous tenons aussi | à te montrer... ce
que c'est que l'égoïsme. | Ton Père.,

190ᵉ Exercice, même sujet.

MON CHER FILS,

Ta bonne tante Louise t'avait adressé, au jour de l'an, une boîte de fruits confits et un gros sac de bonbons, dont tu devais envoyer la moitié à ta jeune sœur. Il paraît que tu as jugé à propos de garder le tout. C'est la conduite d'un véritable égoïste.

Dans le monde, on appelle égoïstes les êtres qui ne pensent qu'à eux et qui sacrifieraient sans hésiter le genre humain tout entier à leur satisfaction personnelle.

Je me rappelle avoir vu dans mon jeune temps, une estampe qui m'a vivement impressionné. Elle représentait un gros homme ventru, assis devant une table chargée de bouteilles et de mets appétissants. Une femme pauvrement vêtue lui demandait quelques bribes de son excellent repas, pour apaiser la faim de ses enfants. Le personnage en question lui répondait la bouche pleine et sans s'émouvoir : « Est-ce qu'on meurt jamais de faim !...» Voilà, mon cher ami, l'image de l'égoïste. Je te souhaite de ne pas lui ressembler.

Ta bonne mère a été profondément affligée de ta conduite inexcusable ; et j'ai eu toutes les peines du monde, à lui faire entendre que ce n'était là qu'une étourderie, à laquelle il ne fallait pas attacher une importance exagérée.

Je viens de mon côté, d'envoyer à ta jeune sœur des bonbons et des fruits confits, pour réparer ton oubli envers elle, avec défense expresse de ne t'en rien donner.

Tu mérites bien cette petite punition.

Nous oublions, ta mère et moi, de t'embrasser aujourd'hui. Nous tenons aussi à te montrer ce que c'est que l'égoïsme.

TON PÈRE.

QUESTIONNAIRE

1. Quel cadeau la tante Louise avait-elle adressé à l'enfant à l'occasion du jour de l'an ? — 2. Que devait faire l'enfant ? — 3. Comment doit-on qualifier sa conduite ? — 4. Quels sont ceux que l'on appelle égoïstes ? — 5. Quelle estampe le père a-t-il vue dans son jeune temps ? — 6. Quelle est l'image de l'égoïste ? — 7. Qu'est-il arrivé à la mère au sujet de la conduite de son fils ? — 8. Qu'a fait le père pour réparer l'oubli de son fils ? — 9. Pourquoi le père et la mère n'embrasseront-ils pas leur fils ?

181ᵉ Exercice

| MADAME DESHOULIÈRES.

— « Sur ces bords fleuris...
   « Qu'arrose la Seine, |
   « Cherchez... qui vous mène |
   « Mes chères brebis ! »

— Vous rappelez-vous... l'auteur de ces jolis vers?

— Il me semble... qu'ils sont | de Madame Deshoulières, | surnommée... la dixième Muse.

— C'est cela... en effet. | Mais savez-vous à qui... s'adressent ces mots si touchants?

— J'avoue mon ignorance.

— A ses propres enfants... qui venaient de perdre leur père.

— Dans quel temps vivait... cette femme célèbre?

— Dans le dix-septième siècle... si fécond en beaux esprits, | sous le règne... de Louis-le-Grand, | de mil six cent trente-trois... à mil six cent quatre-vingt-quatorze.

— Dans quelle ville... est-elle née?

— On croit que Paris... est le lieu de sa naissance.

— Qu'était son mari?

— Le seigneur Deshoulières,... comme on disait alors, | était un officier... qui suivit la fortune... du prince de Condé.

— Laissa-t-il à sa femme... une situation aisée?

— Non. | A sa mort,... Madame Deshoulières | tomba... dans la pauvreté, | et chercha des ressources... dans son talent d'écrivain.

— A-t-elle beaucoup écrit?

— On doit... à sa plume | un grand nombre d'*idylles*... et d'*églogues* champêtres.

— A-t-elle composé... d'autres ouvrages?

— Oui. | Elle s'essaya... dans tous les genres, | depuis la chanson... jusqu'à la tragédie; | mais elle ne réussit... que dans le genre pastoral.

182ᵉ Exercice, même sujet.

MADAME DESHOULIÈRES

— « Sur ces bords fleuris
  « Qu'arrose la Seine
  « Cherchez qui vous mène
  « Mes chères brebis ! »

Vous rappelez-vous l'auteur de ces jolis vers ?

— Il me semble qu'ils sont de madame Deshoulières, surnommée la dixième Muse.

— C'est cela en effet. Mais savez-vous à qui s'adressent ces mots si touchants ?

— J'avoue mon ignorance.

— A ses propres enfants qui venaient de perdre leur père.

— Dans quel temps vivait cette femme célèbre ?

— Dans le dix-septième siècle si fécond en beaux esprits, sous le règne de Louis-le-Grand, de mil six cent trente-trois à mil six cent quatre-vingt-quatorze.

— Dans quelle ville est-elle née ?

— On croit que Paris est le lieu de sa naissance.

— Qu'était son mari ?

— Le seigneur Deshoulières, comme on disait alors, était un officier qui suivit la fortune du prince de Condé.

— Laissa-t-il à sa femme une situation aisée ?

— Non. A sa mort, Madame Deshoulières tomba dans la pauvreté, et chercha des ressources dans son talent d'écrivain.

— A-t-elle beaucoup écrit ?

— On doit à sa plume un grand nombre d'*idylles* et d'*églogues* champêtres.

— A-t-elle composé d'autres ouvrages ?

— Oui. Elle s'essaya dans tous les genres, depuis la chanson jusqu'à la tragédie ; mais elle ne réussit que dans le genre pastoral.

QUESTIONNAIRE

1. Qu'était madame Deshoulières ? — 2. Donnez les dates de sa naissance et de sa mort ? — 3. Connaît-on l'histoire de son mari ? — 4. Quelle fut sa position de fortune ? — 5. Où madame Deshoulières trouva-t-elle des ressources ? — 6. En quel genre excella-t-elle ? — 7. Quel surnom lui donnèrent ses contemporains ? — 8. Citez quelques vers de sa pièce la plus connue ?

183ᵉ Exercice

| MA CHÈRE FILLE,

| La directrice... de ta pension | m'écrit... que tu es curieuse... à l'excès. | Ainsi,... mercredi dernier, | elle avait tendu un piége... à ta curiosité: | elle t'avait priée | de porter... un billet... sous enveloppe non cachetée | à une des sous-maîtresses... de l'établissement ; | tu t'es empressée... d'ouvrir le papier | et d'en lire... le contenu... à la dérobée. | Mais... quelle n'a pas été ta confusion | quand tu as lu... ces mots : | *Fi!... que la curiosité... est un vilain défaut !* | La sous-maîtresse, | en voyant... ta rougeur... et ton dépit, | a deviné... que l'épreuve... avait porté... ses fruits. | La faute... que tu as commise,... ma chère enfant, | est presque... un abus de confiance | et... je ne saurais... trop blâmer... ta conduite | dans cette occasion. | Tu as assez étudié... l'histoire sainte | pour savoir... combien la curiosité | a été fatale...à nos premiers parents.

| Tu as lu... sans doute | dans ta mythologie, | la jolie fable... de Pandore. | Pandore... reçut... des dieux... de l'Olympe | un coffret d'or, | avec défense expresse... de l'ouvrir. | La curiosité... triompha... de ses bonnes résolutions. | Elle désobéit, | et leva le couvercle... du fatal coffret. | Aussitôt... tous les fléaux, | la famine,... la guerre,... la peste,... en sortirent | et se répandirent... sur toute la terre. | Cependant... la fable ajoute | que l'Espérance... resta... au fond de la boîte. | C'est pourquoi,... ma chère fille, | j'espère... que tu voudras bien | te corriger... de ce vilain défaut, | qui pourrait... dans l'avenir, | t'attirer... mille désagréments. | J'attends... cette marque d'affection | pour ton père et ta mère.

| Nous t'embrassons... tous deux... comme nous t'aimons, de tout notre cœur. | TA MÈRE.

194° Exercice, même sujet.

MA CHÈRE FILLE,

La directrice de ta pension m'écrit que tu es curieuse à l'excès. Ainsi, mercredi dernier, elle avait tendu un piége à ta curiosité : elle t'avait priée de porter un billet sous enveloppe non cachetée à une des sous-maîtresses de l'établissement; tu t'es empressée d'ouvrir le papier et d'en lire le contenu à la dérobée. Mais quelle n'a pas été ta confusion quand tu as lu ces mots : *Fi ! que la curiosité est un vilain défaut !* La sous-maîtresse, en voyant ta rougeur et ton dépit, a deviné que l'épreuve avait porté ses fruits. La faute que tu as commise, ma chère enfant, est presque un abus de confiance et je ne saurais trop blâmer ta conduite dans cette occasion. Tu as assez étudié l'histoire sainte pour savoir combien la curiosité a été fatale à nos premiers parents.

Tu as lu sans doute dans ta mythologie, la jolie fable de Pandore. Pandore reçut des dieux de l'Olympe un coffret d'or, avec défense expresse de l'ouvrir. La curiosité triompha de ses bonnes résolutions. Elle désobéit et leva le couvercle du fatal coffret. Aussitôt tous les fléaux, la famine, la guerre, la peste, en sortirent, et se répandirent sur toute la terre. Cependant la fable ajoute que l'Espérance resta au fond de la boîte. C'est pourquoi, ma chère fille, j'espère que tu voudras bien te corriger de ce vilain défaut, qui pourrait dans l'avenir, t'attirer mille désagréments. J'attends cette marque d'affection pour ton père et ta mère.

Nous t'embrassons tous deux comme nous t'aimons, de tout notre cœur.   TA MÈRE.

QUESTIONNAIRE

1. Qu'écrit la directrice de la pension au sujet de la petite fille ?—2. Quel piége a-t-elle tendu à sa curiosité ?—3. Comment la sous-maîtresse a-t-elle vu que l'épreuve avait porté ses fruits ? 4. Quelle est la faute qu'a commise la petite fille ? — 5. A qui la curiosité a-t-elle été fatale ? — 6. Dans quoi se trouve la fable de Pandore ? — 7. Qu'avait reçu Pandore des dieux de l'Olympe?— 8. Quelles furent les suites de sa désobéissance ? — 9. Qu'est-ce qui resta au fond de la boîte ? — 10. Quel espoir la mère a-t-elle ?

185° Exercice

| LA ROSÉE.

| Il vous arrive parfois, | quand vous cueillez... une fleur... le matin, | d'y voir tremblotter... des petites gouttelettes | d'une eau pure... et pleine de fraîcheur : | c'est la rosée | qui se dépose... sur le sol... et sur les plantes, | pendant les nuits... calmes et sereines.

| On s'est demandé | comment se produit... ce phénomène naturel | que chacun de vous... a constaté. | Quand l'air se refroidit, | la vapeur d'eau... qu'il contient | se dépose... sur les objets environnants. | Cette action... a lieu | surtout pendant la nuit, | car la température... s'abaisse... notablement. | La rosée... est abondante... sur les végétaux, | parce que leur refroidissement... est plus intense. | Un vent humide et léger | favorise... le dépôt... de la rosée. | On a remarqué | qu'il n'y a pas... de rosée... sous les arbres, | ni dans le voisinage... des édifices, | parce que le terrain... est protégé | contre le rayonnement nocturne. | Pour la même raison,... il n'y a pas de rosée | quand le ciel... est chargé... de nuages. | Le *givre* ou *gelée blanche* | n'est que la rosée | qui se congèle... en se déposant.

| Rien n'est si pur... que la rosée : | aussi fait-elle image | pour exprimer... la pureté. | On dit encore *rosée du ciel*, | quand on veut peindre... l'influence d'en haut | ou les bienfaits de Dieu.

186ᵉ Exercice, même sujet.

LA ROSÉE

Il vous arrive parfois, quand vous cueillez une fleur le matin, d'y voir tremblotter des petites gouttelettes d'une eau pure et pleine de fraîcheur : c'est la rosée qui se dépose sur le sol et sur les plantes pendant les nuits calmes et sereines.

On s'est demandé comment se produit ce phénomène naturel que chacun de vous a constaté. Quand l'air se refroidit, la vapeur d'eau qu'il contient se dépose sur les objets environnants. Cette action a lieu surtout pendant la nuit, car la température s'abaisse notablement. La rosée est abondante sur les végétaux, parce que leur refroidissement est plus intense. Un vent humide et léger favorise le dépôt de la rosée. On a remarqué qu'il n'y a pas de rosée sous les arbres, ni dans le voisinage des édifices, parce que le terrain est protégé contre le rayonnement nocturne. Pour la même raison, il n'y a pas de rosée quand le ciel est chargé de nuages. Le *givre* ou *gelée blanche* n'est que la rosée qui se congèle en se déposant.

Rien n'est si pur que la rosée : aussi fait-elle image pour exprimer la pureté. On dit encore *rosée du ciel*, quand on veut peindre l'influence d'en haut ou les bienfaits de Dieu.

QUESTIONNAIRE

1. Qu'arrive-t-il parfois, le matin, quand on cueille une fleur ? — 2. Qu'est-ce que la rosée ? — 3. D'où provient la rosée ? — 4. Quand se produit-elle ? — 5. Dans quel cas le dépôt est-il plus abondant ? — 6. Pourquoi n'y a-t-il pas de rosée sous les arbres, près des édifices ou quand le ciel est couvert ? — 7. Qu'appelle-t-on givre ? — 8. Que signifie cette expression : rosée du ciel ?

187ᵉ Exercice

| ENFANTS,... NE LES ÉVEILLEZ PAS!

| Dans ce buisson vert... d'où s'épanche la fleur... en bouquets odorants, | voyez,... au faîte d'une branche,... la mère couvant ses enfants ! | Ils dorment sur leur nid de mousse,... comme vous dormez dans nos bras ; | parlez... près d'eux... d'une voix douce ; | enfants,... ne les éveillez pas !

| Déjà les nourrissons grandissent ; | ils vont à travers les chemins ; | ils courent,... volent et bondissent... picorant miettes ou grains. | Du danger,... ils ont l'ignorance ; | ils vont sans peur devant nos pas ; | souriez de leur confiance, | enfants,... ne les effrayez pas !

| Déjà s'enhardit leur jeune âge ; | ils ont des ailes pour les cieux ; | ils s'égarent dans le bocage,... triomphants, légers et joyeux. | Quand votre œil jouit de les suivre,... ne méditez point leur trépas : | comme vous ils ont droit de vivre ; | enfants,... ne les détruisez pas !

188ᵉ Exercice, même sujet.

ENFANTS, NE LES ÉVEILLEZ PAS !

Dans ce buisson vert d'où s'épanche
La fleur en bouquets odorants,
Voyez, au faîte d'une branche,
La mère couvant ses enfants !
Ils dorment sur leur nid de mousse,
Comme vous dormez dans nos bras ;
Parlez près d'eux d'une voix douce ;
Enfants, ne les éveillez pas !

Déjà les nourrissons grandissent ;
Ils vont à travers les chemins ;
Ils courent, volent et bondissent
Picorant miettes ou grains.
Du danger, ils ont l'ignorance ;
Ils vont sans peur devant nos pas ;
Souriez de leur confiance,
Enfants, ne les effrayez pas !

Déjà s'enhardit leur jeune âge ;
Ils ont des ailes pour les cieux ;
Ils s'égarent dans le bocage,
Triomphants, légers et joyeux.
Quand notre œil jouit de les suivre,
Ne méditez point leur trépas :
Comme vous ils ont droit de vivre ;
Enfants, ne les détruisez pas !

QUESTIONNAIRE

1. Que voyez-vous dans ce buisson vert au faîte d'une branche ? — 2. Que font ces petits êtres emplumés ? — 3. Comment faut-il parler près d'eux ? — 4. Que font les oisillons quand ils grandissent ? — 5. Connaissent-ils le danger ? — 6. Comment devez-vous répondre à leur confiance ? — 7. Pourquoi ont-ils des ailes ? — 8. Que font-ils dans le bocage ? — 9. Devez-vous méditer leur trépas ? — 10. Pourquoi devez-vous respecter la vie de ces petits êtres ?

189ᵉ Exercice

| LE BROUILLARD.

| On nomme brouillard | cette masse de vapeurs | plus ou moins épaisses... et plus ou moins froides | disséminées... dans la région de l'atmosphère | la plus voisine... du sol terrestre. | Il est facile de comprendre | comment se produit le brouillard : | on nomme *air ambiant* | l'air qui nous environne... à une certaine distance. | Or chaque fois | qu'il s'élève... dans cet air ambiant... de la vapeur d'eau | à une température... plus chaude que l'air lui-même, | il y a brouillard.

| Aussi le soir, | quand la température de l'air... commence à se refroidir, | les brouillards... s'élèvent-ils | au-dessus des lacs,... des étangs,... et des fleuves,. | parce que la température... de ces eaux | étant plus élevée... que celle de l'air, | leur vapeur... se condense. | Le matin quand on voit... les brouillards s'élever, | cela tient... à ce que les rayons solaires... échauffent le sol, | plus vite... que l'air ambiant. | Les brouillards | sont de même nature... que les nuages.

| Lorsque le brouillard | se condense et tombe... en forme de pluie | on le nomme... *brume.* | Les marins... appellent *brume* | le brouillard qui s'élève... du sein de la mer.

| Les agriculteurs | ont remarqué... que le brouillard | nuit... à la végétation. | D'un autre côté... il est assez connu | que le brouillard est nuisible... à la santé des hommes. | Le brouillard est plus fréquent... dans les pays froids... que dans les pays chauds. | En Hollande,... en Angleterre, | d'épais brouillards... couvrent le sol, | une grande partie de l'année. | Souvent à Londres | le brouillard... oblige... d'allumer le gaz à trois heures du soir.

190ᵉ Exercice, même sujet.

LE BROUILLARD

On nomme brouillard cette masse de vapeurs plus ou moins épaisses et plus ou moins froides disséminées dans la région inférieure de l'atmosphère. Il est facile de comprendre comment se produit le brouillard : on nomme *air ambiant* l'air qui nous environne à une certaine distance. Or chaque fois qu'il s'élève dans cet air ambiant de la vapeur d'eau à une température plus chaude que l'air lui-même, il y a brouillard.

Aussi le soir, quand la température de l'air commence à se refroidir, les brouillards s'élèvent-ils au-dessus des lacs, des étangs, et des fleuves, parce que la température de ces eaux étant plus élevée que celle de l'air, leur vapeur se condense. Le matin quand on voit le brouillard s'élever, cela tient à ce que les rayons solaires échauffent le sol, plus vite que l'air ambiant. Les brouillards sont de même nature que les nuages.

Lorsque le brouillard se condense et tombe en forme de pluie on le nomme *brume*. Les marins appellent *brume* le brouillard qui s'élève du sein de la mer.

Les agriculteurs ont remarqué que le brouillard nuit à la végétation. D'un autre côté il est assez connu que le brouillard est nuisible à la santé des hommes. Le brouillard est plus fréquent dans les pays froids que dans les pays chauds. En Hollande, en Angleterre, d'épais brouillards couvrent le sol, une grande partie de l'année. Souvent à Londres le brouillard oblige d'allumer le gaz à trois heures du soir.

QUESTIONNAIRE

1. Qu'appelle-t-on brouillard ? — 2. Comment se produit le brouillard ? — 3. D'où s'élèvent les brouillards quand vient le soir ? — 4. D'où proviennent les brouillards du matin ? — 5. De quelle nature sont les brouillards ? — 6. Comment nomme-t-on le brouillard qui se résout en pluie fine ? — 7. Comment appelle-t-on le brouillard qui s'élève de la mer ? — 8. Le brouillard est-il nuisible ? — 9. Où le brouillard est-il plus fréquent ? — 10. Que se passe-t-il souvent à Londres à cause du brouillard ?

191ᵉ Exercice

| MON CHER FILS,

| Que viens-je d'apprendre... à l'instant, | mon petit ami ? | Oubliant... que la colère | est... un affreux défaut, | tu t'es laissé aller... à un emportement... inexcusable | envers un de tes professeurs, | et... tu lui as répondu... d'une façon malhonnête ! | J'espère... que tu vas... t'empresser | de lui demander pardon | et de lui bien promettre... de ne plus recommencer.

| Crois-tu donc,... méchant sujet, | que tu ne donnes pas... souvent à tes maîtres... et à moi-même | des moments d'impatience ? | Comprends-tu... ce qui pourrait... arriver | si,... oubliant... notre indulgence,... nous nous abandonnions... à toute la fougue... de notre emportement !

| L'histoire... cite... plusieurs exemples... propres à nous corriger | de ce vice honteux. | Alexandre le Grand,... roi de Macédoine, | tua... son ami Clitus... dans un mouvement de colère, | et... revenu à lui, | il faillit mourir | de douleur... et de regrets.

| Un autre prince,... Charles XII,... roi de Suède, | dans un moment d'ivresse, | s'emporta... jusqu'à frapper... sa mère. | Le lendemain... étant dégrisé, | il lui demanda... humblement pardon | en lui jurant... qu'il ne boirait... plus de vin. | Et... il tint parole.

| La veille... du combat... de Salamine | Thémistocle... et les autres généraux | étaient d'avis... qu'on livrât... immédiatement bataille | à la flotte... des Perses. | Eurybiade,... général spartiate, | s'y opposait. | A bout... d'arguments, | il leva... son bâton... sur le général Athénien | qui lui répondit froidement : | « Frappe,... mais écoute ! » | Eurybiade,... désarmé... par cette réponse sublime, | se rangea... à l'opinion commune.

| Repens-toi donc,... cher ami, | pour nous fournir,... à ta mère et à moi, | une nouvelle occasion... de te pardonner et de t'embrasser... de tout notre cœur.

| TON PÈRE.

192° Exercice, même sujet.

MON CHER FILS,

Que viens-je d'apprendre à l'instant, mon petit ami ? Oubliant que la colère est un affreux défaut, tu t'es laissé aller à un emportement inexcusable envers un de tes professeurs, et tu lui as répondu d'une façon malhonnête ! J'espère que tu vas t'empresser de lui demander pardon et de lui promettre de ne plus recommencer.

Crois-tu donc, méchant sujet, que tu ne donnes pas souvent à tes maîtres et à moi-même des moments d'impatience ? Comprends-tu ce qui pourrait arriver si, oubliant notre indulgence, nous nous abandonnions à toute la fougue de notre emportement !

L'histoire cite plusieurs exemples propres à nous corriger de ce vice honteux. Alexandre le Grand, roi de Macédoine, tua son ami Clitus dans un mouvement de colère, et revenu à lui, il faillit mourir de douleur et de regrets.

Un autre prince, Charles XII, roi de Suède, dans un moment d'ivresse, s'emporta jusqu'à frapper sa mère. Le lendemain étant dégrisé, il lui demanda humblement pardon, en lui jurant qu'il ne boirait plus de vin. Et il tint parole.

La veille du combat de Salamine, Thémistocle et les autres généraux étaient d'avis qu'on livrât immédiatement bataille à la flotte des Perses. Eurybiade, général spartiate, s'y opposait. A bout d'arguments, il leva son bâton sur le général Athénien qui lui répondit froidement : « Frappe, mais écoute ! » Eurybiade, désarmé par cette réponse sublime, se rangea à l'opinion commune.

Repens-toi donc, cher ami, pour nous fournir, à ta mère et à moi, une nouvelle occasion de te pardonner et de t'embrasser de tout notre cœur.

TON PÈRE.

QUESTIONNAIRE

1. Quelle faute a commise l'enfant? — 2. L'histoire ne cite-t-elle pas plusieurs exemples propres à corriger de la colère? — 3. Racontez l'anecdote d'Alexandre et de Clitus et celle de Charles XII et de sa mère? — 4. Que se passa-t-il la veille de la bataille de Salamine? — 5. Quelle fut la réponse de Thémistocle au général Spartiate? — 6. Pourquoi l'enfant doit-il se repentir?

103ᵉ Exercice

| MICHEL CERVANTÈS.

— Avez-vous lu... *Don Quichotte ?*

— J'ai entendu souvent... louer ce livre | mais je ne l'ai jamais lu.

— Il vous faut lire | cette critique acérée... de la chevalerie, | de ses travers... et de ses abus, | car elle est le chef-d'œuvre... de la littérature espagnole | et un des chefs-d'œuvre... de l'esprit humain.

— Quel en est l'auteur ?

— Michel Cervantès, | né à Alcala de Henarès,... en mil cinq cent quarante-sept.

— Cervantès... était-il noble ?

— Oui, mais pauvre ; | sa vie est semée d'aventures... plus ou moins tragiques.

— Comment cela ?

— Il perdit le bras gauche... à la bataille de Lépante | contre les Turcs.

— Cervantès... était manchot !

— Ce n'est pas tout encore : | pris par des corsaires... il fut conduit... à Alger | où il demeura captif,... durant cinq longues années.

— Comment revint-il... en Espagne ?

— Il fut racheté... par les pères... de la Rédemption.

— Que fit-il alors ?

— Il se maria... et vécut de sa plume.

— Fit-il au moins fortune ?

— Non, | et c'est à peine... s'il gagna... de quoi manger. | Il fut longtemps inconnu | et,... comme pour tant d'autres, | la gloire... ne fut que la couronne... de son cercueil.

— En quelle année... parut *Don Quichotte,* son œuvre capitale ?

— En mil six cent quinze | et Cervantès mourut... en mil six cent seize.

194ᵉ Exercice, même sujet.

MICHEL CERVANTÈS

— Avez-vous lu *Don Quichotte ?*

— J'ai entendu souvent louer ce livre mais je ne l'ai jamais lu ?

— Il vous faut lire cette critique acérée de la chevalerie, de ses travers et de ses abus, car elle est le chef-d'œuvre de la littérature espagnole et un des chefs-d'œuvre de l'esprit humain.

— Quel en est l'auteur ?

— Michel Cervantès, né à Alcala de Henarès, en mil cinq cent quarante-sept.

— Cervantès était-il noble ?

— Oui, mais pauvre ; sa vie est semée d'aventures plus ou moins tragiques.

— Comment cela ?

— Il perdit le bras gauche à la bataille de Lépante contre les Turcs.

— Cervantès était manchot !

— Ce n'est pas tout encore : pris par des corsaires il fut conduit à Alger où il demeura captif durant cinq longues années.

— Comment revint-il en Espagne ?

— Il fut racheté par les pères de la Rédemption.

— Que fit-il alors ?

— Il se maria et vécut de sa plume.

— Fit-il au moins fortune ?

— Non, et c'est à peine s'il gagna de quoi manger. Il fut longtemps inconnu et, comme pour tant d'autres, la gloire ne fut que la couronne de son cercueil.

— En quelle année parut *Don Quichotte*, son œuvre capitale ?

— En mil six cent quinze et Cervantès mourut en mil six cent seize.

QUESTIONNAIRE

1. A quelle nation appartient Michel Cervantès? — 2. Où est-il né? — 3. En quelle année est-il mort? — 4. Quelle était sa famille? — 5. Où fut-il blessé? — 6. Que lui arriva-t-il de fâcheux à son retour en Espagne? — 7. Comment vécut-il dans sa patrie? — 8. Dans quel but Cervantès a-t-il écrit Don Quichotte ?

195° Exercice

| Ma chère fille,

| Tu me racontais,... dans ta dernière lettre, | qu'une de tes jeunes compagnes... venait d'être punie | pour avoir renversé... un encrier... sur sa robe de mousseline, | et tu blâmais... sa maladresse | en termes... assez piquants. | A cela,... mon enfant, | je te réponds : | sois indulgente... pour les autres, | si tu veux... que l'on soit... indulgent pour toi.

| Sans doute... cette jeune fille | a eu grand tort... d'être assez maladroite | pour tacher... une robe toute neuve, | et... il est probable | qu'avec un peu d'attention | elle eût évité... cet accident. | Mais... il me semble | qu'au lieu... de blâmer... ta compagne, | tu devrais plutôt... la plaindre. | Tu n'es pas impeccable,... ma chère Marie, | et... si pareille chose... t'arrivait, | serais-tu contente | de voir... tes petites amies | s'égayer... à tes dépens, | et rire... de ta mésaventure ? | Non,... sans doute. | La parabole... de la paille | qu'on aperçoit... dans l'œil... de son prochain | et de la poutre... qu'on ne voit pas... dans le sien, | sera... éternellement vraie. | On n'est indulgent... que pour soi-même. | C'est là... un tort grave. | Aussi... qu'arrive-t-il ? | Tandis que l'on s'occupe | à relever... les petits travers... d'autrui, | on oublie... ses grands défauts | et on néglige ainsi... de s'en corriger.

| Rentre donc... en toi-même,... ma chère fillette ; | sois... un peu moins prompte... à critiquer les autres. | On déteste,... dans le monde, | les gens... qui manquent... d'indulgence ; | et si... par un hasard quelconque, | ils tombent... à leur tour... dans quelque faute, | on est... d'autant plus... impitoyable envers eux, | qu'ils ont été... sans pitié... pour autrui.

| Aime bien... ton père et ta mère | qui parlent de toi... tous les jours. | Nous t'embrassons... de tout notre cœur ; | embrasse-nous de même. | Ta Mère.

196ᵉ Exercice, même sujet.

MA CHÈRE FILLE,

Tu me racontais, dans ta dernière lettre, qu'une de tes jeunes compagnes venait d'être punie pour avoir renversé un encrier sur sa robe de mousseline, et tu blâmais sa maladresse en termes assez piquants. A cela, mon enfant, je te réponds : sois indulgente pour les autres, si tu veux que l'on soit indulgent pour toi.

Sans doute cette jeune fille a eu grand tort d'être assez maladroite pour tacher une robe toute neuve, et il est probable qu'avec un peu d'attention elle eût évité cet accident. Mais il me semble qu'au lieu de blâmer ta compagne, tu devrais plutôt la plaindre. Tu n'es pas impeccable, ma chère Marie, et si pareille chose t'arrivait, serais-tu contente de voir tes petites amies s'égayer à tes dépens, et rire de ta mésaventure ? Non, sans doute. La parabole de la paille qu'on aperçoit dans l'œil de son prochain et de la poutre qu'on ne voit pas dans le sien, sera éternellement vraie. On n'est indulgent que pour soi-même. C'est là un tort grave. Aussi qu'arrive-t-il ? Tandis que l'on s'occupe à relever les petits travers d'autrui, on oublie ses défauts et on néglige ainsi de s'en corriger.

Rentre donc en toi-même, ma chère fillette : sois un peu moins prompte à critiquer les autres. On déteste, dans le monde, les gens qui manquent d'indulgence ; et si, par un hasard quelconque, ils tombent à leur tour dans quelque faute, on est d'autant plus impitoyable envers eux, qu'ils ont été sans pitié pour autrui.

Aime bien ton père et ta mère qui parlent de toi tous les jours. Nous t'embrassons de tout notre cœur ; embrasse-nous de même.   TA MÈRE.

QUESTIONNAIRE

1. Que racontait la petite fille dans sa dernière lettre ? — 2. Quel conseil la mère donne-t-elle à sa fille ? — 3. La petite fille doit-elle blâmer sa compagne ? — 4. Pourquoi la petite fille doit-elle être indulgente pour les défauts des autres ? — 5. Quelle parabole sera éternellement vraie ? — 6. Pour qui est-on indulgent ? — 7. Que résulte-t-il de l'indulgence qu'on a pour soi-même ? — 8. Quels gens déteste-t-on dans le monde ? — 9. Qu'arrive-t-il à ceux qui ne sont pas indulgents ?

197ᵉ Exercice

| LE VENT.

| Les vents... sont produits | par la dilatation... de l'air atmosphérique | et aussi... par la condensation... de la vapeur d'eau. | Lorsqu'on est en hiver,... assis devant un bon feu, | on entend souvent... un sifflement musical... au travers de sa porte. | La cause provient | de la dilatation... de l'air de la chambre | qui fuit... par la cheminée | et produit ainsi... un courant rapide | auquel l'air du dehors... cherche à participer. | Au lever du soleil, | on sent un vent léger... qui nous arrive | du côté opposé... à cet astre. | C'est un effet... de la dilatation... de la partie de l'air, dans la région | la plus proche du soleil.

| Le vent qui parcourt... deux mètres par seconde | est un vent modéré ; | s'il en parcourt quarante, | c'est un ouragan... qui brise et renverse tout.

| Dans certaines contrées, | soufflent des vents... plus ou moins terribles : | tels sont le *simoun*,... le *siroco*,... le *mistral* et la *bise*. | Le *simoun*... souffle du sud ; | en Égypte, au désert, | les sables qu'il soulève... obscurcissent le jour | et parfois engloutissent... des caravanes entières. | Le *siroco*... a l'haleine brûlante ; | il tue souvent... hommes et animaux, | dans les plaines de l'Afrique ; | mais par bonheur,... il est de courte durée. | Le *mistral*, | produit... par les glaciers des Alpes, | désole, chaque année,... le Languedoc et la Provence ; | il est très-violent,... impétueux et glacé. | La *bise* | nous vient de la Russie... et de la Sibérie ; | c'est un vent sec et froid ; | il souffle en France,... en Belgique,... en Allemagne.

| Les vents... de l'ouest... et du sud, | amènent les pluies... et les orages. | Les vents d'est... ramènent généralement le beau temps.

198ᵉ Exercice, même sujet.

LE VENT

Les vents sont produits par la dilatation de l'air atmosphérique et aussi par la condensation de la vapeur d'eau. Lorsqu'on est en hiver, assis devant un bon feu, on entend souvent un sifflement musical au travers de sa porte. La cause provient de la dilatation de l'air de la chambre qui fuit par la cheminée et produit ainsi un courant rapide auquel l'air du dehors cherche à participer. Au lever du soleil, on sent un vent léger qui nous arrive du côté opposé à cet astre. C'est un effet de la dilatation de la partie de l'air, dans la région la plus proche du soleil.

Le vent qui parcourt deux mètres par seconde est un vent modéré; s'il en parcourt quarante, c'est un ouragan qui brise et renverse tout.

Dans certaines contrées, soufflent des vents plus ou moins terribles : tels sont le *simoun*, le *siroco*, le *mistral* et la *bise*. Le *simoun* souffle du sud; en Égypte, au désert, les sables qu'il soulève obscurcissent le jour et parfois engloutissent des caravanes entières. Le *siroco* a l'haleine brûlante ; il tue souvent hommes et animaux, dans les plaines de l'Afrique; mais par bonheur, il est de courte durée. Le *mistral*, produit par les glaciers des Alpes, désole, chaque année, le Languedoc et la Provence; il est très-violent, impétueux et glacé. La *bise* nous vient de la Russie et de la Sibérie; c'est un vent sec et froid; il souffle en France, en Belgique, en Allemagne.

Les vents de l'ouest et du sud, amènent les pluies et les orages. Les vents d'est ramènent généralement le beau temps.

QUESTIONNAIRE

1. Comment le vent est-il produit ? — 2. Qu'entend-on souvent l'hiver dans une chambre close et bien chauffée ? — 3. Que sent-on au lever du soleil ? — 4. Combien le vent parcourt-il de mètres par seconde ? — 5. Qu'est-ce que le SIMOUN *? — 6. Qu'appelle-t-on le* MISTRAL *? — 7. D'où vient le* SIROCO *? — 8. Qu'est-ce que la* BISE *? — 9. Qu'amènent les vents d'ouest? — 10. Quel est l'effet produit par les vents d'est ?*

199ᵉ Exercice

| LE PORTRAIT... DE LA CURIOSITÉ.

| Un jeune enfant... trouva sur une table... un coffret admirable, | un ravissant bijou... du plus bel acajou ! | A la clé d'or... gracieuse et coquette,... pendait,... à son ruban, | une blanche étiquette... portant ce libellé... fraîchement édité :

| *Portrait... de la curiosité.*

| Ah ! mon Dieu,... dit l'enfant,... dit l'aimable fillette, — | car c'était une fille,... on a pu le prévoir, — | que je voudrais le voir ! | Et sa voix... était suppliante... | Puis... d'une main impatiente, | elle tourna la clé,... ouvrit le beau coffret | et se retrouva,... trait pour trait, | dans un miroir caché. | L'enfant baissa la tête | reconnaissant soudain,... sur la blanche étiquette, | l'écriture discrète | que sa mère a tracée,... en secret,... de sa main. | La révélation... fut entière et complète | et la petite fille... écouta la leçon.

| Pourrait-on bien toujours... dire ça... d'un garçon?

200ᵉ Exercice, même sujet.

LE PORTRAIT DE LA CURIOSITÉ

Un jeune enfant trouva sur une table
    Un coffret admirable,
    Un ravissant bijou
    Du plus bel acajou !
À la clé d'or, gracieuse et coquette,
Pendait, à son ruban, une blanche étiquette
Portant ce libellé fraîchement édité :

Portrait de la curiosité.

Ah ! mon Dieu, dit l'enfant, dit l'aimable fillette, —
Car c'était une fille, on a pu le prévoir, —
    Que je voudrais le voir !
    Et sa voix était suppliante...
    Puis d'une main impatiente,
Elle tourna la clé, ouvrit le beau coffret
    Et se retrouva, trait pour trait,
Dans un miroir caché... L'enfant baissa la tête
    Reconnaissant soudain,
    Sur la blanche étiquette,
    L'écriture discrète
Que sa mère a tracée, en secret, de sa main.
La révélation fut entière et complète
Et la petite fille écouta la leçon.
Pourrait-on bien toujours dire ça d'un garçon ?

QUESTIONNAIRE

1. Que trouva le jeune enfant sur une table ? — 2. Que portait l'étiquette qui pendait au ruban ? — 3. Que dit la fillette ? — 4. Comment était sa voix ? — 5. Que fit sa main impatiente ? — 6. Que trouva-t-elle dans le coffret ? — 7. Que fit-elle alors ? — 8. Qui avait tracé l'inscription ? — 9. Comment se conduisit la petite fille ?

201ᵉ Exercice

|LES TROMBES.

| Par des temps orageux, | on aperçoit quelquefois...
une colonne conique... qui descend d'un nuage. | Elle
arrive à la terre, | se met en mouvement, | et ravage
tout... sur son passage. | Si c'est la mer... qui sert de
base... à la *trombe,* | on voit sa surface... tourbillonner |
et s'élever en cône... à une hauteur immense, | à la ren-
contre du cône... venu du nuage. | Ces deux cônes se joi-
gnent... par leur pointe ; | on dirait deux pains de
sucre... superposés bout à bout.

| Les trombes... sont plus fréquentes | sur mer que
sur terre. | Si leurs ravages,... dans les campagnes, |
ont moins d'étendue... que ceux de la grêle, | ils sont
en revanche... bien plus terribles. | On a vu parfois |
des villages entiers... bouleversés et détruits... de fond
en comble | par ce phénomène désastreux : | des arbres
énormes... ont été déracinés, | emportés comme des
plumes... à d'immenses distances. | Les trombes | sont
plus fréquentes... dans les pays chauds... que dans les
tempérés ; | dans les régions polaires, | elles sont... à
peu près inconnues. | On peut se figurer... l'effroi d'un
équipage, | surpris en pleine mer... par l'apparition...
d'une trombe marine ; | le meilleur moyen... pour éviter
son choc | est de tirer le canon : | lorsqu'elle est cou-
pée... par un boulet, | elle ne tarde pas... à se dis-
joindre | et à disparaître... au sein des flots.

| On attribue... la formation des trombes... à l'électri-
cité ; | car on a remarqué | qu'elles se forment sou-
vent... au moment des orages, | et que des globes de
feu... ainsi que des éclairs | s'échappent de leurs flancs.

202ᵉ Exercice, même sujet

LES TROMBES

Par des temps orageux, on aperçoit quelquefois une colonne conique qui descend d'un nuage. Elle arrive à la terre, se met en mouvement, et ravage tout sur son passage. Si c'est la mer qui sert de base à la *trombe,* on voit sa surface tourbillonner et s'élever en cône à une hauteur immense, à la rencontre du cône venu du nuage. Ces deux cônes se joignent par leur pointe; on dirait deux pains de sucre superposés bout à bout.

Les trombes sont plus fréquentes sur mer que sur terre. Si leurs ravages, dans les campagnes, ont moins d'étendue que ceux de la grêle, ils sont en revanche bien plus terribles. On a vu parfois des villages entiers bouleversés et détruits de fond en comble par ce phénomène désastreux : des arbres énormes ont été déracinés, emportés comme des plumes à d'immenses distances. Les trombes sont plus fréquentes dans les pays chauds que dans les tempérés ; dans les régions polaires, elles sont à peu près inconnues. On peut se figurer l'effroi d'un équipage, surpris en pleine mer par l'apparition d'une trombe marine ; le meilleur moyen pour éviter son choc est de tirer le canon : lorsqu'elle est coupée par un boulet, elle ne tarde pas à se disjoindre et à disparaître au sein des flots.

On attribue la formation des trombes à l'électricité ; car on a remarqué qu'elles se forment souvent au moment des orages, et que des globes de feu ainsi que des éclairs s'échappent de leurs flancs.

QUESTIONNAIRE

1. Quel aspect offre une trombe *? — 2. La* trombe *marine diffère-t-elle de la* trombe *terrestre ? — 3. Les* trombes *sont-elles plus fréquentes sur mer que sur terre ? — 4. Décrivez les ravages qu'exercent les* trombes *sur terre et sur mer ? — 5. Dans quel pays les* trombes *sont-elles le plus fréquentes ? — 6. A-t-on constaté la formation des* trombes *dans les régions polaires ? — 7. Quel est le meilleur moyen pour éviter le choc d'une* trombe marine *? — 8. A quoi attribue-t-on la formation des* trombes *?*

203ᵉ Exercice

| Mon cher fils,

| Il y a... juste quatre jours, | je t'ai envoyé... la petite somme | que je t'alloue... chaque semaine, | pour tes menues dépenses. | Or | dans ta lettre... de ce matin, | tu m'annonces... que ton porte-monnaie... est à sec. | Je ne te gronderai pas... cette fois-ci ; | mais,... tout en t'adressant | ce que tu me demandes, | je te chapitrerai... quelque peu... sur ta prodigalité.

| Cette tendance... à dépenser... sans compter | et à jeter,... pour ainsi dire, | l'argent... par les fenêtres, | m'inquiète... plus | que tu ne saurais croire. | Tu entendras... sans doute... des gens | vanter... ta générosité | et ton bon cœur. | Ne te laisse... jamais captiver | par ces louanges... intéressées, | et... garde-toi bien | de confondre... la prodigalité | avec la générosité. | L'une... consiste | à dépenser... utilement | et à faire... un noble usage | de sa fortune ; | l'autre... n'est qu'un gaspillage | sans but... et sans portée. | La première | provoque... l'estime... du monde, | la seconde | n'excite... que la risée... et le mépris, | chez ceux-là même... qui tirent bénéfice | des extravagances... du prodigue.

| Je n'ai pas besoin... d'ajouter | que la prodigalité | mène tout droit... à l'hôpital. | Tu as lu,... dans la Bible, | le lamentable... et instructif récit | de l'*Enfant prodigue*. | Tâche d'en faire... ton profit. | J'ai connu,... dans mon enfance, | un jeune homme... riche et titré. | Il avait hérité... de son père | d'une fortune... considérable, | mais, grâce... à sa prodigalité, | il parvint... à dissiper,... en peu d'années, | son opulent patrimoine. | Ce malheureux | est aujourd'hui... cocher de fiacre.

| Cher enfant prodigue... repentant, | nous t'embrassons,... ta mère et moi, | de tout... notre cœur.

| Ton Père..

204° Exercice, même sujet.

MON CHER FILS,

Il y a juste quatre jours, je t'ai envoyé la petite somme que je t'alloue chaque semaine, pour tes menues dépenses. Or, dans ta lettre de ce matin, tu m'annonces que ton porte-monnaie est à sec. Je ne te gronderai pas cette fois-ci ; mais, tout en t'adressant ce que tu me demandes, je te chapitrerai quelque peu sur ta prodigalité.

Cette tendance à dépenser sans compter et à jeter, pour ainsi dire, l'argent par les fenêtres, m'inquiète plus que tu ne saurais croire. Tu entendras sans doute des gens vanter ta générosité et ton bon cœur. Ne te laisse jamais captiver par ces louanges intéressées, et garde-toi bien de confondre la prodigalité avec la générosité. L'une consiste à dépenser utilement et à faire un noble usage de sa fortune ; l'autre n'est qu'un gaspillage sans but et sans portée. La première provoque l'estime du monde, la seconde n'excite que la risée et le mépris, chez ceux-là même qui tirent bénéfice des extravagances du prodigue.

Je n'ai pas besoin d'ajouter que la prodigalité mène tout droit à l'hôpital. Tu as lu, dans la Bible, le lamentable et instructif récit de l'*Enfant prodigue*. Tâche d'en faire ton profit. J'ai connu, dans mon enfance, un jeune homme riche et titré. Il avait hérité de son père d'une fortune considérable. Mais grâce à sa prodigalité, il parvint à dissiper, en peu d'années, son opulent patrimoine. Ce malheureux est aujourd'hui cocher de fiacre.

Cher enfant prodigue repentant, nous t'embrassons, ta mère et moi, de tout notre cœur.

TON PÈRE.

QUESTIONNAIRE

1. Qu'a envoyé le père à son fils ? — 2. Que dit l'enfant dans sa lettre ? — 3. De quoi le père est-il inquiet ? — 4. Doit-on confondre la prodigalité avec la générosité ? — 5. En quoi diffèrent-elles ? — 6. Quels sont les résultats de l'une et de l'autre ? — 7. Où mène la prodigalité ? — 8. Quel récit l'enfant a-t-il lu dans la Bible ? — 9. Qu'arriva-t-il à un jeune homme riche et titré qu'avait connu le père dans son enfance ? — 10. Quel métier exerce-t-il aujourd'hui ?

205° Exercice

|L'ABBÉ DE L'ÉPÉE.

— Quel souvenir | la postérité... a-t-elle gardé... de l'abbé de l'Epée?

—Un souvenir d'admiration... et de reconnaissance. | Son nom... figure, avec honneur, | parmi les bienfaiteurs... de l'humanité.

— Où est-il né?

— A Versailles,... en mil sept cent douze.

— Connaît-on... quelque chose... de ses premières années?

— Jeune encore, | il embrassa,... par vocation,... l'état ecclésiastique. | Ses grandes vertus | lui attirèrent bientôt... l'amour et le respect.

— Comment débuta-t-il... dans sa glorieuse carrière?

— En se chargeant gratuitement... de l'éducation... de deux jeunes sœurs | sourdes-muettes.

— Qui lui suggéra l'idée | de s'occuper... de ces pauvres êtres | privés de l'ouïe... et de la parole?

— Son bon cœur. | Ensuite,... il profita... de l'expérience... de ses devanciers, | pour jeter les fondements... d'une méthode nouvelle.

— Comment parvint-il... à remplir sa noble tâche?

— Quelques âmes charitables... répondirent à son appel. | Mais c'est avec les ressources... de sa modeste fortune | qu'il parvint à créer... le premier établissement... des sourds-muets.

— Et il le soutint... de ses propres deniers?

— Sans doute, | et pour subvenir... à tant de dépenses, | il vécut pauvrement, | passant l'hiver sans feu... et toujours vêtu... d'habits grossiers.

— Sur quelle base | est fondé... le système... de l'abbé de l'Epée?

— Sur *le langage des signes*, | en substituant... au sens de l'ouïe absent, | le sens de la vue.

— En quelle année est mort... cet homme de bien?

— En mil sept cent quatre-vingt-neuf.

206ᵉ Exercice, même sujet.

L'ABBÉ DE L'ÉPÉE

— Quel souvenir la postérité a-t-elle gardé de l'abbé de l'Épée?

— Un souvenir d'admiration et de reconnaissance. Son nom figure, avec honneur, parmi les bienfaiteurs de l'humanité.

— Où est-il né?

— A Versailles, en mil sept cent douze.

— Connaît-on quelque chose de ses premières années?

— Jeune encore, il embrassa, par vocation, l'état ecclésiastique. Ses grandes vertus lui attirèrent bientôt l'amour et le respect.

— Comment débuta-t-il dans sa glorieuse carrière?

— En se chargeant gratuitement de l'éducation de deux jeunes sœurs sourdes-muettes.

— Qui lui suggéra l'idée de s'occuper de ces pauvres êtres privés de l'ouïe et de la parole?

— Son bon cœur. Ensuite, il profita de l'expérience de ses devanciers, pour jeter les fondements d'une méthode nouvelle.

— Comment parvint-il à remplir sa noble tâche?

— Quelques âmes charitables répondirent à son appel. Mais c'est avec les ressources de sa modeste fortune qu'il parvint à créer le premier établissement des sourds-muets.

— Et il le soutint de ses propres deniers?

— Sans doute, et pour subvenir à tant de dépenses, il vécut pauvrement, passant l'hiver sans feu et toujours vêtu d'habits grossiers.

— Sur quelle base est fondé le système de l'abbé de l'Épée?

— Sur *le langage des signes*, en substituant au sens de l'ouïe absent, le sens de la vue.

— En quelle année est mort cet homme de bien?

— En mil sept cent quatre-vingt-neuf.

QUESTIONNAIRE

1. Quel nom figure avec honneur parmi les bienfaiteurs de l'humanité? — 2. En quelle année et dans quelle ville est né l'abbé de l'Épée?— 3. Quel état embrassa-t-il? — 4. A quoi l'abbé de l'Épée a-t-il consacré sa vie? — 5. Comment parvint-il à créer le premier établissement de sourds-muets? — 6. Comment passait-il l'hiver?—7. En quoi consiste son système?—8. Vous rappelez-vous la date de sa mort?

267ᵉ Exercice

| Ma chère fille,

| On me fait savoir | que tu te laisses... volontiers...
aller à la paresse; | ce n'est pas,... Dieu merci, | que tu
négliges... tes devoirs | et... que tu apprennes mal...
tes leçons. | Non... certes, | et... en ce qui concerne...
tes études, | je n'ai pas... de reproches sérieux... à
t'adresser. | Il s'agit... ici | de la manière... dont tu
emploies... ton temps | chez ta bonne tante Thérèse, |
qui a bien voulu... t'emmener avec elle... à la campagne.

| Ta tante... se plaint | de ne jamais te voir... une
aiguille... dans les doigts. | Toutes les jeunes filles...
de ton âge | cousent,... brodent,... tricotent | ou font...
de la tapisserie. | Toi seule,... ma chère Marie, | tu ne
montres... aucun goût | pour les ouvrages féminins. |
Je le regrette... beaucoup. | Une femme... ne peut
pas... toujours lire, | écrire,... dessiner... ou faire de
la musique, | et c'est... dans les travaux d'aiguille |
qu'elle trouve... un emploi | à la fois utile... et agréable...
de son temps. | Non-seulement | elle peut... confection-
ner... de menus objets... de toilette, | mais encore...
elle trouve... l'occasion | d'exercer... sa bienfaisance, |
en travaillant... pour vêtir... des enfants pauvres.

| Allons,... ma chère fille, | écoute... les conseils... de
ta mère; | il s'agit... de ton bonheur futur. | Tu com-
mences... à devenir... grandette, | et tu ne peux plus...
passer... toutes tes récréations | à jouer... et à courir. | La
fête de ton père... approche. | Tu sais... assez de tapis-
serie, | pour lui broder... des bretelles | ou une belle
paire... de pantoufles. | Je crois... assez connaître...
le cœur... de ma petite Marie, | pour penser... que
l'idée... de travailler... pour son père bien-aimé | lui
donnera... le courage | qui lui a manqué... jusqu'à
présent.

| Adieu,... nous t'embrassons | et nous sommes tou-
jours... tout à toi. | Ta Mère.

208ᵉ Exercice, même sujet.

MA CHÈRE FILLE,

On me fait savoir que tu te laisses volontiers aller à la paresse ; ce n'est pas, Dieu merci, que tu négliges tes devoirs et que tu apprennes mal tes leçons. Non certes, et en ce qui concerne tes études, je n'ai pas de reproches sérieux à t'adresser. Il s'agit ici de la manière dont tu emploies ton temps chez ta bonne tante Thérèse, qui a bien voulu t'emmener avec elle à la campagne.

Ta tante se plaint de ne jamais te voir une aiguille dans les doigts. Toutes les jeunes filles de ton âge cousent, brodent tricotent ou font de la tapisserie. Toi seule, ma chère Marie, tu ne montres aucun goût pour les ouvrages féminins. Je le regrette beaucoup. Une femme ne peut pas toujours lire, écrire, dessiner ou faire de la musique, et c'est dans les travaux d'aiguille qu'elle trouve un emploi à la fois utile et agréable de son temps. Non-seulement elle peut confectionner de menus objets de toilette, mais encore elle trouve l'occasion d'exercer sa bienfaisance, en travaillant pour vêtir des enfants pauvres.

Allons, ma chère fille, écoute les conseils de ta mère ; il s'agit de ton bonheur futur. Tu commences à devenir grandette, et tu ne peux plus passer toutes tes récréations à jouer et à courir. La fête de ton père approche. Tu sais assez de tapisserie pour lui broder des bretelles ou une belle paire de pantoufles. Je crois assez connaître le cœur de ma petite Marie, pour penser que l'idée de travailler pour son père bien-aimé lui donnera le courage qui lui a manqué jusqu'à présent.

Adieu, nous t'embrassons et nous sommes toujours tout à toi.

TA MÈRE.

QUESTIONNAIRE

1. Qu'a-t-on fait savoir à la mère ? — 2. La petite fille néglige-t-elle ses devoirs ou n'apprend-elle pas ses leçons ? — 3. De quoi s'agit-il donc ici ? — 4. Pourquoi la tante Thérèse se plaint-elle de la petite fille ? — 5. Que font toutes les jeunes filles de son âge ? — 6. Pourquoi la petite Marie ne fait-elle pas comme ses compagnes ? — 7. Où une femme trouve-t-elle un emploi à la fois utile et agréable de son temps ? — 8. Pour quelles raisons ? — 9. Que doit faire la petite Marie pour la fête de son père ?

209° Exercice

| LES INONDATIONS.

. | Quoi de plus effrayant | que l'horrible spectacle... d'une inondation ! | Les eaux furieuses... montent,... montent toujours, | sans qu'il soit possible | à aucune puissance humaine | de les arrêter... dans leur cours impétueux !

| Elles ravagent les récoltes,... espoir du laboureur, | déracinent les arbres, | et transforment... en affreux marécages | les plaines fertiles... et les guérets opulents. | Bientôt elles envahissent... les habitations elles-mêmes. | On voit flotter... à la surface... des eaux bourbeuses | des meubles, des vêtements | et des ustensiles de ménage. | Les cris des malheureux... appelant à l'aide, | l'effroi des mères... qui tremblent... pour leurs enfants, | les hurlements des chiens, | ajoutent encore... une horreur nouvelle | à ces scènes d'horreur ! | Que de cadavres entassés ! | Que de richesses englouties ! | Quelques heures ont suffi | pour anéantir... des pays florissants ! | Là où régnait la joie, | règne une morne terreur. | Quel être humain... ne serait ému | en contemplant... de tels ravages ?

| Les crues subites... des fleuves et des rivières | qui portent tout d'un coup... l'effroi et la dévastation, | ont pour cause immédiate... la fonte des neiges | et l'écoulement trop rapide... des eaux pluviales,... après de violents orages. | Aussi a-t-on attribué... les inondations fréquentes | qui ont désolé la France... depuis tantôt trente ans, | au défrichement... des montagnes, | qui privées... d'arbres et de gazon, | ne retiennent plus assez... les eaux du ciel. | Reboiser les montagnes | a donc paru... le moyen le plus efficace, | pour conjurer,... dans l'avenir,... cet horrible fléau.

210ᵉ Exercice, même sujet.

LES INONDATIONS

Quoi de plus effrayant que l'horrible spectacle d'une inondation ! Les eaux furieuses montent, montent toujours, sans qu'il soit possible à aucune puissance humaine de les arrêter dans leur cours impétueux !

Elles ravagent les récoltes, espoir du laboureur, déracinent les arbres, et transforment en affreux marécages les plaines fertiles et les guérets opulents. Bientôt elles envahissent les habitations elles-mêmes. On voit flotter à la surface des eaux bourbeuses des meubles, des vêtements et des ustensiles de ménage. Les cris des malheureux appelant à l'aide, l'effroi des mères qui tremblent pour leurs enfants, les hurlements des chiens, ajoutent encore une horreur nouvelle à ces scènes d'horreur ! Que de cadavres entassés ! Que de richesses englouties ! Quelques heures ont suffi pour anéantir des pays florissants ! Là où régnait la joie, règne une morne terreur. Quel être humain ne serait ému en contemplant de tels ravages ?

Les crues subites des fleuves et des rivières qui portent tout d'un coup l'effroi et la dévastation, ont pour cause immédiate la fonte des neiges et l'écoulement trop rapide des eaux pluviales, après de violents orages. Aussi a-t-on attribué les inondations fréquentes qui ont désolé la France depuis tantôt trente ans, au défrichement des montagnes, qui privées d'arbres et de gazon, ne retiennent plus assez les eaux du ciel. Reboiser les montagnes a donc paru le moyen le plus efficace, pour conjurer, dans l'avenir, cet horrible fléau.

QUESTIONNAIRE

1. Décrivez le tableau d'une inondation. — 2. Faut-il longtemps à la fureur des eaux pour détruire un pays florissant ? — 3. Quelle est la cause des crues subites des fleuves et des rivières ? — 4. A quoi a-t-on attribué les inondations fréquentes qui ont désolé la France depuis tantôt trente ans ? — 5. Quel moyen a paru le plus efficace, pour conjurer ce fléau destructeur ?

211° Exercice

| ENFANTS,... PROFITEZ DU BEL AGE.

| L'homme,... dans sa première enfance,... blond et pur... comme un chérubin, | autour de lui,... de l'innocence... exhale... le parfum divin. | De sa lèvre... fraîche et vermeille... que le sourire est gracieux ! | Que de douceur,... lorsqu'il s'éveille,... dans le regard de ses beaux yeux !

| Enfants,... le ciel est sans nuage, | il vous présage d'heureux jours ; | profitez de votre bel âge, | il fuira,... rapide en son cours !

| Souvent,... au seuil de cette vie,... on trouve chagrins et malheurs ; | la joie elle-même... est suivie... ou de regrets,... ou bien de pleurs. | En cherchant le plaisir frivole,... c'est un fantôme qu'on poursuit ; | un jour,... l'illusion s'envole, | et le rêve s'évanouit.

| Enfants,... le ciel est sans nuage, | il vous présage d'heureux jours ; | profitez de votre bel âge, | il fuira,... rapide en son cours !

| Comme un ruisseau... qui suit sa pente... conserve sa limpidité, | vous,... que nul souci ne tourmente, | gardez votre franche gaîté. | Plus tard,... l'existence est amère ; | le printemps seul donne des fleurs, | et c'est toujours... près d'une mère... que coulent nos jours les meilleurs !

| Enfants,... le ciel est sans nuage, | il vous présage d'heureux jours ; | profitez de votre bel âge, | il fuira,... rapide en son cours !

212ᵉ Exercice, même sujet.

ENFANTS, PROFITEZ DU BEL AGE

L'homme, dans sa première enfance,
Blond et pur comme un chérubin,
Autour de lui, de l'innocence
Exhale le parfum divin.
De sa lèvre fraîche et vermeille
Que le sourire est gracieux !
Que de douceur, lorsqu'il s'éveille,
Dans le regard de ses beaux yeux !

Enfants, le ciel est sans nuage,
Il vous présage d'heureux jours ;
Profitez de votre bel âge,
Il fuira, rapide en son cours !

Souvent, au seuil de cette vie,
On trouve chagrins et malheurs ;
La joie elle-même est suivie
Ou de regrets, ou bien de pleurs.
En cherchant le plaisir frivole,
C'est un fantôme qu'on poursuit ;
Un jour, l'illusion s'envole ;
Et le rêve s'évanouit.

Comme un ruisseau qui suit sa pente
Conserve sa limpidité,
Vous, que nul souci ne tourmente,
Gardez votre franche gaîté.
Plus tard, l'existence est amère ;
Le printemps seul donne des fleurs,
Et c'est toujours près d'une mère
Que coulent nos jours les meilleurs !

QUESTIONNAIRE

1. Qu'est l'homme dans sa première enfance ? — 2. Quel parfum exhale-t-il autour de lui ?— 3. Que vous présage le ciel sans nuage ? — 4. Que deviendra le bel âge ? — 5. Que trouve-t-on souvent au seuil de cette vie ? — 6. De quoi la joie est-elle suivie ?— 7. Que fait-on quand on recherche un plaisir frivole ?— 8. Qu'est-ce qui s'envole plus tard ?— 9. Qu'est-ce qui s'évanouit ? — 10. Que devez-vous garder ? — 11. Où coulent nos meilleurs jours ?

213ᵉ Exercice

| L'ARC-EN-CIEL.

| Le phénomène... de l'arc-en-ciel | a pour cause... la réfraction... des rayons solaires... dans les gouttes de pluie | et le renvoi... à l'œil de l'observateur, | de ces mêmes rayons... décomposés. | Pour qu'on voie... un arc-en-ciel... dans toute sa splendeur, | il faut qu'il pleuve... du côté opposé... au soleil, | et que celui... qui observe | soit placé... entre le soleil... et la pluie. | Plus le soleil... est rapproché... de l'horizon, | plus l'arc-en-ciel... sera grand, | parce que son centre,... dans cette situation, | sera plus haut. | Si, le soir,... l'observateur | va se placer... entre le soleil... et un jet d'eau, | il apercevra... distinctement, | dans les gouttelettes... qui cascadent, | entre son œil... et le jet d'eau, | une portion... d'arc-en-ciel. | Dans cette circonstance, | les rayons solaires... sont réfractés... par les gouttelettes, | et réfléchis ou renvoyés... dans l'œil du spectateur | par le jet d'eau.

| En se plaçant... devant une glace... ou une plaque... de métal | quand il y a soleil, | et en faisant... verser de l'eau... avec un arrosoir, | on peut alors... aisément former... un arc-en-ciel... artificiel.

| La cause physique... de ce phénomène | était inconnue... aux anciens. | Ils donnaient... à l'arc-en-ciel | le nom gracieux et poétique... d'*Echarpe d'Iris.*

214° Exercice, même sujet.

L'ARC-EN-CIEL

Le phénomène de l'arc-en-cie a pour cause la réfraction des rayons solaires dans les gouttes de pluie et le renvoi à l'œil de l'observateur, de ces mêmes rayons décomposés. Pour qu'on voie un arc-en-ciel dans toute sa splendeur, il faut qu'il pleuve du côté opposé au soleil, et que celui qui observe soit placé entre le soleil et la pluie. Plus le soleil est rapproché de l'horizon, plus l'arc-en-ciel sera grand, parce que son centre, dans cette situation, sera plus haut. Si, le soir, l'observateur va se placer entre le soleil et un jet d'eau, il apercevra distinctement, dans les gouttelettes qui cascadent, entre son œil et le jet d'eau, une portion d'arc-en-ciel. Dans cette circonstance, les rayons solaires sont réfractés par les gouttelettes, et réfléchis ou renvoyés dans l'œil du spectateur par le jet d'eau.

En se plaçant devant une glace ou une plaque de métal quand il y a soleil, et en faisant verser de l'eau avec un arrosoir, on peut alors aisément former un arc-en-ciel artificiel.

La cause physique de ce phénomène était inconnue aux anciens. Ils donnaient à l'arc-en-ciel le nom gracieux et poétique d'*Echarpe d'Iris.*

QUESTIONNAIRE

1. En quoi consiste, le phénomène de l'arc-en-ciel? — 2. Que faut-il pour qu'on puisse apercevoir un arc-en-ciel dans toute sa splendeur? — 3. Pourquoi l'arc-en-ciel paraît-il plus grand lorsque le soleil est rapproché de l'horizon? — 4. Comment peut-on former un arc-en-ciel artificiellement? — 5. La cause physique de ce phénomène était-elle connue des anciens? — 6. Comment appelaient-ils l'arc-en-ciel?

215ᵉ Exercice

| Mon cher fils,

| Dans ta dernière lettre, | tu m'écris... qu'un de tes jeunes camarades | vient de recevoir... de son père | une belle montre d'argent... avec sa chaîne. | J'ai cru... remarquer... dans ton récit... | un sentiment d'envie... assez prononcé, | pour que je t'en parle... en ce moment. | Tu me dis | avec une certaine amertume... d'expression, | que ton camarade,... qui n'a que neuf ans, | a déjà... une montre, | tandis que toi | qui touches... à ta dixième année, | tu n'en as pas. | Mais... ce que tu ne me dis point, | c'est que le jeune Alfred | a obtenu... un prix d'excellence,... à Pâques, | tandis que toi,...tu n'as pas même eu...un accessit. | Quand tu auras un prix,... nous verrons. | Mais d'ici là,... tâche de te passer... de montre, | et de te contenter... de l'horloge... du pensionnat, | qui règle... l'emploi... de ta journée... d'écolier.

| Tu dois... te réjouir | de la récompense... qui vient d'être accordée | à ton camarade, | et t'efforcer de l'imiter...dans son travail, | de rivaliser... avec lui, | de le surpasser... même... s'il est possible. | Ceci s'appelle... de l'émulation | et n'a rien de commun... avec l'envie. | L'émulation... est un noble sentiment | qui nous excite... à surpasser les autres | par tous les moyens... justes et honnêtes | qui sont... en notre pouvoir. | L'envie...est un sentiment bas,...ignoble, | qui nous pousse... à décrier... nos rivaux | et même... à leur nuire. | C'est... à la fois... l'indice de l'impuissance | et de la méchanceté.

| Courage donc,... mon enfant ; | repousse,... loin de toi, | les suggestions... de l'envie. | Ta mère et moi... avons résolu | de t'offrir...la montre... que tu désires, | quand tu l'auras gagnée | par ton travail... et ton application. | Nous t'embrassons... quand même.

| Ton Père.

210ᵉ Exercice, même sujet.

MON CHER FILS,

Dans ta dernière lettre, tu m'écris qu'un de tes jeunes camarades vient de recevoir de son père une belle montre d'argent avec sa chaîne. J'ai cru remarquer dans ton récit un sentiment d'envie assez prononcé, pour que je t'en parle en ce moment. Tu me dis avec une certaine amertume d'expression, que ton camarade, qui n'a que neuf ans, a déjà une montre, tandis que toi qui touches à ta dixième année, tu n'en as pas. Mais ce que tu ne me dis point, c'est que le jeune Alfred a obtenu un prix d'excellence, à Pâques, tandis que toi, tu n'as pas même eu un accessit. Quand tu auras un prix, nous verrons. Mais d'ici là, tâche de te passer de montre, et de te contenter de l'horloge du pensionnat, qui règle l'emploi de ta journée d'écolier.

Tu dois te réjouir de la récompense qui vient d'être accordée à ton camarade, et t'efforcer de l'imiter dans son travail, de rivaliser avec lui, de le surpasser même s'il est possible. Ceci s'appelle de l'émulation et n'a rien de commun avec l'envie. L'émulation est un noble sentiment qui nous excite à surpasser les autres par tous les moyens justes et honnêtes qui sont en notre pouvoir. L'envie est un sentiment bas, ignoble, qui nous pousse à décrier nos rivaux et même à leur nuire. C'est à la fois l'indice de l'impuissance et de la méchanceté.

Courage donc, mon enfant ; repousse loin de toi, les suggestions de l'envie. Ta mère et moi avons résolu de t'offrir la montre que tu désires, quand tu l'auras gagnée par ton travail et ton application. Nous t'embrassons quand même.

TON PÈRE.

QUESTIONNAIRE

1. Quel est le cadeau que le jeune camarade de l'enfant a reçu de son père ? — 2. Qu'a remarqué le père dans le récit de son fils ? — 3. Que dit l'enfant avec une certaine amertume ? — 4. L'enfant doit-il se réjouir de la récompense accordée à son camarade ? — 5. Que doit-il faire encore ? — 6. Qu'est-ce que l'émulation ? — 7. Qu'est-ce que l'envie ? — 8. De quoi l'envie est-elle l'indice ? — 9. Quels conseils le père donne-t-il à son fils ? — 10. Quelle résolution ont pris le père et la mère au sujet de l'enfant ?

217° Exercice

| RAPHAEL SANZIO.

— Le musée du Louvre... possède-t-il des tableaux de Raphaël ?

— Quelques-uns seulement | qui nous donnent une idée... du génie de ce grand peintre.

— Quels sont-ils ?

— Deux ou trois *Vierges,* | *Saint Michel... terrassant le Démon* | et *Raphaël... peint par lui-même.*

— Où est né... Raphaël ?

— A Urbino,... petite bourgade... d'Italie.

— Dans quel siècle a-t-il vécu ?

— Dans le seizième,... si bien nommé... le siècle de la Renaissance.

— A quelle époque de sa vie... commença-t-il à peindre ?

— Dès l'âge... de onze ans.

— Quel fut son premier maître ?

— Son père,... peintre lui-même,... lui donna les premières leçons... de son art, | et l'initia... aux lois alors nouvelles... de la perspective.

— A quelle époque... devint-il célèbre ?

— Il n'avait... que dix-sept ans, | lorsqu'il fut chargé,... par le pape Jules II, | de peindre les fresques... du Vatican.

— Que fit-il ensuite ?

— Le pape Léon X | lui confia... tous les travaux de peinture | qu'il fit exécuter... pour l'embellissement... de la ville éternelle.

— Raphaël... mourut-il jeune ?

— A trente-sept ans, | comblé d'honneurs,... de richesses... et de gloire.

— Quel fut... son dernier tableau ?

— *La Transfiguration... de Jésus-Christ,* | qui passe avec raison... pour le chef-d'œuvre... de la peinture moderne.

218ᵉ Exercice, même sujet.

RAPHAEL SANZIO

— Le musée du Louvre possède-t-il des tableaux de Raphaël?

— Quelques-uns seulement qui nous donnent une idée du génie de ce grand peintre.

— Quels sont-ils?

— Deux ou trois *Vierges, Saint Michel terrassant le démon* et *Raphaël peint par lui-même*.

— Où est né Raphaël?

— A Urbino, petite bourgade d'Italie.

— Dans quel siècle a-t-il vécu?

— Dans le seizième, si bien nommé le siècle de la Renaissance.

— A quelle époque de sa vie commença-t-il à peindre?

— Dès l'âge de onze ans?

— Quel fut son premier maître?

— Son père, peintre lui-même, lui donna les premières leçons de son art, et l'initia aux lois alors nouvelles de la perspective.

— A quelle époque devint-il célèbre?

— Il n'avait que dix-sept ans, lorsqu'il fut chargé, par le pape Jules II, de peindre les fresques du Vatican.

— Que fit-il ensuite?

— Le pape Léon X lui confia tous les travaux de peinture qu'il fit exécuter pour l'embellissement de la ville éternelle.

— Raphaël mourut-il jeune?

— A trente-sept ans, comblé d'honneurs, de richesses et de gloire.

— Quel fut son dernier tableau?

— *La Transfiguration de Jésus-Christ*, qui passe avec raison pour le chef-d'œuvre de la peinture moderne.

QUESTIONNAIRE

1. Quels sont les tableaux de Raphaël que possède le musée du Louvre? — 2. Indiquez le lieu de naissance de Raphaël? — 3. Dans quel siècle vivait-il? — 4. Comment a-t-on appelé le siècle où vécut Raphaël? — 5. Quel âge avait-il lorsqu'il commença à peindre? — 6. Quels furent ses maîtres? — 7. Quels sont les papes qui ont fait travailler Raphaël? — 8. A quel âge mourut Raphaël? — 9. Raphaël mourut-il pauvre? — 10. Quel jugement a-t-on porté sur le dernier tableau de Raphaël?

219ᵉ Exercice

| MA CHÈRE FILLE,

| J'ai été... très-inquiète... ces jours derniers, | en apprenant... que tu avais été malade. | J'ai voulu... connaître la cause... de ton indisposition, | et l'on m'a appris | qu'elle provenait... d'un excès de gourmandise. | Il paraît... que pendant... la promenade... du jeudi, | tu as... tellement mangé... de petits gâteaux | qu'en rentrant... on a été... obligé | de te mettre... au lit | et de te faire boire... plusieurs tasses... de thé. | Aujourd'hui... je sais... que tu vas beaucoup mieux | et que tu as repris... le cours... de tes études.

| La gourmandise,... ma chère fille, | est non-seulement... un vice horrible | qui nous dégrade | et nous ravale... au rang... des animaux immondes ; | mais encore... elle est nuisible... à la santé | et peut même... parfois... causer la mort. | Tu as pu... apprendre... à tes dépens, | qu'elle porte... avec elle... sa punition. | J'espère... que la leçon... te profitera. | Il n'est pas... défendu... d'aimer... les bonnes choses ; | mais... il ne faut jamais | s'abandonner... à la sensualité. | Mange... de ce que tu aimes ; | mais... manges-en... avec modération.

| La gourmandise... a plus d'un mauvais côté. | Elle conduit... souvent... à l'indélicatesse. | J'ai connu... des petites filles | qui volaient... des sous... à leur mère | pour acheter... en cachette... des friandises. | Ces détestables petites voleuses | avaient commencé... par être gourmandes. | Tous les vices... s'enchaînent ! | tant il est facile | d'entrer... dans la route du mal, | quand on ne s'efforce pas | de corriger,... dès le début, | ses mauvais penchants !

| Crois bien... que tout ce que je dis là | est la pure vérité, | et que personne... ne s'intéresse | plus tendrement... à toi | que ton père... et ta mère | qui t'embrassent... de tout leur cœur. | TA MÈRE.

220ᵉ Exercice, même sujet.

MA CHÈRE FILLE,

J'ai été très-inquiète ces jours derniers, en apprenant que tu avais été malade. J'ai voulu connaître la cause de ton indisposition, et l'on m'a appris qu'elle provenait d'un excès de gourmandise. Il paraît que pendant la promenade du jeudi, tu as tellement mangé de petits gâteaux qu'en rentrant on a été obligé de te mettre au lit et de te faire boire plusieurs tasses de thé. Aujourd'hui je sais que tu vas beaucoup mieux et que tu as repris le cours de tes études.

La gourmandise, ma chère fille, est non-seulement un vice horrible qui nous dégrade et nous ravale au rang des animaux immondes; mais encore elle est nuisible à la santé et peut même parfois causer la mort. Tu as pu apprendre à tes dépens, qu'elle porte avec elle sa punition. J'espère que la leçon te profitera. Il n'est pas défendu d'aimer les bonnes choses; mais il ne faut jamais s'abandonner à la sensualité. Mange de ce que tu aimes, mais manges-en avec modération.

La gourmandise a plus d'un mauvais côté. Elle conduit souvent à l'indélicatesse. J'ai connu des petites filles qui volaient des sous à leur mère pour acheter en cachette des friandises. Ces détestables petites voleuses avaient commencé par être gourmandes. Tous les vices s'enchaînent! tant il est facile d'entrer dans la route du mal, quand on ne s'efforce pas de corriger dès le début ses mauvais penchants!

Crois bien que tout ce que je dis là est la pure vérité, et que personne ne s'intéresse plus tendrement à toi que ton père et ta mère qui t'embrassent de tout leur cœur.

TA MÈRE.

QUESTIONNAIRE

1. Pourquoi la mère a-t-elle été inquiète ces jours derniers? — 2. Quelle était la cause de l'indisposition de la petite fille? — 3. Que lui était-il donc arrivé? — 4. Qu'est-ce que la gourmandise? — 5. Porte-t-elle avec elle sa punition? — 6. Est-il défendu d'aimer les bonnes choses? — 7. Où conduit souvent la gourmandise? — 8. Quelles petites filles la mère a-t-elle connues? — 9. Comment avaient-elles commencé? — 10. Est-il facile d'entrer dans la route du mal?

221° Exercice

| LES AÉROLITHES.

| Il tombe assez souvent... des espaces célestes, | des pierres sur la terre. | Il arrive même aussi | qu'il tombe parfois... des masses de fer... à l'état métallique : | on nomme ces corps... *aérolithes,* | c'est-à-dire,... mot pour mot,... *pierres aériennes.* | Leur poids est variable, | mais leur substance... est identique. | Elles sont noirâtres, | à grain grossier... comme le fer. | Le fer n'existe pas... dans la nature... à l'état métallique : | dès qu'une pierre... en renferme, | on peut dire,... sans crainte de se tromper,... que c'est un *aérolithe.*

| Le plus souvent | les aérolithes... sont lancés sur la terre | par des globes de feu... que l'on nomme *bolides.* | Leur chute est accompagnée | d'un bruit analogue... à celui du tonnerre. | On voit ces météores | parcourir l'atmosphère... avec rapidité. | On a remarqué... que les aérolithes | tombent plus fréquemment... en été qu'en hiver ; | quant à la cause... de la chute de ces corps, | elle est à peu près... demeurée inconnue. | L'opinion... généralement reçue, | c'est que les aérolithes..., sont des corps lancés... par les volcans lunaires, | dont le cratère... serait tourné vers nous.

| On a calculé | qu'une force de projection... quatre fois plus forte... que celle d'un canon | suffirait pour lancer... un corps de la lune | et l'amener au point | où s'exerce... l'attraction de la terre. | Et... ce qui donne ici | beaucoup de vraisemblance... à cette hypothèse, | c'est que ces pierres... tombées du ciel | n'ont point d'analogie... avec les pierres terrestres, | et doivent en conséquence... être regardées | comme les produits..., d'un monde inconnu... étranger à la terre.

222ᵉ Exercice, même sujet.

LES AÉROLITHES

Il tombe assez souvent, des espaces célestes, des pierres sur la terre. Il arrive même qu'il tombe parfois des masses de fer à l'état métallique : on nomme ces corps *aérolithes*, c'est-à-dire, mot pour mot, *pierres aériennes*. Leur poids est variable, mais leur substance est identique. Elles sont noirâtres, à grain grossier comme le fer. Le fer n'existe pas dans la nature à l'état métallique : dès qu'une pierre en renferme, on peut dire, sans crainte de se tromper, que c'est un *aérolithe*.

Le plus souvent, les aérolithes sont lancés sur la terre par des globes de feu que l'on nomme *bolides*. Leur chute est accompagnée d'un bruit analogue à celui du tonnerre. On voit ces météores parcourir l'atmosphère avec rapidité. On a remarqué que les aérolithes tombent plus fréquemment en été qu'en hiver ; quant à la cause de ce phénomène, elle est à peu près demeurée inconnue. L'opinion généralement reçue, c'est que les aérolithes sont des corps lancés par les volcans lunaires, dont le cratère serait tourné vers nous.

On a calculé qu'une force de projection quatre fois plus forte que celle d'un canon suffirait pour lancer un corps de la lune et l'amener au point où s'exerce l'attraction de la terre. Et ce qui donne ici beaucoup de vraisemblance à cette hypothèse, c'est que ces pierres tombées du ciel n'ont point d'analogie avec les pierres terrestres, et doivent en conséquence être regardées comme les produits d'un monde inconnu étranger à la terre.

QUESTIONNAIRE

1. Qu'appelle-t-on aérolithes ? — 2. A quels signes reconnaît-on qu'une pierre est un aérolithe ? — 3. Par quoi sont lancés les aérolithes ? — 4. De quel bruit leur chute est-elle accompagnée ? — 5. Quelle est la cause présumée de la chute des aérolithes ? — 6. Peut-on supposer que les aérolithes soient lancés par les volcans lunaires ? — 7. Sur quel fondement repose cette hypothèse ?

228ᵉ Exercice

| LA MÈRE.

| Enfant,... quel que soit ton chagrin, | que tu goûtes la joie... ou bien la peine amère, | il est pour tes douleurs... un baume souverain, | c'est de ne rien cacher... aux regards de ta mère.

| Dans ce que tu peux craindre... ou que tu peux sentir,... prends-la toujours pour confidente ; | elle seule... sait compatir, | elle est bonne... autant que prudente.

| Par elle,... tu sauras... ce qu'il faut éviter, | ce qui serait pour toi... funeste ou salutaire ; | elle sait,... avant toi,... choisir et méditer ; | pour son expérience,... il n'est point de mystère.

| C'est un guide savant, | c'est un ange gardien... qu'à ton secours... le ciel envoie ; | des devoirs,... du juste et du bien,... elle te montrera la voie.

| Rien... de ce que tu peux chercher | ou concevoir... n'excite son indifférence ; | à créer ton bonheur,... elle met son savoir ; | elle met son génie... à calmer ta souffrance.

| Elle ranimera... ton courage abattu,... en offrant à tes pas... l'appui de sa tendresse ; | elle guidera ta faiblesse... dans le sentier de la vertu.

| Sur toute la maison,... elle luit,... elle brille ; | aux charmes de sa voix,... toute douleur s'enfuit ; | et son regard, | dans le sein de la nuit,... est la lampe de la famille.

| Son influence auguste... éclate dans tout lieu ; | et de ce cœur béni, | le flambeau tutélaire | jette au cœur de l'enfant... la clarté qui l'éclaire | comme le soleil du bon Dieu.

224ᵉ Exercice, même sujet.

LA MÈRE.

Enfant, quel que soit ton chagrin,
Que tu goûtes la joie ou bien la peine amère,
Il est pour tes douleurs un baume souverain,
C'est de ne rien cacher aux regards de ta mère.

Dans ce que tu peux craindre ou que tu peux sentir,
    Prends-la toujours pour confidente;
    Elle seule sait compatir,
    Elle est bonne autant que prudente.

Par elle, tu sauras ce qu'il faut éviter,
Ce qui serait pour toi funeste ou salutaire;
Elle sait, avant toi, choisir et méditer;
Pour son expérience, il n'est point de mystère.

C'est un guide savant, c'est un ange gardien
    Qu'à ton secours le ciel envoie;
    Des devoirs, du juste et du bien,
    Elle te montrera la voie.

Rien de ce que tu peux chercher ou concevoir
    N'excite son indifférence;
A créer ton bonheur, elle met son savoir;
Elle met son génie à calmer ta souffrance.

Elle ranimera ton courage abattu,
En offrant à tes pas l'appui de sa tendresse;
    Elle guidera ta faiblesse
    Dans le sentier de la vertu.

Sur toute la maison, elle luit, elle brille;
Aux charmes de sa voix, toute douleur s'enfuit;
    Et son regard, dans le sein de la nuit,
    Est la lampe de la famille.

Son influence auguste éclate dans tout lieu;
Et de ce cœur béni le flambeau tutélaire
Jette au cœur de l'enfant la clarté qui l'éclaire
    Comme le soleil du bon Dieu.

QUESTIONNAIRE

*1. Quel est le baume souverain des douleurs de l'enfance? —
2. Qu'est-ce qu'une mère? — 3. A quoi une mère met-elle son
savoir? — 4. Que jette le cœur d'une mère dans le cœur de l'enfant?*

225ᵉ Exercice

| LES AVALANCHES.

| Une avalanche... est une masse de neige, | qui se détache... du sommet... des hautes montagnes, | se grossit dans sa course, | et roule dans les vallées... avec le fracas du tonnerre. | Rien ne peut résister | au choc terrible... d'une avalanche. | Malheur à qui se trouve... sur son chemin! | Dans sa course bondissante, | elle renverse... et détruit tout. | Elle déracine les arbres, | et souvent elle engloutit... des villages entiers.

| On attribue... la formation... des avalanches | aux vents impétueux... de l'hiver, | mais surtout... à la fonte des neiges, | quand arrive... le printemps. | Alors la terre,... chauffée par les rayons solaires, | fait fondre | les couches inférieures... de la neige... qui la couvre. | Il en résulte... que les couches supérieures | se détachent... et viennent ainsi, | entraînées par leur poids, | rouler avec fracas... sur le flanc des montagnes.

| Le plus petit bruit, | la moindre agitation... de l'atmosphère, | peuvent provoquer... la chute des avalanches. | Aussi dans les pays... où ce fléau est à craindre, | comme en Suisse... ou en Norwège, | on prescrit aux voyageurs... un silence absolu, | dans le voisinage... des masses de neige. | Dans la région des Alpes, | un coup de fusil... tiré sur un chamois | constitue bien souvent... un danger véritable. | En Suisse, | durant les excursions... dans les montagnes, | on tamponne avec soin... les sonnettes des mulets, | dans les passages... dangereux, | afin d'éviter... le bruit strident de l'airain.

226ᵉ Exercice, même sujet.

LES AVALANCHES

Une avalanche est une masse de neige, qui se détache du sommet des hautes montagnes, se grossit dans sa course, et roule dans les vallées avec le fracas du tonnerre. Rien ne peut résister au choc terrible d'une avalanche. Malheur à qui se trouve sur son chemin ! Dans sa course bondissante, elle renverse et détruit tout. Elle déracine les arbres, et souvent elle engloutit des villages entiers.

On attribue la formation des avalanches aux vents impétueux de l'hiver; mais surtout à la fonte des neiges, quand arrive le printemps. Alors la terre, chauffée par les rayons solaires, fait fondre les couches inférieures de la neige, qui la couvre. Il en résulte que les couches supérieures se détachent, et viennent ainsi, entraînées par leur poids, rouler avec fracas sur le flanc des montagnes.

Le plus petit bruit, la moindre agitation de l'atmosphère, peuvent provoquer la chute des avalanches. Aussi dans les pays où ce fléau est à craindre, comme en Suisse ou en Norwège, on prescrit aux voyageurs un silence absolu, dans le voisinage des masses de neige. Dans la région des Alpes, un coup de fusil tiré sur un chamois constitue bien souvent un danger véritable. En Suisse, durant les excursions dans les montagnes, on tamponne avec soin les sonnettes des mulets, dans les passages dangereux, afin d'éviter le bruit strident de l'airain.

QUESTIONNAIRE

1. Qu'est-ce qu'une avalanche ? — 2. Quels sont les malheurs causés par une avalanche ? — 3. A quoi attribue-t-on la formation des avalanches ? — 4. Quel phénomène se produit ? — 5. Qui peut provoquer la chute d'une avalanche ? — 6. Que prescrit-on aux voyageurs en Suisse et en Norwège, lorsqu'on a à redouter la chute d'une avalanche ? — 7. Peut-on chasser impunément dans la région des Alpes ? — 8. En Suisse, que fait-on durant les excursions dans les montagnes ?

227ᵉ Exercice

| Mon cher fils,

| Le directeur... de ta pension | est venu... me voir, | il y a quelques jours ; | nous avons... naturellement... parlé de toi. | Car... de quoi veux-tu | que parle un père, | lorsqu'il se trouve... avec celui | qu'il a chargé... de le remplacer | près de son enfant ?

| Ton directeur... rend justice | à tes bonnes qualités ; | mais il t'accuse... avec raison | de manquer... de persévérance. | Tu as voulu apprendre... le dessin. | Tu l'as bien vite... abandonné | pour la musique. | On t'a donné... un maître de piano | et, maintenant,... tu demandes | à laisser là... le piano, | pour apprendre... le violon. | Ces tergiversations, | ces incertitudes... de vocation | m'inquiètent... pour l'avenir. | Veux-tu donc... devenir... une nullité, | comme ton vieux cousin... Edouard, | qui... tour à tour | a été militaire... et employé... de commerce ; | qui a commencé... le droit, | ébauché... la médecine, | et qui... finalement | à l'âge... de trente ans | est à charge... à sa famille ? | Ce garçon-là,... je m'en souviens, | a débuté... exactement... comme toi. | N'étant encore... qu'un écolier, | il a... tout effleuré | sans jamais rien... approfondir. | Aussi tu vois... le résultat | auquel il est arrivé.

| En toutes choses, | les commencements... sont ardus | et... peu attrayants. | Mais, loin... de se décourager | et de se laisser... rebuter | par les obstacles, | il faut lutter... avec persistance | et surmonter... avec énergie | les premières difficultés. | Le triomphe... est à ce prix.

| Le prix... de ta persévérance | sera... l'amitié... de ton père | et de ta mère, | qui t'aiment... et qui t'embrassent tendrement.

| Ton Père.

228ᵉ Exercice, même sujet.

MON CHER FILS,

Le directeur de ta pension est venu me voir, il y a quelques jours ; nous avons naturellement parlé de toi. Car de quoi veux-tu que parle un père, lorsqu'il se trouve avec celui qu'il a chargé de le remplacer près de son enfant ?

Ton directeur rend justice à tes bonnes qualités ; mais il t'accuse avec raison de manquer de persévérance. Tu as voulu apprendre le dessin. Tu l'as bien vite abandonné pour la musique. On t'a donné un maître de piano, et, maintenant, tu demandes à laisser là le piano pour apprendre le violon. Ces tergiversations, ces incertitudes de vocation, m'inquiètent pour l'avenir. Veux-tu donc devenir une nullité, comme ton vieux cousin Edouard, qui tour à tour a été militaire et employé de commerce ; qui a commencé le droit, ébauché la médecine, et qui finalement à l'âge de trente ans est à charge à sa famille ? Ce garçon là, je m'en souviens, a débuté exactement comme toi. N'étant encore qu'un écolier, il a tout effleuré sans jamais rien approfondir. Aussi tu vois le résultat auquel il est arrivé.

En toutes choses, les commencements sont ardus et peu attrayants. Mais, loin de se décourager et de se laisser rebuter par les obstacles, il faut lutter avec persistance et surmonter avec énergie les premières difficultés. Le triomphe est à ce prix.

Le prix de ta persévérance sera l'amitié de ton père et de ta mère, qui t'aiment et qui t'embrassent tendrement.

TON PÈRE.

QUESTIONNAIRE

1. De qui a parlé le père avec le directeur de la pension ? — 2. Qu'a dit le directeur au sujet de l'enfant ? — 3. De quel défaut l'accuse-t-il ? — 4. Pourquoi l'enfant a-t-il mérité un reproche ? — 5. Quelle a été la conduite du cousin Edouard ? — 6. Qu'a fait le cousin Edouard n'étant encore qu'un écolier ? — 7. Que sont les commencements de toutes choses ? — 8. Doit-on se laisser décourager par les obstacles ? — 9. Quel sera le prix de la persévérance de l'enfant ?

229° Exercice

| MOZART.

— Quel génie... que ce Mozart !

— Je viens d'entendre... une de ses symphonies | au concert populaire | et je suis émerveillé !

— Vous a-t-on raconté... l'histoire de la vie | de cet illustre compositeur ?

— Oui,... l'on m'a appris | que Wolfgang Mozart... est né à Saltzbourg, | en mil sept cent cinquante-six.

— On dit qu'il étudia la gamme... en même temps que l'alphabet ?

— A trois ans, | il jouait très habilement... du clavecin ; | à six ans, | il se faisait entendre... dans les concerts ; | à huit ans, | il touchait de l'orgue... dans la chapelle de Versailles.

— Et encore ?

— Il joua du clavecin | devant Marie-Antoinette,... reine de France.

— N'avait-il pas quatorze ans | quand il composa... son premier opéra ?

— Cette œuvre fut jouée à Milan... avec un succès immense.

— Savez-vous à quel âge | est mort... Wolfgang Mozart ?

— On dit qu'il mourut... à trente-six ans, | épuisé par le travail.

— Connaissez-vous | le dernier morceau... qu'il composa ?

— Un *Requiem,* | morceau de musique religieuse | qu'il destinait... à ses propres funérailles ; | et cette idée, dit-on,... hâta sa fin.

— Quel est son meilleur opéra ?

— Le *Don Juan,*... que l'on joue très souvent.

— En a-t-il... composé d'autres ?

— La liste serait trop longue ; | mais tout le monde connaît,... au moins de nom : | les *Noces de Figaro*... et la *Flûte enchantée.*

230ᵉ Exercice, même série.

MOZART

— Quel génie que ce Mozart !

— Je viens d'entendre une de ses symphonies au concert populaire et je suis émerveillé.

— Vous a-t-on raconté l'histoire de la vie de cet illustre compositeur ?

— Oui ; l'on m'a appris que Wolfgang Mozart est né à Saltzbourg, en mil sept cent cinquante-six.

— On dit qu'il étudia la gamme en même temps que l'alphabet ?

— A trois ans, il jouait très habilement du clavecin ; à six ans, il se faisait entendre dans les concerts ; à huit ans, il touchait de l'orgue dans la chapelle de Versailles.

— Et encore ?

— Il joua du clavecin devant Marie-Antoinette, reine de France.

— N'avait-il pas quatorze ans quand il composa son premier opéra ?

— Cette œuvre fut jouée à Milan avec un succès immense.

— Savez-vous à quel âge est mort Wolfgang Mozart ?

— On dit qu'il mourut à trente-six ans, épuisé par le travail.

— Connaissez-vous le dernier morceau qu'il composa ?

— Un *Requiem*, morceau de musique religieuse qu'il destinait à ses propres funérailles ; et cette idée, dit-on, hâta sa fin.

— Quel est son meilleur opéra ?

— Le *Don Juan*, que l'on joue très souvent.

— En a-t-il composé d'autres ?

— La liste serait trop longue ; mais tout le monde connaît, au moins de nom : les *Noces de Figaro* et la *Flûte enchantée*.

QUESTIONNAIRE

1. En quelle année naquit Mozart ? — 2. Nommez le lieu de sa naissance ? — 3. Racontez-nous ses premiers débuts dans la carrière musicale ? — 4. A quel âge Mozart composa-t-il son premier opéra et où fut-il joué ? — 5. Quel est le dernier morceau qu'il composa ? — 6. Quel est le meilleur opéra de Mozart ? — 7. Citez les noms de ses principaux opéras ? — 8. A quel âge mourut Mozart ?

231ᵉ Exercice

| Ma chère fille,

| Je viens d'apprendre... avec un vif plaisir | que tu as horreur... du mensonge, | et que tu préfères... dire la vérité, | même... lorsqu'il peut | en résulter... pour toi | des ennuis... et des désagréments. | Tu avais cueilli... une rose | dans le jardin réservé... de la Directrice, | tu as franchement avoué... ta faute, | et tu as... subi... avec résignation | la punition... que tu méritais. | Je suis si heureuse... de ta franchise, | ma chère fillette, | que je ne veux pas... te gronder | au sujet... de ta petite incartade. | On peut pardonner... à un enfant... une étourderie ; | mais... on ne lui pardonne... jamais... le mensonge, | qui est bien... la chose... la plus honteuse... du monde.

| Un proverbe persan... dit | qu'il vaut mieux... être mis... dans les fers, | pour avoir dit... la vérité, | que... de s'en tirer... à la faveur... du mensonge.

| Il ne faut... jamais mentir, | même... en manière... de plaisanterie : | car... on en contracte... la funeste habitude. | Quiconque... est surpris | à mentir... une seule fois | n'est plus... jamais cru.

| Te souviens-tu,... ma chère Marie, | de cette fable | dans laquelle... on raconte | qu'un petit berger... criait,... de temps en temps : | *au loup !... au loup !* | seulement... pour faire courir... ses camarades | et les railler... ensuite. | Il arriva... un jour | que le loup... vint réellement. | Notre mauvais farceur | répéta... son cri habituel ; | mais,... comme on croyait | à une nouvelle plaisanterie, | personne... ne vint... à son aide.

| Ta maîtresse | a été... indulgente... pour toi, | en faveur... de ta sincérité. | Sache le comprendre, | et continue... à toujours dire... la vérité.

| Pense un peu... à ton père... et à ta mère | qui t'embrassent... bien fort. | Nous sommes... toujours... tout à toi. | Ta Mère.

232ᵉ Exercice, même sujet.

MA CHÈRE FILLE,

Je viens d'apprendre avec un vif plaisir que tu as horreur du mensonge, et que tu préfères dire la vérité, même lorsqu'il peut en résulter pour toi des ennuis et des désagréments. Tu avais cueilli une rose dans le jardin réservé de la Directrice, tu as franchement avoué ta faute, et tu as subi avec résignation la punition que tu méritais. Je suis si heureuse de ta franchise, ma chère fillette, que je ne veux pas te gronder au sujet de ta petite incartade. On peut pardonner à un enfant une étourderie ; mais on ne lui pardonne jamais le mensonge, qui est bien la chose la plus honteuse du monde.

Un proverbe persan dit qu'il vaut mieux être mis dans les fers, pour avoir dit la vérité, que de s'en tirer à la faveur du mensonge.

Il ne faut jamais mentir, même en manière de plaisanterie : car on en contracte la funeste habitude. Quiconque est surpris à mentir une seule fois n'est plus jamais cru.

Te souviens-tu, ma chère Marie, de cette fable dans laquelle on raconte qu'un petit berger criait, de temps en temps : *au loup ! au loup !* seulement pour faire courir ses camarades et les railler ensuite. Il arriva un jour que le loup vint réellement. Notre mauvais farceur répéta son cri habituel ; mais, comme on croyait à une nouvelle plaisanterie, personne ne vint à son aide.

Ta maîtresse a été indulgente pour toi, en faveur de ta sincérité. Sache le comprendre, et continue à toujours dire la vérité.

Pense un peu à ton père et à ta mère, qui t'embrassent bien fort. Nous sommes toujours tout à toi.

TA MÈRE.

QUESTIONNAIRE

1. Que vient d'apprendre la mère avec un vif plaisir ? — 2. Qu'avait fait la petite fille ? — 3. A-t-elle avoué sa faute ? — 4. Pourquoi la mère ne veut-elle pas gronder sa fille ? — 5. Que peut-on pardonner à un enfant ? — 6. Peut-on lui pardonner le mensonge ? — 7. Qu'est-ce que le mensonge ? — 8. Est-il permis de mentir même en plaisantant ? — 9. Qu'est-il arrivé au petit berger menteur ? — 10. Pourquoi la maîtresse a-t-elle été indulgente ?

233ᵉ Exercice

| LES VOLCANS.

| On peut considérer... les volcans | comme des soupiraux | par lesquels... le globe se débarrasse... et rejette au dehors | une partie des matières... en fusion... dans sa masse interne. | Beaucoup de volcans,... répandus... sur la terre, | sont aujourd'hui éteints. | On en compte encore... cent soixante-trois... en activité, | dans les diverses parties... du globe terrestre, | et principalement | dans les îles... de l'Océanie. | Parmi les plus célèbres, | il faut citer... le *Vésuve*, en Italie ; | l'*Etna*, en Sicile ; | le *Mont Hécla*, en Islande ; | le *Stromboli*,... dans l'île de ce nom ; | et le *Cotopaxi*,... au Mexique.

| Les signes précurseurs... d'une éruption | sont les fumées ou vapeurs... qui s'échappent du cratère, | des bruits souterrains, | des tremblements de terre... plus ou moins légers,... et le trouble des eaux. | Lorsque l'éruption... se produit, | le volcan... lance dans les airs | des masses de fumée,... des flammes et des cendres ; | le cratère vomit... des torrents de lave... liquide et brûlante. | La lave coule... avec lenteur, | brûle et renverse... tout ce qui lui fait obstacle. | Il y a des *coulées*... qui parcourent, dit-on, | trente-deux kilomètres... en un seul jour. | D'autres coulées | mettent des années entières... à parcourir... le même espace. | Parfois le volcan... vomit de la boue. | La force intérieure... qui soulève les laves... au bord du cratère | est vraiment prodigieuse. | Il existe aussi... des volcans sous-marins, | et l'on a vu des fumées... sortir du sein des eaux.

234° Exercice, même sujet.

LES VOLCANS

On peut considérer les volcans comme des soupiraux par lesquels le globe se débarrasse et rejette au dehors une partie des matières en fusion dans sa masse interne. Beaucoup de volcans, répandus sur la terre, sont aujourd'hui éteints. On en compte encore cent soixante-trois en activité, dans les diverses parties du globe terrestre, et principalement dans les îles de l'Océanie. Parmi les plus célèbres, il faut citer le *Vésuve*, en Italie ; l'*Etna*, en Sicile ; le *Mont Hécla*, en Islande ; le *Stromboli*, dans l'île de ce nom ; et le *Cotopaxi*, au Mexique.

Les signes précurseurs d'une éruption sont les fumées ou vapeurs qui s'échappent du cratère, des bruits souterrains, des tremblements de terre plus ou moins légers et le trouble des eaux. Lorsque l'éruption se produit, le volcan lance dans les airs des masses de fumée, des flammes et des cendres ; le cratère vomit des torrents de lave liquide et brûlante. La lave coule avec lenteur, brûle et renverse tout ce qui lui fait obstacle. Il y a des *coulées* qui parcourent, dit-on, trente-deux kilomètres en un seul jour. D'autres coulées mettent des années entières à parcourir le même espace. Parfois le volcan vomit de la boue. La force intérieure qui soulève les laves au bord du cratère est vraiment prodigieuse. Il existe aussi des volcans sous-marins, et l'on a vu des fumées sortir du sein des eaux.

QUÉSTIONNAIRE

1. Comment peut-on considérer les volcans ? — 2. Combien compte-t-on encore de volcans en activité à la surface du globe ? — 3. Quels sont les principaux volcans ? — 4. Quels sont les signes précurseurs d'une éruption volcanique ? — 5. Qu'arrive-t-il lorsque l'éruption se produit ? — 6. Quelles matières vomissent habituellement les volcans ? — 7. Y a-t-il des volcans sous-marins ?

235ᵉ Exercice

| LE BERCEAU ET LA TOMBE.

| Hirondelle,... qui,... chaque année, | quand avril chasse les frimas, | par le souvenir ramenée,... regagne les mêmes climats, | accours... près d'une mère heureuse ; | vois mon enfant :... comme il est beau ! | suspends ta course aventureuse,... voltige... autour de son berceau.

| Approche,... aimable messagère,... qui nous présage les beaux jours ; | frôle... de ton aile légère... le nid... où dorment mes amours !

| Hirondelle,... viens au plus vite ; | voilà de quoi garnir ton nid. | Depuis ta dernière visite,... vois : | mon bel ange a bien grandi. | En caressant sa tête blonde,... souvent... je songe avec effroi | qu'un jour,... peut-être,... par le monde,... il voyagera comme toi.

| Approche,... aimable messagère,... qui nous présage les beaux jours ; | frôle... de ton aile légère... le nid... où dorment mes amours !

| Après la saison rigoureuse,... ainsi qu'un hôte familier, | l'hirondelle revint... joyeuse... vers le logis hospitalier. | A la fenêtre accoutumée... longtemps... elle voltige encor. | Mais la maison reste fermée : | vers les cieux... l'ange a pris l'essor.

| Arrête,... aimable messagère,... qui nous présage les beaux jours ; | frôle... de ton aile légère... la tombe... où dorment mes amours !

236ᵉ Exercice, même sujet.

LE BERCEAU ET LA TOMBE.

Hirondelle, qui, chaque année,
Quand avril chasse les frimas,
Par le souvenir ramenée,
Regagne les mêmes climats,
Accours près d'une mère heureuse ;
Vois mon enfant : comme il est beau !
Suspends ta course aventureuse,
Voltige autour de son berceau.

Approche, aimable messagère,
Qui nous présage les beaux jours ;
Frôle de ton aile légère
Le nid où dorment mes amours !

Hirondelle, viens au plus vite ;
Voilà de quoi garnir ton nid.
Depuis ta dernière visite,
Vois : mon bel ange a bien grandi.
En caressant sa tête blonde,
Souvent je songe avec effroi
Qu'un jour, peut-être, par le monde,
Il voyagera comme toi.

Après la saison rigoureuse,
Ainsi qu'un hôte familier,
L'hirondelle revint joyeuse
Vers le logis hospitalier.
A la fenêtre accoutumée
Longtemps elle voltige encor.
Mais la maison reste fermée :
Vers les cieux l'ange a pris l'essor.

QUESTIONNAIRE

1. Par quoi l'hirondelle est-elle ramenée chaque année ? — 2. A quel moment revient-elle ? — 3. Que dit la mère à l'hirondelle ? — 4. De quel nom la mère appelle-t-elle l'hirondelle ? — 5. Que présage l'hirondelle ? — 6. Que donne la mère à l'hirondelle ? — 7. A quoi songe la mère en caressant la blonde tête de son enfant ? — 8. Où revint l'hirondelle ? — 9. Dans quel état se trouvait la maison ? — 10. Pourquoi la maison était-elle fermée ?

237e Exercice

| LE VÉSUVE.

| Le mont Vésuve | est un volcan... qui est situé... tout près de Naples. | Ses éruptions... sont très célèbres... dans l'histoire. | Sous l'empereur Titus, | en l'an soixante-dix-neuf... après Jésus-Christ, | le volcan fit disparaître,... sous la lave et la cendre, | *Herculanum* et *Pompéi*. | Pline l'ancien,... fameux naturaliste, | trouva la mort... en voulant observer... le redoutable phénomène. | Le Vésuve | se reposa... jusqu'en mil cent trente-neuf, | époque à laquelle... il fit encore... de nombreux ravages; | puis il resta tranquille... pendant près de cinq siècles. | Les pauvres habitants... de ces beaux pays, | croyant à l'épuisement... de la matière ignée... dans les flancs du Vésuve, | commencèrent à planter... autour de la montagne ; | mais ils furent déçus... dans leurs espérances. | En mil six cent trente et un, | nouvelle éruption,... qui fit, dit-on, périr... quatre mille personnes.

| En mil sept cent cinquante-sept, | une nouvelle bouche... s'ouvrit dans la montagne | et vomit des torrents... de cendres et de lave. | Dans les pays situés... non loin du volcan, | la couche de cendres... avait une épaisseur... de près de trois mètres. | Trente-sept ans plus tard, | une coulée de lave... couvrit de sa nappe de feu... *Torre del Greco,* | ville de dix mille âmes. | L'éruption la plus terrible | qui ait eu lieu de nos jours | est celle de l'année... mil huit cent cinquante-cinq ; | la grande vallée de *Vetrona* | fut entièrement comblée... par la lave incandescente. | Une autre éruption,... en mil huit cent cinquante-huit, | dura deux ans. | La dernière de toutes | est celle de l'année... mil huit cent soixante-un.

238ᵉ Exercice, même sujet.

LE VÉSUVE.

Le mont Vésuve est un volcan qui est situé tout près de Naples. Ses éruptions sont très célèbres dans l'histoire. Sous l'empereur Titus, en l'an soixante-dix-neuf après Jésus-Christ, le volcan fit disparaître, sous la lave et la cendre, *Herculanum* et *Pompéi.* Pline l'ancien, fameux naturaliste, trouva la mort en voulant observer le redoutable phénomène. Le Vésuve se reposa jusqu'en mil cent trente-neuf, époque à laquelle il fit encore de nombreux ravages ; puis il resta tranquille pendant près de cinq siècles. Les pauvres habitants de ces beaux pays, croyant à l'épuisement de la matière ignée dans les flancs du Vésuve, commencèrent à planter autour de la montagne ; mais ils furent déçus dans leurs espérances. En mil six cent trente et un, nouvelle éruption, qui fit, dit-on, périr quatre mille personnes.

En mil sept cent cinquante-sept, une autre bouche s'ouvrit dans la montagne et vomit des torrents de cendres et de lave. Dans les pays situés non loin du volcan, la couche de cendres avait une épaisseur de près de trois mètres. Trente-sept ans plus tard, une couche de lave couvrait de sa nappe de feu *Torre del Greco,* ville de dix mille âmes. L'éruption la plus terrible qui ait eu lieu de nos jours est celle de l'année mil huit cent cinquante-cinq ; la grande vallée de *Vetrona* fut entièrement comblée par la lave incandescente. Une autre éruption, en mil huit cent cinquante-huit, dura deux ans. La dernière de toutes, est celle de l'année mil huit cent soixante-un.

QUESTIONNAIRE

1. Où est situé le mont Vésuve ? — 2. En quelle année eut lieu la première éruption connue dans l'histoire ? — 3. Quelles villes furent englouties ? — 4. Combien se reposa-t-il de temps après l'éruption de 1139 ? — 5. Combien l'éruption de 1631 fit-elle périr de personnes ? — 6. Racontez l'éruption de 1757 ? — 7. A quelle époque fut engloutie la ville de Torre del Greco ? — 8. Quelle est l'éruption la plus terrible qui ait eu lieu de nos jours ?

239° Exercice

| Mon cher fils,

| Tu me demandes... si tu peux... aller aux bains froids | avec les camarades... de ta pension. | Je suis enchanté... de cette idée | et je t'accorde... volontiers | la permission... d'aller... trois fois par semaine | te plonger... dans la rivière. | Les bains froids... ont... le double avantage | d'être excellents... pour la santé | et d'aguerrir... les enfants.

| Je t'engage... surtout | à apprendre... à nager. | C'est... un exercice | qui,... une fois su, | ne s'oublie jamais. | Quand tu sauras nager, | ta mère et moi... nous serons... plus tranquilles. | Si tu veux... un modèle, | tu n'as... qu'à imiter... la grenouille. | C'est... sans contredit... l'un des animaux... qui nagent le mieux, | et l'homme... qui nage | se comporte... exactement | dans ses mouvements | comme ce petit batracien.

| Les Grecs... et les Romains | faisaient... grand cas | de la natation, | qu'ils mettaient... au rang | des exercices essentiels... de la gymnastique. | L'historien Suétone, | après avoir... énuméré | les connaissances variées... que l'empereur... Caligula | prétendait posséder, | lui reproche... amèrement | de ne point savoir nager. | Au reste,... mon ami, | la natation... permet | à ceux qui la pratiquent | d'aller en barque,... à la pêche, | de se livrer... aux agréments du canotage, | et de sauver... au besoin... leur semblable. | Tu sais que ta mère | t'a expressément défendu | d'aller seul... au bord de l'eau. | Elle a raison... en ce moment. | Mais,... dès que tu sauras... nager, | je suis certain... qu'elle te laissera... sans crainte | te livrer... à tes plaisirs aquatiques.

| Adieu,... cher enfant. | Amuse-toi. | J'espère... l'année prochaine | te faire cadeau... d'une barque | et d'une belle paire... d'avirons. | Nous t'embrassons,... ta mère et moi, | avec la plus vive tendresse.

| Ton Père.

240ᵉ Exercice, même sujet.

MON CHER FILS,

Tu me demandes si tu peux aller aux bains froids avec les camarades de ta pension. Je suis enchanté de cette idée et je t'accorde volontiers la permission d'aller trois fois par semaine te plonger dans la rivière. Les bains froids ont le double avantage d'être excellents pour la santé et d'aguerrir les enfants.

Je t'engage surtout à apprendre à nager. C'est un exercice qui, une fois su, ne s'oublie jamais. Quand tu sauras nager, ta mère et moi nous serons plus tranquilles. Si tu veux un modèle, tu n'as qu'à imiter la grenouille. C'est sans contredit l'un des animaux qui nagent le mieux, et l'homme qui nage se comporte exactement dans ses mouvements comme ce petit batracien.

Les Grecs et les Romains faisaient grand cas de la natation, qu'ils mettaient au rang des exercices essentiels de la gymnastique. L'historien Suétone, après avoir énuméré les connaissances variées que l'empereur Caligula prétendait posséder, lui reproche amèrement de ne point savoir nager. Au reste, mon ami, la natation permet à ceux qui la pratiquent d'aller en barque, à la pêche ; de se livrer aux agréments du canotage, et de sauver au besoin leur semblable. Tu sais que ta mère t'a expressément défendu d'aller seul au bord de l'eau. Elle a raison en ce moment. Mais, dès que tu sauras nager, je suis certain qu'elle te laissera sans crainte te livrer à tes plaisirs aquatiques.

Adieu, cher enfant. Amuse-toi. J'espère l'année prochaine te faire cadeau d'une barque et d'une belle paire d'avirons. Nous t'embrassons, ta mère et moi, avec la plus vive tendresse.

TON PÈRE.

QUESTIONNAIRE

1. Quelle demande le fils adresse-t-il à son père ? — 2. Que répond le père ? — 3. Quel conseil donne-t-il à l'enfant ? — 4. Quel modèle l'engage-t-il à imiter pour la natation ? — 5. Pourquoi ? — 6. Quelle était l'opinion des Grecs et des Romains au sujet de la natation ? — 7. Que dit l'historien Suétone ? — 8. Pourquoi doit-on apprendre à nager ? — 9. Quelle défense la mère a-t-elle fait à son fils ? — 10. Quel cadeau le père espère-t-il faire à son fils l'année prochaine ?

241° Exercice

| ANDRÉ VÉSALE.

— Il existe une gravure | qui représente... un homme du seizième siècle, | au visage grave et sévère,... méditant devant un cadavre : | la connaissez-vous?

— Oui,... je me souviens... de l'avoir vue souvent | aux étalages... des marchands.

— C'est André Vésale, | né à Bruxelles,... en mil cinq cent quatorze.

— En quoi... est-il célèbre?

— C'est le créateur... de l'anatomie moderne. | Jeune encore, | il professa avec éclat,... à Pavie et à Bologne.

— Pour étudier l'anatomie, | ne faut-il pas... disséquer des cadavres?

— En effet; | mais, du temps... où vivait... André Vésale, | la dissection anatomique | était considérée... comme un sacrilége.

— En vérité !

— Ses ennemis l'accusèrent | d'avoir fait l'autopsie... d'un gentilhomme... encore vivant.

— Que lui arriva-t-il?

— Il fut poursuivi... par l'Inquisition.

— Comment put-il échapper... aux flammes du bûcher?

— Par la protection... de Philippe II,... roi d'Espagne, | dont il était le médecin.

— Que devint-il alors?

— On lui imposa,... pour pénitence... de son prétendu crime, | un pélerinage... à Jérusalem.

— Y alla-t-il?

— Sans doute ; | mais, au retour... de ce long voyage, | André Vésale... essuya, dans la mer Ionienne, | une tempête horrible... qui brisa son navire.

— Fut-il englouti... dans les flots?

— Non. Mais son sort... fut encore plus triste. | Jeté sur la plage... de l'île de Zante,... alors déserte et nue, | il y périt... de misère et de faim.

242° Exercice, même série.

ANDRÉ VÉSALE

— Il existe une gravure qui représente un homme du seizième siècle, au visage grave et sévère, méditant devant un cadavre : la connaissez-vous?

— Oui, je me souviens de l'avoir vue souvent aux étalages des marchands.

— C'est André Vésale, né à Bruxelles, en mil cinq cent quatorze.

— En quoi est-il célèbre?

— C'est le créateur de l'anatomie moderne. Jeune encore, il professa avec éclat, à Pavie et à Bologne.

— Pour étudier l'anatomie, ne faut-il pas disséquer des cadavres?

— En effet; mais, du temps où vivait André Vésale, la dissection anatomique était considérée comme un sacrilége.

— En vérité !

— Ses ennemis l'accusèrent d'avoir fait l'autopsie d'un gentilhomme encore vivant.

— Que lui arriva-t-il?

— Il fut poursuivi par l'Inquisition.

— Comment put-il échapper aux flammes du bûcher?

— Par la protection de Philippe II, roi d'Espagne, dont il était le médecin.

— Que devint-il alors?

— On lui imposa, pour pénitence de son prétendu crime, un pélerinage à Jérusalem.

— Y alla-t-il?

— Sans doute; mais, au retour de ce long voyage, André Vésale essuya, dans la mer Ionienne, une tempête horrible qui brisa son navire.

— Fut-il englouti dans les flots?

— Non. Mais son sort fut encore plus triste. Jeté sur la plage de l'île de Zante, alors déserte et nue, il y périt de misère et de faim.

QUESTIONNAIRE

1. Quelle profession exerçait André Vésale ? — 2. Où naquit-il? — 3. En quelle année? — 4. En quoi consiste la gloire d'André Vésale ? — 5. De quel crime fut-il accusé par l'Inquisition? — 6. Où mourut André Vésale ?

243ᵉ Exercice

| MA CHÈRE FILLE,

| Je te le dis... et te le répèterai... sans cesse : | sois aimable ; | c'est-à-dire,... montre-toi toujours | douce,... affectueuse,... complaisante ; | en un mot, | fais-toi aimer... de ceux qui t'entourent. | La beauté... et l'esprit | sont sans doute... des dons... d'un grand prix ; | mais... sans l'amabilité | ces qualités... si précieuses | perdent... toute leur valeur... et leur éclat.

| Guillaume III,... roi d'Angleterre, | était un homme froid,... dur, | austère... et d'un abord... déplaisant. | La reine... Marie,... sa femme, | était,... au contraire, douée... d'une amabilité | qui lui gagnait... tous les cœurs. | Les historiens... s'accordent... à dire | que ce fut elle | qui parvint... à rendre... supportable,... aux Anglais, | le règne... de son époux. | L'amabilité... de la reine | fut donc... l'appui... le plus solide | de ce trône | élevé... au milieu... d'une révolution | et... d'une guerre civile.

| Mais,... me demanderas-tu... peut-être, | qu'est-ce... au juste... que l'amabilité ? | A cela... je te répondrai | que l'amabilité | est... cet ensemble | de qualités morales... qui pénètre... et attire. | Le contraire... de l'amabilité | est... la maussaderie. | Une petite fille maussade | est... toujours grognon. | Rien... ne lui plaît. | Elle est... d'un avis... opposé | à celui des autres, | et,... si on ne fait pas | ce qu'elle désire, | elle boude,... pleure... ou trépigne. | Une petite fille aimable | s'empresse... d'obéir... à ses parents | ou... à ses maîtresses, | se met... toujours | à la disposition... de ses jeunes amies, | et conserve... son sourire... et sa bonne humeur, | même... quand on ne fait pas... ses volontés.

| Pour être aimable,... il faut avoir... un bon cœur ; | et ce n'est... certes pas,... Dieu merci, | ce trésor... qui te manquera.

| Adieu,... chérie, | ton père et moi,... nous t'embrassons... sur les deux joues. | TA MÈRE.

244ᵉ Exercice, même sujet.

MA CHÈRE FILLE,

Je te le dis et te le répéterai sans cesse : sois aimable; c'est-à-dire, montre-toi toujours douce, affectueuse, complaisante; en un mot, fais-toi aimer de ceux qui t'entourent. La beauté et l'esprit sont sans doute des dons d'un grand prix; mais sans l'amabilité ces qualités si précieuses perdent toute leur valeur et leur éclat.

Guillaume III, roi d'Angleterre, était un homme froid, dur, austère et d'un abord déplaisant. La reine Marie, sa femme, était, au contraire, douée d'une amabilité qui lui gagnait tous les cœurs. Les historiens s'accordent à dire que ce fut elle qui parvint à rendre supportable aux Anglais le règne de son époux. L'amabilité de la reine fut donc l'appui le plus solide de ce trône élevé au milieu d'une révolution et d'une guerre civile.

Mais, me demanderas-tu peut-être, qu'est-ce au juste que l'amabilité ? A cela je te répondrai que l'amabilité est cet ensemble de qualités morales qui pénètre et attire. Le contraire de l'amabilité est la maussaderie. Une petite fille maussade est toujours grognon. Rien ne lui plaît. Elle est d'un avis opposé à celui des autres, et, si on ne fait pas ce qu'elle désire, elle boude, pleure ou trépigne. Une petite fille aimable s'empresse d'obéir à ses parents ou à ses maîtresses, se met toujours à la disposition de ses jeunes amies, et conserve son sourire et sa bonne humeur même quand on ne fait pas ses volontés.

Pour être aimable, il faut avoir un bon cœur; et ce n'est certes pas, Dieu merci, ce trésor qui te manquera.

Adieu, chérie, ton père et moi, nous t'embrassons sur les deux joues. 			TA MÈRE.

QUESTIONNAIRE

1. Quelle recommandation fait la mère à sa fille ? — 2. Sans l'amabilité que deviennent les qualités les plus précieuses ? — 3. Parlez-nous du roi d'Angleterre Guillaume III et de sa femme la reine Marie ? — 4. Définissez ce qu'on entend par amabilité ? — 5. Quel est le contraire de l'amabilité ? — 6. Quelle différence y a-t-il entre une petite fille maussade et une petite fille aimable ? — 7. Que faut-il avoir pour être aimable ?

245ᵉ Exercice

TEMPÉRATURE DU GLOBE.

On est parvenu... à constater | le degré de tempé-
rature | des divers points... du globe terrestre. | La
même température | ne règne pas... également... sous
la même latitude ; | c'est-à-dire... que la plus grande
chaleur | ne règne pas... précisément... à l'*équateur* ; |
de même que les pôles | n'indiquent pas... les plus
grands froids. | Il fait plus chaud,... à latitude égale, |
en Afrique et en Europe | qu'en Asie et en Amérique. |
Quant au froid, | on a reconnu deux points... extrêmes : |
l'un au nord... de la Sibérie, | l'autre au nord... de
l'Amérique, | vers le détroit... de Lancaster. | La tem-
pérature... moyenne... de ces deux points | est de dix-
huit degrés... au-dessous de zéro.

La plus grande chaleur... que l'homme... ait jamais
ressentie | a été observée... à Balbeis, en Egypte, | le
vingt et un mai... mil huit cent deux ; | le thermomètre
| marquait... ce jour là | cinquante-cinq degrés... au-
dessus de zéro. | Le froid le plus intense... qu'on ait
constaté | a été relevé... par le capitaine... d'un navire
anglais | dans les mers polaires... de l'Amérique ; | le
thermomètre marquait... cinquante-six degrés... au-
dessous de zéro. | L'homme peut donc supporter... des
différences... de température | plus grandes... que celle
qui existe... entre l'eau bouillante... et la glace fon-
dante. | Vers le centre... des continents, | le froid... ou
la chaleur | sont plus intenses... que sur les mers.

246ᵉ Exercice, même sujet.

TEMPÉRATURE DU GLOBE

On est parvenu à constater le degré de température des divers points du globe terrestre. La même température ne règne pas également sous la même latitude ; c'est-à-dire que la plus grande chaleur ne règne pas précisément à l'*équateur* ; de même que les pôles n'indiquent pas les plus grands froids. Il fait plus chaud, à latitude égale, en Afrique et en Europe qu'en Asie et en Amérique. Quant au froid, on a reconnu deux points extrêmes : l'un au nord de la Sibérie, l'autre au nord de l'Amérique, vers le détroit de Lancaster. La température moyenne de ces deux points est de dix-huit degrés au-dessous de zéro.

La plus grande chaleur que l'homme ait jamais ressentie a été observée à Balbeis, en Égypte, le vingt et un mai mil huit cent deux ; le thermomètre marquait ce jour là cinquante-cinq degrés au-dessus de zéro. Le froid le plus intense qu'on ait constaté a été relevé par le capitaine d'un navire anglais dans les mers polaires de l'Amérique ; le thermomètre marquait cinquante-six degrés au-dessous de zéro. L'homme peut donc supporter des différences de température plus grandes que celle qui existe entre l'eau bouillante et la glace fondante. Vers le centre des continents, le froid ou la chaleur sont plus intenses que sur les mers.

QUESTIONNAIRE

1. La température est-elle la même sur tous les points du globe ? — 2. Où fait-il le plus chaud et le plus froid ? — 3. Quelle est la plus grande chaleur que l'homme ait jamais ressentie ? — 4. A quel degré était le thermomètre ? — 5. Quel est le froid le plus intense qui ait été constaté ? — 6. Quel degré marquait le thermomètre ? — 7. Quelles différences de température l'homme peut-il donc supporter ?

247ᵉ Exercice

| A DEMAIN !

| Avant de m'endormir,... avant que ma paupière... comme un voile léger... se ferme sur mes yeux, | quand la lampe... alentour... jette encor sa lumière,... qui brille sur mon lit... en reflets gracieux ; | près de ce lit moelleux où déjà je repose... en attendant le lendemain , | ma mère, | que ton bras sur mon front blanc se pose, | mets ta main dans ma main !

| Laisse-moi te parler de ma reconnaissance ! | Laisse-moi m'acquitter,... par un tendre retour,... pour ces soins vigilants... que, depuis ma naissance, | invente pour moi... ton amour.

| C'est par toi que j'existe... et par toi que je pense, | tes divines leçons ne peuvent s'épuiser ; | et, lorsque je fais bien,... pour douce récompense,... tu me donnes... un gros baiser.

| Tu m'instruis ; | tu me dis... que je dois à toute heure... adorer le bon Dieu,... mon paternel soutien ; | je sens... qu'en me touchant... ta voix me rend meilleure,... et me fait mieux aimer le bien !

| Dans le calme des sens... quand le sommeil me plonge, | je crois t'entendre encor... avec ta douce voix ; | c'est toi qui me parles en songe, | je te demande et je te vois.

| Tu me prodigues tes tendresses ; | je vois,.. sur mon repos... ton doux regard briller, | et je sens, | au bonheur d'une vive caresse,... que c'est toi qui viens m'éveiller.

| Donc... demain, | quand du jour les clartés vont éclore, | de mes instants... viens m'apprendre l'emploi ; | qu'aux premiers rayons de l'aurore,... mon premier regard... soit pour toi !

248ᵉ Exercice, même sujet.

A DEMAIN!

Avant de m'endormir, avant que ma paupière
Comme un voile léger se ferme sur mes yeux,
Quand la lampe alentour jette encor sa lumière,
Qui brille sur mon lit en reflets gracieux ;

Près de ce lit moelleux où déjà je repose
En attendant le lendemain,
Ma mère, que ton bras sur mon front blanc se pose,
Mets ta main dans ma main !

Laisse-moi te parler de ma reconnaissance !
Laisse-moi m'acquitter, par un tendre retour,
Pour ces soins vigilants que, depuis ma naissance,
Invente pour moi ton amour.

C'est par toi que j'existe et par toi que je pense,
Tes divines leçons ne peuvent s'épuiser ;
Et, lorsque je fais bien, pour douce récompense,
Tu me donnes un gros baiser.

Tu m'instruis ; tu me dis que je dois à toute heure
Adorer le bon Dieu, mon paternel soutien ;
Je sens qu'en me touchant ta voix me rend meilleure,
Et me fait mieux aimer le bien !

Dans le calme des sens quand le sommeil me plonge,
Je crois t'entendre encor avec ta douce voix ;
C'est toi qui me parles en songe ;
Je te demande et je te vois.

Tu me prodigues tes tendresses ;
Je vois sur mon repos ton doux regard briller,
Et je sens, au bonheur d'une vive caresse,
Que c'est toi qui viens m'éveiller.

Donc demain, quand du jour les clartés vont éclore,
De mes instants, viens m'apprendre l'emploi ;
Qu'aux premiers rayons de l'aurore,
Mon premier regard soit pour toi !

QUESTIONNAIRE

1. Que demande l'enfant à sa mère? — 2. Que signifient ces mots: soins vigilants? — 3. Quelle récompense reçoit l'enfant, quand il fait bien? — 4. Que fait l'enfant quand il dort? — 5. Que voit-il veiller sur son repos? — 6. Pour qui sera le premier regard de l'enfant au lever de l'aurore?

249° Exercice

| LES SAISONS.

| L'année... se partage... en quatre saisons : | le printemps,... l'été,... l'automne et l'hiver.

| Le printemps commence... le vingt ou vingt et un mars, | et finit... le vingt et un juin. | C'est la saison... la plus riante de l'année : | les plantes germent | et lancent hors du sol... leurs premières pousses ; | les arbres se couvrent... de bourgeons et de feuilles ; | les insectes bourdonnent dans l'air. | Tout semble renaître... et revivre dans la nature ; | c'est le temps... des semailles.

| L'été commence... le vingt et un juin, | et finit... le vingt-deux septembre. | Le soleil darde sur la terre... ses rayons étincelants : | alors arrivent... les chaleurs étouffantes. | Les fleurs s'étalent aux yeux, | parées de leurs plus vives couleurs, | et répandent... au loin... leurs parfums odorants ; | on fauche... les prairies, | et les moissons dorées... tombent sous la faucille | de l'heureux laboureur ; | les rivières... et les fleuves | invitent à goûter... les plaisirs du bain froid.

| L'automne commence... le vingt-deux septembre | et finit... le vingt et un décembre. | C'est le moment de la vendange : | on foule le vin... dans les cuves écumantes. | La chasse... et la pêche | se partagent les loisirs... des heureux de ce monde ; | le bruit du cor... et les aboiements des chiens | font retentir au loin... les échos des forêts.

| Voici... venir l'hiver. | Les troupeaux... rentrent à l'étable, | les feuilles... jonchent le sol | et les arbres ressemblent... à d'affreux squelettes. | Le froid... se fait sentir ; | il gèle à pierre fendre ; | on allume le feu... dans les habitations. | Au dehors,... la bise hurle et fait rage, | la neige tombe... à gros flocons, | et couvre... d'une nappe blanche... les campagnes désertes. | La nature sommeille ; | c'est le moment | des longues causeries... au coin du foyer.

250ᵉ Exercice, même sujet.

LES SAISONS

L'année se partage en quatre saisons : le printemps, l'été, l'automne et l'hiver.

Le printemps commence le vingt ou vingt et un mars, et finit le vingt et un juin. C'est la saison la plus riante de l'année : les plantes germent et lancent, hors du sol, leurs premières pousses ; les arbres se couvrent de bourgeons et de feuilles ; les insectes bourdonnent dans l'air. Tout semble renaître et revivre dans la nature ; c'est le temps des semailles.

L'été commence le vingt et un juin, et finit le vingt-deux septembre. Le soleil darde sur la terre ses rayons étincelants : alors arrivent les chaleurs étouffantes. Les fleurs s'étalent aux yeux, parées de leurs plus vives couleurs, et répandent, au loin, leurs parfums odorants ; on fauche les prairies, et les moissons dorées tombent sous la faucille de l'heureux laboureur ; les rivières et les fleuves invitent à goûter les plaisirs du bain froid.

L'automne commence le vingt-deux septembre et finit le vingt et un décembre. C'est le moment de la vendange : on foule le vin dans les cuves écumantes. La chasse et la pêche se partagent les loisirs des heureux de ce monde ; le bruit du cor et les aboiements des chiens font retentir au loin les échos des forêts.

Voici venir l'hiver. Les troupeaux rentrent à l'étable, les feuilles jonchent le sol et les arbres ressemblent à d'affreux squelettes. Le froid se fait sentir : il gèle à pierre fendre ; on allume le feu dans les habitations. Au dehors, la bise hurle et fait rage, la neige tombe à gros flocons, et couvre d'une nappe blanche les campagnes désertes. La nature sommeille : c'est le moment des longues causeries au coin du foyer.

QUESTIONNAIRE

1. Comment se partage l'année ? — 2. A quel moment commence et finit le printemps ? — 3. Décrivez le printemps ? — 4. A quel moment commence et finit l'été ? — 5. Que fait-on dans les campagnes pendant l'été ? — 6. A quel moment commence et finit l'automne ? — 7. Quels sont les plaisirs de l'automne ? — 8. A quel moment commence l'hiver ? — 9. Donnez une description de l'hiver ?

251ᵉ Exercice

| Mon cher fils,

| Je pense... que tu as perdu | cette maudite habitude | de railler... tout le monde, | habitude... qui t'a déjà valu... à la maison | une foule... de désagréments. | Je me souviens encore... de ce petit jardinier | qui parlait difficilement... et avec effort, | et que tu appelais... *le bègue* | en te moquant... de lui. | Tu riais... de ses contorsions | au lieu... de le plaindre, | ainsi... que tu aurais dû le faire. | Aussi... qu'arriva-t-il? | Le pauvre garçon,... poussé à bout, | se jeta sur toi | et t'administra... la plus belle correction | que jamais enfant... ait reçue. | Naturellement,... je le réprimandai ; | mais les torts... étaient... de ton côté.

| Ta mémoire...doit... te rappeler | les quarante-deux enfants | qui furent dévorés... par des ours, | pour avoir insulté | le prophète Elisée, | en l'appelant... *tête chauve.* | Guillaume le Conquérant,... roi d'Angleterre, | ne vint-il pas... ravager la France | pour punir Philippe Iᵉʳ, | qui l'avait raillé... sur son embonpoint ?

| La raillerie... part d'un mauvais esprit | ou d'un mauvais cœur. | Il faut être juste... et indulgent | pour tout le monde. | Il n'est... sans doute pas... défendu | de plaisanter... et de rire. | Mais il y a... une grande mesure... à garder : | car tout le monde... n'est pas disposé | à supporter... la raillerie. | Beaucoup de duels,... qui ont eu... de funestes résultats, | ont été la suite... de quelques plaisanteries... de mauvais goût.

| Dans tous les cas, | il n'est... jamais permis | de railler... les infirmités d'autrui.

| Enfin,... une chose... me console : | la vie de collége... est l'apprentissage... de la vie sociale ; | et j'espère... que tes camarades | sauront... te rappeler... à la raison, | dans le cas... où... tu continuerais | à l'oublier. | Nous t'envoyons,... ta mère et moi, | mille baisers affectueux. | Ton Père.

252ᵉ Exercice, même sujet.

MON CHER FILS,

Je pense que tu as perdu cette maudite habitude de railler tout le monde, habitude qui t'a déjà valu à la maison une foule de désagréments. Je me souviens encore de ce petit jardinier qui parlait difficilement et avec effort, et que tu appelais *le bègue* en te moquant de lui. Tu riais de ses contorsions au lieu de le plaindre, ainsi que tu aurais dû le faire. Aussi qu'arriva-t-il? Le pauvre garçon, poussé à bout, se jeta sur toi et t'administra la plus belle correction que jamais enfant ait reçue. Naturellement, je le réprimandai ; mais les torts étaient de ton côté.

Ta mémoire doit te rappeler les quarante-deux enfants qui furent dévorés par des ours, pour avoir insulté le prophète Élisée, en l'appelant *tête chauve*. Guillaume le Conquérant, roi d'Angleterre, ne vint-il pas ravager la France pour punir Philippe Iᵉʳ, qui l'avait raillé sur son embonpoint?

La raillerie part d'un mauvais esprit ou d'un mauvais cœur. Il faut être juste et indulgent pour tout le monde. Il n'est sans doute pas défendu de plaisanter et de rire. Mais il y a une grande mesure à garder : car tout le monde n'est pas disposé à supporter la raillerie. Beaucoup de duels, qui ont eu de funestes résultats, ont été la suite de quelques plaisanteries de mauvais goût.

Dans tous les cas, il n'est jamais permis de railler les infirmités d'autrui.

Enfin, une chose me console : la vie de collége est l'apprentissage de la vie sociale ; et j'espère que tes camarades sauront te rappeler à la raison, dans le cas où tu continuerais à t'oublier. Nous t'envoyons, ta mère et moi, mille baisers affectueux. TON PÈRE.

QUESTIONNAIRE

1. Quelle mauvaise habitude avait l'enfant ? — 2. Que lui a-t-elle valu à la maison ? — 3. De quoi le père se souvient-il ? — 4. Quel épisode biblique l'enfant doit-il se rappeler ? — 5. Pourquoi Guillaume le Conquérant vint-il ravager la France ? — 6. Quelle est la source de la raillerie ? — 7. Comment doit-on se comporter envers tout le monde ? — 8. Est-il défendu de rire et de plaisanter ? — 9. Quels sont souvent les résultats de la raillerie ? — 10. Que doit-on surtout éviter de railler ? — 11. Pourquoi le père se console-t-il ?

253° Exercice

| MOLIÈRE.

— Ce nom de Molière... était-il le sien?

— Non. Il s'appelait... Jean-Baptiste Poquelin

— Quelle était la profession... du père de ce grand homme ?

— Tapissier de la cour... et valet de chambre du roi.

— Où Molière... est-il né ?

— Il est né à Paris,... en mil six cent vingt-deux

— Et où est-il mort ?

— Dans la même ville,... en mil six cent soixante-treize, | en finissant de jouer... le *Malade imaginaire.*

— Quelles études... fit-il ?

— Il suivit tardivement,... mais avec succès, | les cours d'un collége de Paris.

— Qui donna naissance... à sa vocation théâtrale?

— Son grand-père lui-même, | en le conduisant... souvent au théâtre | pour le récompenser... de son travail d'écolier.

— Comment débuta-t-il... dans la carrière de l'art?

— En parcourant... la province, | où il jouait lui-même... ses propres pièces | sous le sobriquet de Molière, | nom d'un comédien... oublié de nos jours.

— Resta-t-il longtemps... en province ?

— Quelques années seulement. | Il revint...à Paris,... en mil six cent cinquante-huit,... et s'y fixa tout-à-fait.

— Quelles sont les œuvres principales... de cet illustre auteur ?

— On en compte une trentaine, | parmi lesquelles on doit citer: | l'*Avare*, le *Misanthrope*,... *Tartufe*, les *Femmes savantes*... et le *Bourgeois gentilhomme.*

— Quelles sont les qualités... qui distinguent Molière ?

— Un comique de bon aloi,... la finesse des aperçus,... l'observation des caractères, | un style admirable... et toujours soutenu, | qui le placent... au premier rang | des écrivains... du xviie siècle.

254° Exercice, même sujet.

MOLIÈRE

— Ce nom de Molière était-il le sien ?

— Non. Il s'appelait Jean-Baptiste Poquelin.

— Quelle était la profession du père de ce grand homme ?

— Tapissier de la cour et valet de chambre du roi.

— Où Molière est-il né ?

— Il est né à Paris, en mil six cent vingt-deux.

— Et où est-il mort ?

— Dans la même ville, en mil six cent soixante-treize, en finissant de jouer le *Malade imaginaire*.

— Quelles études fit-il ?

— Il suivit tardivement, mais avec succès, les cours d'un collège de Paris.

— Qui donna naissance à sa vocation théâtrale ?

— Son grand-père lui-même, en le conduisant souvent au théâtre pour le récompenser de son travail d'écolier.

— Comment débuta-t-il dans la carrière de l'art ?

— En parcourant la province, où il jouait lui-même ses propres pièces sous le sobriquet de Molière, nom d'un comédien oublié de nos jours.

— Resta-t-il longtemps en province ?

— Quelques années seulement. Il revint à Paris, en mil six cent cinquante-huit, et s'y fixa tout-à-fait.

— Quelles sont les œuvres principales de cet illustre auteur ?

— On en compte une trentaine, parmi lesquelles on doit citer : l'*Avare*, le *Misanthrope*, *Tartufe*, les *Femmes savantes* et le *Bourgeois gentilhomme*.

— Quelles sont les qualités qui distinguent Molière ?

— Un comique de bon aloi, la finesse des aperçus, l'observation des caractères, un style admirable et toujours soutenu, qui le placent au premier rang des écrivains du XVII° siècle.

QUESTIONNAIRE

1. Dans quel siècle est né Molière et en quelle année? — 2. De qui était-il fils? — 3. Quel était son véritable nom? — 4. Où fit il ses études? — 5. Comment lui vint l'amour du théâtre? — 6. Où exerça-t-il son art ? — 7. Citez quelques-unes de ses principales pièces. — 8. Par quelles qualités se distinguent les œuvres de Molière ? — 9. Où et comment mourut Molière ?

255ᵉ Exercice

| MA CHÈRE FILLE,

| Je viens de recevoir... le bulletin de ta maîtresse de pension. | On me dit... que **tu** travailles | et que tu te conduis convenablement, | et cela me rend bien heureuse. | Mais ta maîtresse... ajoute | que tu as un goût trop prononcé... pour la parure, | et que tu passes... plus de temps... qu'il n'en faudrait | à te regarder dans ton miroir. | Je t'avoue que cette note... me cause une certaine appréhension... pour l'avenir. | Une petite fille... sans cesse occupée... de ses vêtements, | de sa coiffure... et de sa toilette, | est un être ridicule... et dont tout le monde se moque. | Que tu sois propre,... soigneuse ; | que tu évites... de tacher tes robes | et de salir tes chaussures... dans la boue, | rien de mieux... assurément. | Mais... mettre la parure au-dessus de tout, | et passer des heures entières... à se contempler dans un miroir, | c'est le fait de la sottise... et de l'orgueil. | Sache-le bien,... ma chère fille, | la beauté du corps... passe comme une ombre | et se flétrit avec les années ; | mais la beauté de l'âme... est inaltérable | et dure... jusqu'à la fin de la vie. | C'est cette beauté-là,... ô mon enfant bien-aimée, | que tu dois acquérir... en t'appliquant... chaque jour | à te corriger... de tes défauts, | et en demandant à Dieu,... dans tes prières, | de te faire la grâce... de persister dans tes bonnes résolutions.

| Efforce-toi donc,... ma chère enfant, | d'être une fille... bonne,... simple,... attachée à tes devoirs ; | point bavarde,... point médisante ; | obéissante... envers ceux qui te dispensent les bienfaits de l'éducation, | affectueuse... envers tes jeunes compagnes, | et tu seras toujours... assez parée.

TON PÈRE ET TA MÈRE, qui t'aiment tendrement..

256° Exercice, même sujet.

MA CHÈRE FILLE,

Je viens de recevoir le bulletin de ta maîtresse de pension. On me dit que tu travailles et que tu te conduis convenablement, et cela me rend bien heureuse. Mais ta maîtresse ajoute que tu as un goût trop prononcé pour la parure, et que tu passes plus de temps qu'il n'en faudrait à te regarder dans ton miroir. Je t'avoue que cette note me cause une certaine appréhension pour l'avenir. Une petite fille sans cesse occupée de ses vêtements, de sa coiffure et de sa toilette, est un être ridicule et dont tout le monde se moque. Que tu sois propre, soigneuse ; que tu évites de tacher tes robes et de salir tes chaussures dans la boue, rien de mieux assurément. Mais mettre la parure au-dessus de tout, et passer des heures entières à se contempler dans un miroir, c'est le fait de la sottise et de l'orgueil. Sache-le bien, ma chère fille, la beauté du corps passe comme une ombre et se flétrit avec les années ; mais la beauté de l'âme est inaltérable et dure jusqu'à la fin de la vie. C'est cette beauté-là, ô mon enfant bien-aimée, que tu dois acquérir en t'appliquant chaque jour à te corriger de tes défauts et en demandant à Dieu, dans tes prières, de te faire la grâce de persister dans tes bonnes résolutions.

Efforce-toi donc, ma chère enfant, d'être une fille bonne, simple, attachée à tes devoirs ; point bavarde, point médisante ; obéissante envers ceux qui te dispensent les bienfaits de l'éducation, affectueuse envers tes jeunes compagnes, et tu seras toujours assez parée.

TON PÈRE ET TA MÈRE, qui t'aiment tendrement.

QUESTIONNAIRE

1. Qu'a reçu la mère de la petite fille ? — 2. Que dit-on dans le bulletin de la pension ? — 3. A quoi la petite fille passe-t-elle plus de temps qu'il n'en faudrait ? — 4. Qu'est-ce qu'une petite fille sans cesse occupée de sa parure ? — 5. Quelles qualités doit avoir la petite fille ? — 6. Quel est le fait de la sottise et de l'orgueil ? — 7. Quelle différence y a-t-il entre la beauté du corps et la beauté de l'âme ? — 8. Comment peut-on acquérir la beauté de l'âme ? — 9. De quelle manière la petite fille sera-t-elle toujours assez parée ?

257° Exercice

| LE CALENDRIER.

| Le temps est immuable. | Il reste... et nous passons. | Un corps qui se meut... régulièrement | emploiera un espace... de temps déterminé | à se porter d'un point... vers un autre point. | Le mouvement de ce corps... pourra donc servir... à mesurer le temps. | Ainsi les mouvements... de la terre et de la lune | ont fourni les notions... de la mesure du temps, | et l'astronomie | a donné naissance... au calendrier. | La terre emploie... trois cent soixante-cinq jours, | cinq heures, quarante-neuf minutes, | à faire sa révolution... autour du soleil. | Cette période | a déterminé la durée... que l'on nomme une année.

| Dans le dernier siècle... avant l'ère chrétienne, | Jules César... ordonna la réforme... du calendrier romain. | Il donna donc... trois cent soixante-six jours | à une année, sur quatre,... qu'on appela bissextile. | Mais l'année Julienne | était de onze minutes... plus longue | que l'année véritable. | Cette différence,... peu sensible d'abord, | amena des erreurs... avec les siècles suivants. | Le pape Grégoire XIII | opéra la réforme... qui subsiste aujourd'hui | en supprimant,... pour l'avenir, | trois années bissextiles... en quatre siècles. | On publia donc,... dans toute l'Europe, | que dix jours... étaient retranchés,... à l'année courante, | et que le lendemain... du quatre octobre... mil cinq cent soixante-douze | serait le quinze... du même mois.

| L'année civile | commençait jadis... le jour de Pâques. | Un édit royal... du roi Charles IX | la fit commencer... au premier janvier | mil cinq cent soixante-quatorze

258ᵉ Exercice, même sujet.

LE CALENDRIER

Le temps est immuable. Il reste et nous passons. Un corps qui se meut régulièrement emploiera un espace de temps déterminé à se porter d'un point vers un autre point. Le mouvement de ce corps pourra donc servir à mesurer le temps. Ainsi les mouvements de la terre et de la lune ont fourni les notions de la mesure du temps, et l'astronomie a donné naissance au calendrier. La terre emploie trois cent soixante-cinq jours, cinq heures, quarante-neuf minutes, à faire sa révolution autour du soleil. Cette période a déterminé la durée que l'on nomme une année.

Dans le dernier siècle avant l'ère chrétienne, Jules César ordonna la réforme du calendrier romain. Il donna donc trois cent soixante-six jours à une année, sur quatre, qu'on appela bissextile. Mais l'année Julienne était de onze minutes plus longue que l'année véritable. Cette différence, peu sensible d'abord, amena des erreurs avec les siècles suivants. Le pape Grégoire XIII opéra la réforme qui subsiste aujourd'hui en supprimant, pour l'avenir, trois années bissextiles en quatre siècles. On publia donc, dans toute l'Europe, que dix jours étaient retranchés, à l'année courante, et que le lendemain du quatre octobre mil cinq cent soixante-douze serait le quinze du même mois.

L'année civile commençait jadis le jour de Pâques. Un édit royal du roi Charles IX la fit commencer au premier janvier mil cinq cent soixante-quatorze.

QUESTIONNAIRE

1. Comment est-on arrivé à mesurer le temps? — 2. Qui a donné naissance au calendrier? — 3. Comment a-t-on déterminé l'année? — 4. Parlez-nous de la réforme Julienne du calendrier? — 5. Qu'appelle-t-on la réforme Grégorienne? — 6. Comment a-t-on pu arriver à obtenir un calendrier exact? — 7. A quelle époque l'année civile commençait-elle autrefois? — 8. Qui ordonna de la faire commencer au mois de janvier? — 9. En quelle année?

259° Exercice

| JE VEILLE,... PAUVRE MÈRE.

| La nuit vient : | voici l'heure où jadis,... gai,... content, | mon fils... dans ma demeure... arrivait en chantant ; | mais, aujourd'hui que Pierre ne vient plus m'égayer, | je veille,... pauvre mère,... seule... auprès du foyer.

| Si ta longue absence... met la tristesse en mon cœur, | cher fils !... ta présence... me rendrait tout mon bonheur.

| J'ai compté les journées à partir des adieux, | et voilà cinq années... qu'il a quitté ces lieux. | Le Ciel,... à ma tendresse,... le rendra-t-il un jour ? | Espoir de ma vieillesse,... verrai-je ton retour ?

| Si ta longue absence... met la tristesse en mon cœur, | cher fils !... ta présence... me rendrait tout mon bonheur.

| Pourtant... j'espère encore,... et Dieu m'écoutera ; | la Vierge que j'implore... me le ramènera. | On frappe à ma chaumière ! | C'est sa voix que j'entends ! | Oui,... c'est lui ! | voilà Pierre,... attendu si longtemps.

| Si ta longue absence... mit la tristesse en mon cœur, | cher fils !... ta présence... m'a rendu tout mon bonheur.

260ᵉ Exercice, même sujet.

JE VEILLE, PAUVRE MÈRE

La nuit vient : voici l'heure
Où jadis, gai, content,
Mon fils dans ma demeure
Arrivait en chantant ;
Mais, aujourd'hui que Pierre
Ne vient plus m'égayer,
Je veille, pauvre mère,
Seule auprès du foyer.

Si ta longue absence
Met la tristesse en mon cœur,
Cher fils ! ta présence
Me rendrait tout mon bonheur.

J'ai compté les journées
A partir des adieux,
Et voilà cinq années
Qu'il a quitté ces lieux.
Le Ciel, à ma tendresse,
Le rendra-t-il un jour ?
Espoir de ma vieillesse,
Verrai-je ton retour ?

Pourtant j'espère encore,
Et Dieu m'écoutera ;
La Vierge que j'implore
Me le ramènera.
On frappe à ma chaumière !
C'est sa voix que j'entends !
Oui, c'est lui ! voilà Pierre,
Attendu si longtemps.

QUESTIONNAIRE

1. Quelle heure vient de sonner ? — 2. Pourquoi la mère veille-t-elle seule auprès du foyer ? — 3. Qui rendra le bonheur à la mère ? — 4. Depuis combien de temps Pierre a-t-il quitté sa mère ? — 5. A quoi la mère passe-t-elle le temps ? — 6. Qui ramènera l'enfant à sa mère ? — 7. Où frappe-t-on ? — 8. Qu'entend la mère ? — 9. N'est-ce pas Pierre qui revient ?

261° Exercice

| LES FEUX FOLLETS.

| On voit quelquefois,... pendant les orages, | de petites flammes... voltiger et briller... sur les corps métalliques. | Ces feux sont appelés,... en langage vulgaire, | feux de Saint-Elmo. | On lit,... dans l'histoire, | que ces flammes légères | se montraient... parfois | au sommet des lances... des soldats romains, | et répandaient l'effroi... dans l'âme superstitieuse | des vainqueurs de la terre.

| La science attribue... ces surprenants phénomènes | à des courants électriques | provenant de la terre,... où quelquefois des ondes, | et qui s'échappent... par les pointes des corps, | pour rejoindre les nuages... qui les attirent en haut.

| D'autres feux follets | s'échappent des cimetières,... des lieux marécageux, | ou bien encore des mines. | On les voit, la nuit, | briller et flamber... sous formes de boules... ou de langues de feu. | Ils s'élèvent un peu... au-dessus du sol, | et s'éteignent bientôt | pour être remplacés... par d'autres petites lueurs | qui s'éteignent à leur tour. | Ces feux-là sont produits... par un gaz | qu'on nomme... *hydrogène phosphoré*; | ce gaz, s'échappant... par les fissures du sol, | s'enflamme spontanément... au contact de l'air; | mais son ignition | est bientôt suivie... de son extinction. | Dès qu'on approche ces feux,... ils semblent fuir; | dès qu'on les fuit, | ils semblent vous poursuivre. | De là ces terreurs... parmi les ignorants, | qui croient voir dans ces feux | des démons, des sorcières... ou des âmes en peine. | Il n'y a pourtant là... rien que de naturel. | L'air atmosphérique,... refoulé vers la flamme, | la fait fuir... quand on l'approche; | tandis que le courant d'air... qu'on produit en fuyant | ne manque pas... de l'attirer.

262ᵉ Exercice, même sujet.

LES FEUX FOLLETS

On voit quelquefois, pendant les orages, de petites flammes voltiger et briller sur les corps métalliques. Ces feux sont appelés, en langage vulgaire, feux de Saint-Elme. On lit, dans l'histoire, que ces flammes légères se montraient parfois au sommet des lances des soldats romains, et répandaient l'effroi dans l'âme superstitieuse des vainqueurs de la terre.

La science attribue ces surprenants phénomènes à des courants électriques provenant de la terre, ou quelquefois des ondes, et qui s'échappent par les pointes des corps, pour rejoindre les nuages qui les attirent en haut.

D'autres feux follets s'échappent des cimetières, des lieux marécageux, ou bien encore des mines. On les voit, la nuit, briller et flamber sous formes de boules ou de langues de feu. Ils s'élèvent un peu au-dessus du sol, et s'éteignent bientôt pour être remplacés par d'autres petites lueurs qui s'éteignent à leur tour. Ces feux-là sont produits par un gaz qu'on nomme *hydrogène phosphoré*; ce gaz, s'échappant par les fissures du sol, s'enflamme spontanément au contact de l'air; mais son ignition est bientôt suivie de son extinction. Dès qu'on approche ces feux, ils semblent fuir; dès qu'on les fuit, ils semblent vous poursuivre. De là ces terreurs parmi les ignorants, qui croient voir dans ces feux des démons, des sorcières ou des âmes en peine. Il n'y a pourtant là rien que de naturel. L'air atmosphérique, refoulé vers la flamme, la fait fuir quand on l'approche; tandis que le courant d'air qu'on produit en fuyant ne manque pas de l'attirer.

QUESTIONNAIRE

1. Qu'appelle-t-on vulgairement feux de Saint-Elme? — 2. A quoi peut-on attribuer les phénomènes des feux follets? — 3. Pourquoi s'échappe-t-il souvent des cimetières et des lieux marécageux des flammes bleuâtres? — 4. Que se passe-t-il quand on s'approche ou quand on s'éloigne de ces feux? — 5. A-t-on quelque chose à craindre des feux follets? — 6. Que croient à ce sujet les peureux et les ignorants?

263ᵉ Exercice

| Mon cher fils,

Ta bonne tante... m'écrit | que tu as été... dîner chez elle | il y a quelques jours. | Elle est charmée,... me dit-elle, | de la douceur... de ton caractère ; | mais elle ajoute | qu'elle voudrait... te voir... des manières plus polies. | Ainsi,... tu salues... gauchement... les personnes ; | à table,... tu te tiens mal | tu répands... du vin... ou de la sauce... sur la nappe ; | tu mords... à belles dents... dans ton pain ; | tu manges... avec gloutonnerie ; | tu demandes... à haute voix | ce que tu désires, | ou bien encore... tu te sers... toi-même, | au lieu d'attendre... avec patience | que l'on t'offre... quelque chose. | Enfin... c'est à peine... si tu murmures... un remerciement.

| Si je relève... toutes ces petites irrégularités, | mon cher enfant, | c'est... dans ton intérêt. | Il y a,... dans le monde, | des convenances... à observer, | et il est bon... que tu t'habitues | dès à présent | à ne pas... les méconnaître. | Un enfant mal élevé | est un fléau... en société, | et l'on blâme,... avec raison, | les parents | qui n'ont pas su... ou qui n'ont pas voulu | donner... à leurs enfants | ce que l'on nomme... une bonne éducation.

| Sache,... mon cher fils, | qu'on ne juge... le plus souvent... les hommes | que sur l'extérieur, | et... qu'on s'aperçoit... bien vite | s'ils ont été... bien élevés, | c'est-à-dire... s'ils ont acquis | ces manières polies | qui font le charme... des réunions. | La politesse... n'est pas... une hypocrisie. | Elle repose... sur le désir... de plaire | et sur des sacrifices réciproques. | La politesse de notre pays... a une renommée... universelle. | Conservons bien... cette noble tradition, | qui nous vaut... la sympathie... de tous les peuples.

| J'espère... que mes conseils... porteront leur fruit : | alors, ta mère et moi, | nous t'embrasserons.

| Ton Père.

264ᵉ Exercice, même sujet.

MON CHER FILS,

Ta bonne tante m'écrit que tu as été dîner chez elle il y a quelques jours. Elle est charmée, me dit-elle, de la douceur de ton caractère ; mais elle ajoute qu'elle voudrait te voir des manières plus polies. Ainsi, tu salues gauchement les personnes ; à table, tu te tiens mal : tu répands du vin ou de la sauce sur la nappe ; tu mords à belles dents dans ton pain ; tu manges avec gloutonnerie ; tu demandes à haute voix ce que tu désires, ou bien encore tu te sers toi-même, au lieu d'attendre avec patience que l'on t'offre quelque chose. Enfin c'est à peine si tu murmures un remerciement.

Si je relève toutes ces petites irrégularités, mon cher enfant, c'est dans ton intérêt. Il y a, dans le monde, des convenances à observer, et il est bon que tu t'habitues dès à présent à ne pas les méconnaître. Un enfant mal élevé est un fléau en société, et l'on blâme, avec raison, les parents qui n'ont pas su ou qui n'ont pas voulu donner à leurs enfants ce que l'on nomme une bonne éducation.

Sache, mon cher fils, qu'on ne juge le plus souvent les hommes que sur l'extérieur, et qu'on s'aperçoit bien vite s'ils ont été bien élevés, c'est-à-dire s'ils ont acquis ces manières polies qui font le charme des réunions. La politesse n'est pas une hypocrisie. Elle repose sur le désir de plaire et sur des sacrifices réciproques. La politesse de notre pays a une renommée universelle. Conservons bien cette noble tradition qui nous vaut la sympathie de tous les peuples.

J'espère que mes conseils porteront leur fruit : alors, ta mère et moi, nous t'embrasserons.　　　　TON PÈRE.

QUESTIONNAIRE

1. Qu'écrit la bonne tante au père au sujet de l'enfant ? — 2. Que pense-t-elle de son neveu ? — 3. Comment l'enfant se conduit-il en société ? — 4. Pourquoi le père relève-t-il les petites irrégularités de la conduite de son fils ? — 5. Que doit-on observer dans le monde ? — 6. Que dit-on d'un enfant mal élevé ? — 7. Comment juge-t-on le plus souvent les hommes ? — 8. De quoi s'aperçoit-on bien vite ? — 9. Que veut-on dire par les mots : gens bien élevés ? — 10. Sur quoi repose la politesse ? — 11. Quelle tradition devons-nous conserver ?

265ᵉ Exercice

| RENÉ DESCARTES.

— Nous voici à la station... de la Haye en Touraine : | saluez, enfants, | cette bourgade célèbre !

— Saluer cette station, | et pourquoi ?

— Parce que c'est ici même... qu'est né Descartes.

— En quelle année ?

— En mil cinq cent... quatre-vingt-dix-huit.

— Qu'était-ce donc... que ce René Descartes ?

— Le plus grand philosophe... des temps modernes.

— Donnez-nous... quelques détails... sur son existence?

— La vie de Descartes... fut un travail perpétuel. | Dès son enfance, | il était studieux,... sérieux et appliqué.

— A-t-il écrit beaucoup ?

— Il a laissé... un grand nombre d'ouvrages. Son livre fameux... *Le Discours sur la Méthode,* | que vous lirez plus tard, | fit grand bruit... dans le monde savant.

— Demeura-t-il en France ?

— Il se retira en Hollande... où il vécut vingt ans.

— Quel fut... son genre de vie ?

— Il partageait son temps... entre la philosophie... et les mathématiques.

— Où alla-t-il... ensuite ?

— Il partit pour la Suède,... où régnait Christine, | fille de Gustave-Adolphe.

— Comment... accueillit-elle Descartes ?

— Avec une rare distinction. | Elle prit des leçons... de mathématiques... près de l'illustre professeur.

— Où mourut Descartes ?

—. A Stockholm.

— Quel âge... avait-il alors ?

— Cinquante-quatre ans.

— Quelle est la gloire... de Descartes ?

— D'avoir établi... sur cette simple vérité : | *je pense, donc je suis,* | l'existence de l'âme... et son immortalité ; | puis l'existence de Dieu | fondée sur l'idée même... que nous en avons.

266ᵉ Exercice, même sujet.

RENÉ DESCARTES

— Nous voici à la station de la Haye en Touraine : saluez, enfants, cette bourgade célèbre !

— Saluer cette station, et pourquoi ?

— Parce que c'est ici même qu'est né Descartes.

— En quelle année ?

— En mil cinq cent quatre-vingt-dix-huit.

— Qu'était-ce donc que ce René Descartes ?

— Le plus grand philosophe des temps modernes.

— Donnez-nous quelques détails sur son existence ?

— La vie de Descartes fut un travail perpétuel. Dès son enfance, il était studieux, sérieux et appliqué.

— A-t-il écrit beaucoup ?

— Il a laissé un grand nombre d'ouvrages. Son livre fameux, *Le discours sur la Méthode*, que vous lirez plus tard, fit grand bruit dans le monde savant.

— Demeura-t-il en France ?

— Il se retira en Hollande où il vécut vingt ans.

— Quel fut son genre de vie ?

— Il partageait son temps entre la philosophie et les mathématiques.

— Où alla-t-il ensuite ?

— Il partit pour la Suède, où régnait Christine, fille de Gustave-Adolphe.

— Comment accueillit-elle Descartes ?

— Avec une rare distinction. Elle prit des leçons de mathématiques près de l'illustre professeur.

— Où mourut Descartes ?

— A Stockholm.

— Quel âge avait-il alors ?

— Cinquante-quatre ans.

— Quelle est la gloire de Descartes ?

— D'avoir établi sur cette simple vérité : *je pense, donc je suis*, l'existence de l'âme et son immortalité ; puis l'existence de Dieu fondée sur l'idée même que nous en avons.

QUESTIONNAIRE

1. Où est né Descartes ? — 2. Comment peut-on considérer Descartes ? — 3. Comment se passa son existence ? — 4. Où mourut Descartes ? — 5. Quel est le principal ouvrage de Descartes ?

287ᵉ Exercice

| MA CHÈRE FILLE,

| Je t'envoie... la somme | destinée... à tes petites dépenses... quotidiennes. | Tâche,... je te prie,... d'être économe | et de ménager... cet argent | d'une manière... utile... et profitable. | L'économie | doit être... surtout... la vertu des femmes. | C'est à elles... que sont dévolus | les soins du ménage, | et les maisons... les plus riches... et les plus florissantes | s'écroulent... et périssent, | si la femme... n'a ni ordre... ni économie.

| L'histoire | t'apprendra,... ma chère amie, | que l'économie... est aussi nécessaire... aux États | qu'aux simples particuliers. | Louis XII,... roi de France, | parvint,... grâce... à son économie... bien entendue, | à réduire les impôts... d'un tiers. | « J'aime mieux,... disait-il... à ses courtisans, | qui lui reprochaient... son économie, | qu'ils taxaient... parfois... d'avarice, | — j'aime mieux... voir le peuple | rire de mon avarice... que pleurer... de ma prodigalité.... » | Elisabeth.... reine d'Angleterre, | sut,... par son économie, | rétablir les finances... de son royaume | et, organiser... une flotte | qui défendit... l'Angleterre | contre l'invasion... de Philippe II,... roi d'Espagne. | Le ministre... d'Henri IV, | Sully,... était économe ; | et... c'est grâce... à cette vertu | qu'il rendit... à la France | la prospérité... qu'elle avait perdue | pendant les guerres... de la Ligue.

| Mais... voilà assez d'exemples... historiques. | Si j'osais... te parler de moi, | je te dirais... que c'est... par mon économie | que ton père et moi | avons atteint,... non pas la fortune, | mais... une modeste... et tranquille aisance, | qui nous permet... de vous donner, | à ton frère... et à toi, | une éducation... aussi complète... que possible.

| A revoir,... chère enfant... bien-aimée. | Ton père et moi, | nous t'embrassons... mille fois.

| TA MÈRE.

208ᵉ Exercice, même sujet.

MA CHÈRE FILLE,

Je t'envoie la somme destinée à tes petites dépenses quotidiennes. Tâche, je te prie, d'être économe et de ménager cet argent d'une manière utile et profitable. L'économie doit être surtout la vertu des femmes. C'est à elles que sont dévolus les soins du ménage, et les maisons les plus riches et les plus florissantes s'écroulent et périssent, si la femme n'a ni ordre ni économie.

L'histoire t'apprendra, ma chère amie, que l'économie est aussi nécessaire aux États qu'aux simples particuliers. Louis XII, roi de France, parvint, grâce à son économie bien entendue, à réduire les impôts d'un tiers. « J'aime mieux, disait-il à ses courtisans, qui lui reprochaient son économie, qu'ils taxaient parfois d'avarice, — j'aime mieux voir le peuple rire de mon avarice que pleurer de ma prodigalité.... » Élisabeth, reine d'Angleterre, sut, par son économie, rétablir les finances de son royaume et organiser une flotte qui défendit l'Angleterre contre l'invasion de Philippe II, roi d'Espagne. Le ministre d'Henri IV, Sully, était économe ; et c'est grâce à cette vertu qu'il rendit à la France la prospérité qu'elle avait perdue pendant les guerres de la Ligue.

Mais voilà assez d'exemples historiques. Si j'osais te parler de moi, je te dirais que c'est par mon économie que ton père et moi avons atteint, non pas la fortune, mais une modeste et tranquille aisance, qui nous permet de vous donner, à ton frère et à toi, une éducation aussi complète que possible.

A revoir, chère enfant bien-aimée. Ton père et moi, nous t'embrassons mille fois.   TA MÈRE.

QUESTIONNAIRE

1. Qu'est-ce que la mère envoie à sa fille ? — 2. Quels conseils lui donne-t-elle ? — 3. Quelle doit être la vertu des femmes ? — 4. Qu'arrive-t-il dans le monde si la femme n'a ni ordre ni économie ? — 5. Que nous apprend l'histoire touchant l'économie ? — 6. Citez des exemples historiques ? — 7. Comment Sully, ministre de Henri IV, rendit-il la prospérité à la France ? — 8. Comment le père et la mère de la petite fille ont-ils atteint une modeste aisance ? — 9. Qu'en est-il résulté ?

360ᵉ Exercice

|LES ANIMAUX UTILES.

| Les animaux utiles | servent... à nos besoins... et à nos plaisirs.

| Ainsi l'abeille... nous donne son miel. | Le ver à soie, | ce fil précieux | avec lequel on tisse... ces riches étoffes... si recherchées. | L'humble mouton | nous fournit... la nourriture et le vêtement : | sa chair exquise |sert à l'alimentation, | et sa toison,... cardée,... filée,... tissée, | produit le drap... et une foule... d'autres étoffes ; | son cuir est utile... pour la chaussure ; | on fabrique... des cordes à violon... avec ses entrailles. | Ce gros bœuf, qui rumine, | s'attelle à la charrue... et sert au labourage ; | sa chair nous nourrit,... sa peau nous chausse. | La vache... nous donne son lait, | avec lequel on confectionne... le beurre et le fromage. | Ce fringant cheval... nous sert de monture, | ou bien encore s'attelle... à toute espèce de véhicule. | Le porc constitue... à lui seul... toute une industrie : | celle du charcutier.

| En Orient,... quels services... ne rend pas le chameau ! | Il transporte les caravanes... à travers les vastes plaines de sable ; | le burnous de l'Arabe... est en poil de chameau. | L'âne est utile... pour porter des fardeaux ; | on fait de sa peau... des tambours. | Le chien,... ami fidèle, | nous garde et chasse pour nous. | Le chat fait la guerre... aux souris et aux rats, | maudite engeance.

| Dans un cours d'eau sale et trouble, | barbottent ces canards... dont on fait des pâtés exquis. | Cette oie s'engraisse... pour les fêtes de Noël. | Voyez,... dans la basse-cour,... ces poules qui picorent ! | elles nous pondent des œufs ; | et leurs nombreuses couvées | préparent,... pour nos tables,... de succulents rôtis.

270ᵉ Exercice, même sujet.

LES ANIMAUX UTILES

Les animaux utiles servent à nos besoins et à nos plaisirs.

Ainsi l'abeille nous donne son miel. Le ver à soie, ce fil précieux avec lequel on tisse ces riches étoffes si recherchées. L'humble mouton nous fournit la nourriture et le vêtement : sa chair exquise sert à l'alimentation, et sa toison, cardée, filée, tissée, produit le drap et une foule d'autres étoffes ; son cuir est utile pour la chaussure ; on fabrique des cordes à violon avec ses entrailles. Ce gros bœuf, qui rumine, s'attelle à la charrue et sert au labourage ; sa chair nous nourrit, sa peau nous chausse. La vache nous donne son lait, avec lequel on confectionne le beurre et le fromage. Ce fringant cheval nous sert de monture, ou bien encore s'attelle à toute espèce de véhicule. Le porc constitue à lui seul toute une industrie : celle du charcutier.

En Orient, quels services ne rend pas le chameau ! Il transporte les caravanes à travers les vastes plaines de sable ; le burnous de l'Arabe est en poil de chameau. L'âne est utile pour porter des fardeaux ; on fait de sa peau des tambours. Le chien, ami fidèle, nous garde et chasse pour nous. Le chat fait la guerre aux souris et aux rats, maudite engeance.

Dans un cours d'eau sale et trouble, barbottent ces canards dont on fait des pâtés exquis. Cette oie s'engraisse pour les fêtes de Noël. Voyez, dans la basse-cour, ces poules qui picorent ! elles nous pondent des œufs ; et leurs nombreuses couvées préparent, pour nos tables, de succulents rôtis.

QUESTIONNAIRE

1. Qu'appelle-t-on animaux utiles ? — 2. Que nous fournissent l'abeille et le ver à soie ? — 3. Quel profit tire-t-on du mouton ? — 4. A quoi servent le bœuf et la vache ? — 5. Que fait-on du cheval ? — 6. Quelle est l'utilité du porc ? — 7. Quels services le chameau rend-il dans les pays de l'Orient ? — 8. En quoi l'âne est-il utile ? — 9. A quoi servent le chien et le chat ? — 10. Que fera-t-on de ces canards qui barbottent dans l'eau sale ? — 11. Que font ces poules qui picorent dans la basse-cour ?

271ᵉ Exercice

| MERCI MAMAN!

| Qu'il est doux et charmant,... lorsque la nuit est close, | lorsque sonne pour moi... l'heure de sommeiller, | de trouver, au chevet... où ma tête se pose,... mon petit oreiller !

| Avant de m'endormir,... quand j'y penche ma tête, | je vois venir... de loin... les songes les plus doux ; | à peine... si j'entends... retentir la tempête, | ou bien... hurler les loups !

| C'est maman qui le brode,... et sa main me le donne ; | pour le sommeil profond... c'est un vrai talisman, | qui fait qu'au doux repos... dès que je m'abandonne, | je rêve de maman.

| Mais, avant de dormir,... combien de fois je pense à ces anges souffrants, | aussi venus des cieux, | qui n'ont pas, comme moi,... pauvres... dès leur enfance,... un lit délicieux !

| Ils pleurent en dormant,... à leur réveil ils pleurent; | leur rêve... est oppressé du poids de leurs sanglots ; | et, jusque sur la couche... où, trop souvent, ils meurent, | ils n'ont pas de repos.

| Merci !... pour toi,... maman, | toi qui me fais si douce la vie, | où j'ai trouvé le bonheur en entrant, | toi bonne... comme Dieu, qui fit croître la mousse... pour le lit de l'enfant !

| Oh !... quand je serai grand, | je veux me rendre utile pour que mon frère pauvre... en partage le fruit, | pour qu'il trouve, le jour,... l'existence facile... et le sommeil,... la nuit !

271ᵉ Exercice, même sujet.

MERCI MAMAN !

Qu'il est doux et charmant, lorsque la nuit est close,
Lorsque sonne pour moi l'heure de sommeiller,
De trouver, au chevet où ma tête se pose,
    Mon petit oreiller !

Avant de m'endormir, quand j'y penche ma tête,
Je vois venir de loin les songes les plus doux ;
A peine si j'entends retentir la tempête,
    Ou bien hurler les loups !

C'est maman qui le brode, et sa main me le donne ;
Pour le sommeil profond c'est un vrai talisman,
Qui fait qu'au doux repos dès que je m'abandonne,
    Je rêve de maman.

Mais, avant de dormir, combien de fois je pense
A ces anges souffrants, aussi venus des cieux,
Qui n'ont pas, comme moi, pauvres dès leur enfance,
    Un lit délicieux !

Ils pleurent en dormant, à leur réveil ils pleurent ;
Leur rêve est oppressé du poids de leurs sanglots ;
Et, jusque sur la couche où, trop souvent, ils meurent,
    Ils n'ont pas de repos.

Merci ! pour toi, maman, toi qui me fais si douce
La vie, où j'ai trouvé le bonheur en entrant,
Toi bonne comme Dieu, qui fit croître la mousse
    Pour le lit de l'enfant !

Oh ! quand je serai grand, je veux me rendre utile
Pour que mon frère pauvre en partage le fruit,
Pour qu'il trouve, le jour, l'existence facile,
    Et le sommeil, la nuit !

QUESTIONNAIRE

1. Qu'est-ce qui est doux et charmant pour l'enfant ? — 2. Que voit-il venir avant de s'endormir ? — 3. Qui brode l'oreiller ? — 4. Pourquoi est-il un vrai talisman ? — 5. A quoi rêve l'enfant ? — 6. A quoi pense l'enfant, avant de s'endormir ? — 7. Que font les enfants pauvres ? — 8. De quoi leur rêve est-il oppressé ? — 9. Que n'ont-ils jamais sur leur couche ? — 10. Comment la mère est-elle bonne ? — 11. Que veut faire l'enfant, quand il sera grand ? — 12. Pourquoi veut-il se rendre utile ?

273° Exercice

| LES ANIMAUX NUISIBLES.

| La liste... des animaux nuisibles... est longue.
| Sans sortir de la maison, | n'avez-vous pas la puce,... dont la piqûre... vous exaspère? | l'ignoble pou,... déshonneur des chevelures? | l'odieuse punaise, | dont les légions innombrables,... logées dans les vieux murs,... | viennent, | la nuit, | vous surprendre... et vous priver de sommeil? | Parlerons-nous des rats,... ces hôtes incommodes, | qui rongent ou souillent... nos provisions de ménage? | Les hannetons | dépouillent les arbres... de leur parure verte. | Le loup dévorant... guette sa proie | et rôde autour... de nos troupeaux. | Le renard et la fouine... font la chasse aux poules. | La belette, au mince corsage, | se régale des œufs... de nos poulaillers. | Le sanglier farouche,... sortant la nuit de sa bauge, | ravage les champs... de pommes de terre... et de maïs. | Le taon, mouche sanguinaire, | pique les chevaux... de son dard acéré. | La guêpe dissimule,... sous ses formes élégantes... et grêles, | son dangereux aiguillon. | Le ver immonde... dévore nos plus beaux fruits. | Le phylloxera... attaque la vigne | et détruit la récolte... du vigneron laborieux. | Que dira-t-on de la vipère | et de tant de reptiles... dont le venin est mortel? | Le requin vorace... dépeuple les mers.

| Mais c'est surtout... dans les pays des tropiques | que certains animaux... sont à craindre. | Le tigre, le léopard,... la panthère au poil fauve, | infestent les *jungles*... de l'Indoustan. | Le lion, le roi des carnassiers, | prélève son tribut... sur les gazelles... et les moutons. | L'affreux crocodile | se tapit dans les roseaux... du Nil et du Gange.

274° Exercice, même sujet.

LES ANIMAUX NUISIBLES

La liste des animaux nuisibles est longue.

Sans sortir de la maison, n'avez-vous pas la puce, dont la piqûre vous exaspère? l'ignoble pou, déshonneur des chevelures? l'odieuse punaise, dont les légions innombrables, logées dans les vieux murs, viennent, la nuit, vous surprendre et vous priver de sommeil? Parlerons-nous des rats, ces hôtes incommodes, qui rongent ou souillent nos provisions de ménage? Les hannetons dépouillent les arbres de leur parure verte. Le loup dévorant guette sa proie et rôde autour de nos troupeaux. Le renard et la fouine font la chasse aux poules. La belette, au mince corsage, se régale des œufs de nos poulaillers. Le sanglier farouche, sortant la nuit de sa bauge, ravage les champs de pommes de terre et de maïs. Le taon, mouche sanguinaire, pique les chevaux de son dard acéré. La guêpe dissimule, sous ses formes élégantes et grêles, son dangereux aiguillon. Le ver immonde dévore nos plus beaux fruits. Le phylloxera attaque la vigne et détruit la récolte du vigneron laborieux. Que dira-t-on de la vipère et de tant de reptiles dont le venin est mortel? Le requin vorace dépeuple les mers.

Mais c'est surtout dans les pays des tropiques que certains animaux sont à craindre. Le tigre, le léopard, la panthère au poil fauve, infestent les *jungles* de l'Indoustan. Le lion, le roi des carnassiers, prélève son tribut sur les gazelles et les moutons. L'affreux crocodile se tapit dans les roseaux du Nil et du Gange.

QUESTIONNAIRE

1. Citez les noms de quelques insectes nuisibles? — 2. Quel dommage nous causent les rats? — 3. Comment les hannetons sont-ils un fléau? — 4. Que fait le loup? — 5. Le renard et la fouine à quoi s'occupent-ils? — 6. En quoi la belette est-elle nuisible? — 7. Quels ravages commet le sanglier? — 8. Par qui sont dévorés nos plus beaux fruits? — 9. Quel est le nom de l'insecte qui attaque la vigne? — 10. Que fait le requin vorace? — 11. Quels sont les animaux à craindre dans les pays des tropiques? — 12. Quels animaux nuisibles rencontre-t-on dans les roseaux du Nil et du Gange?

275ᵉ Exercice

| Mon cher fils,

| Ton excellent maître... de pension... m'écrit | qu'il est satisfait... de ton travail, | de ta conduite... et de tes progrès ; | mais... que tu manques... de cet esprit d'ordre | qui joue dans la vie... un rôle capital. | Ainsi,... il m'apprend | que tu laisses... traîner | tes habits... sur les meubles, | et que tes livres... sont,... ou déchirés, | ou maculés... de taches d'encre. | Il faut... à chaque instant | remplacer... une grammaire perdue, | un cahier... qui se disloque, | un porte-plume égaré.

| Sans doute,... mon cher fils, | ce ne sont pas là... des pertes irrémédiables | pour ma bourse... paternelle ; | mais,... si tu t'habitues | à gaspiller... les menus objets... de ton bagage d'écolier, | tu contracteras,... pour l'avenir, | les errements... d'un dissipateur, | et... tu apporteras... dans les affaires sérieuses | l'incurie | qui mène... infailliblement | à la ruine... et à la misère.

| On dit | que... *souvent... un beau désordre... est un effet de l'art;* | et on se complaît... à répéter cette maxime. | Je ne la crois... ni vraie... ni bonne. | Quelques artistes... de génie | ont pu,... sans doute, | s'abandonner... à un laisser-aller | que je suis loin... d'admirer, | et se placer,... trop facilement, | au-dessus... des choses matérielles | de la vie. | Mais... ce n'est là... qu'une exception, | qui ne peut être... justifiée | que par des œuvres éclatantes... et illustres. | Si tu veux | devenir... plus tard... comme tant d'autres, | commerçant,... industriel, | homme de loi,... militaire, | ou même... simple cultivateur, | tu dois... commencer... dès aujourd'hui | à acquérir... cette régularité parfaite | des actes... de la vie, | qui seule... peut donner... à l'homme fait | la fortune... et la considération.

| Adieu,... mon cher désordonné, | nous t'embrassons,... malgré tout, | ta mère et moi, | avec une tendresse... que rien... ne peut affaiblir.

| TON PÈRE.

276ᵉ Exercice, même sujet.

MON CHER FILS,

Ton excellent maître de pension m'écrit qu'il est satisfait de ton travail, de ta conduite et de tes progrès ; mais que tu manques de cet esprit d'ordre qui joue dans la vie un rôle capital. Ainsi, il m'apprend que tu laisses traîner tes habits sur les meubles, et que tes livres sont, ou déchirés, ou maculés de taches d'encre. Il faut à chaque instant remplacer une grammaire perdue, un cahier qui se disloque, un porte-plume égaré.

Sans doute, mon cher fils, ce ne sont pas là des pertes irrémédiables pour ma bourse paternelle ; mais, si tu t'habitues à gaspiller les menus objets de ton bagage d'écolier, tu contracteras, pour l'avenir, les errements d'un dissipateur, et tu apporteras dans les affaires sérieuses l'incurie qui mène infailliblement à la ruine et à la misère.

On dit que *souvent un beau désordre est un effet de l'art ;* et on se complaît à répéter cette maxime. Je ne la crois ni vraie, ni bonne. Quelques artistes de génie ont pu, sans doute, s'abandonner à un laisser-aller que je suis loin d'admirer, et se placer, trop facilement, au-dessus des choses matérielles de la vie. Mais ce n'est là qu'une exception, qui ne peut être justifiée que par des œuvres éclatantes et illustres. Si tu veux devenir plus tard, comme tant d'autres, commerçant, industriel, homme de loi, militaire, ou même simple cultivateur, tu dois commencer dès aujourd'hui à acquérir cette régularité parfaite des actes de la vie, qui seule peut donner à l'homme fait la fortune et la considération.

Adieu, mon cher désordonné, nous t'embrassons, malgré tout, ta mère et moi, avec une tendresse que rien ne peut affaiblir.

                                                 TON PÈRE.

QUESTIONNAIRE

1. De quel défaut le maître de pension accuse-t-il l'enfant ? — 2. Que fait habituellement l'enfant ? — 3. Qu'arrivera-t-il plus tard si l'enfant continue à gaspiller les objets ? — 4. Où conduit l'incurie ? — 5. Doit-on juger sévèrement la maxime : souvent un beau désordre est un effet de l'art ? — 6. Peut-on justifier parfois le laisser-aller chez les artistes ? — 7. Que doit faire dès à présent l'enfant s'il veut plus tard embrasser une carrière utile ?

277e Exercice

| BUFFON.

— Par qui... a été créé... le *Jardin des Plantes?*

— Par le cardinal... de Richelieu ; | mais c'est Buffon... qui en est... l'organisateur... véritable.

— Comment Buffon... est-il considéré... par le public savant?

— Comme aussi grand naturaliste... que superbe écrivain.

— A-t-il eu... des devanciers?

— Oui,... Aristote et Pline, | qu'il surpasse... par la beauté des descriptions | et l'exactitude... des aperçus.

— Que dois-je lire... de lui ?

— Son *Histoire naturelle,*... ses *Époques de la nature;* | vous trouverez,... dans ces livres, | la profondeur de la science... unie à la majesté du style.

— Où est né Buffon ?

— A Montbard,... Côte-d'Or,... en l'an mil sept cent sept.

— Comment passa-t-il sa jeunesse ?

— Il se fit connaître... de très bonne heure | par de savants mémoires... et des expériences de physique.

— Comment avait-il... l'habitude... de travailler ?

— Il se levait... chaque matin... à six heures, | été comme hiver, | et se faisait habiller... magnifiquement, | comme s'il eût dû... aller à la cour ?

— Quelle bizarrerie !

— C'est l'épée au côté,... et en manchettes de dentelle, | qu'il écrivit ses livres.

— En quelle année mourut-il ?

— En mil sept cent quatre-vingt-huit, | et il eut la gloire... de voir,... de son vivant, | sa statue placée... à l'entrée du *Muséum.*

— Fut-il de l'Académie ?

— Tout le monde connaît... le *Discours sur le style,* | qu'il prononça... pour sa réception.

278ᵉ Exercice, même sujet.

BUFFON

— Par qui a été créé le *Jardin des Plantes*?

— Par le cardinal de Richelieu ; mais c'est Buffon qui en est l'organisateur véritable.

— Comment Buffon est-il considéré par le public savant?

— Comme aussi grand naturaliste que superbe écrivain.

— A-t-il eu des devanciers?

— Oui, Aristote et Pline, qu'il surpasse par la beauté des descriptions et l'exactitude des aperçus.

— Que dois-je lire de lui?

— Son *Histoire naturelle*, ses *Époques de la nature*; vous trouverez, dans ces livres, la profondeur de la science unie à la majesté du style.

— Où est né Buffon?

— A Montbard, Côte-d'Or, en l'an mil sept cent sept.

— Comment passa-t-il sa jeunesse?

— Il se fit connaître de très bonne heure par de savants mémoires et des expériences de physique.

— Comment avait-il l'habitude de travailler?

— Il se levait chaque matin à six heures, été comme hiver, et se faisait habiller magnifiquement, comme s'il eût dû aller à la cour.

— Quelle bizarrerie !

— C'est l'épée au côté, et en manchettes de dentelle, qu'il écrivit ses livres.

— En quelle année mourut-il?

— En mil sept cent quatre-vingt-huit, et il eut la gloire de voir, de son vivant, sa statue placée à l'entrée du *Muséum*.

— Fut-il de l'Académie?

— Tout le monde connaît le *Discours sur le style*, qu'il prononça pour sa réception.

QUESTIONNAIRE

1. Quel fut le véritable organisateur du Jardin des Plantes? — 2. Où et en quelle année naquit Buffon? — 3. A quel siècle appartient-il? — 4. Quels ouvrages a-t-il composés? — 5. Buffon a-t-il eu des prédécesseurs dans son genre? — 6. Quels honneurs reçut-il de ses contemporains? — 7. Racontez comment Buffon avait l'habitude de travailler? — 8. Donnez la date de sa mort?

279ᵉ Exercice

| MA CHÈRE FILLE,

| Je voudrais,... s'il est possible, | que tu devinsses... plus sérieuse. | Ta maîtresse... de pension | m'écrit... que tu passes... souvent... une partie des classes | à babiller... avec tes jeunes compagnes, | au lieu... de profiter | des bonnes leçons... de tes maîtresses. | Il y a... temps pour tout. | Babille,... tant qu'il te plaira, | pendant... les récréations, | rien de mieux ; | mais... le temps de la classe | doit être consacré... à l'étude.

| Cependant,... si tu veux... m'en croire, | tu feras bien... de te défaire | de cette manie... de bavarder | à tort... et à travers. | Ta bonne tante Amélie, | qui t'a invitée... à dîner,... il y a quelques jours, | n'a point été... extrêmement satisfaite | de ta tenue... à table. | Tu jacassais,... dit-elle,... comme une pie-borgne. | Tu parlais... sans discontinuer | de ta pension,... de tes amies,... de tes poupées, | que sais-je encore ? | sans prendre garde... que les convives, | qui étaient... pour la plupart... des personnes âgées, | s'étonnaient,... avec raison, | de voir... une petite fille | tenir,... pour ainsi dire, | le dé... de la conversation.

| Rien... n'est fatigant,... en société, | comme les enfants babillards, | qui interrompent... à tout instant | les conversations sérieuses. | On les compare,... à juste titre, | à des perroquets,... dont l'intarissable babil | amuse... un moment, | mais... finit bientôt... par lasser | et devenir insupportable.

| Une petite fille... bien élevée | doit se contenter... d'écouter, | et ne parler... que quand on l'interroge.

| Écoute... mes conseils,... ma chère enfant, | si tu m'aimes, | et si tu veux toujours... être aimée | du père et de la mère | qui t'embrassent... bien tendrement.

| TA MÈRE.

280° Exercice, même sujet.

MA CHÈRE FILLE,

Je voudrais, s'il est possible, que tu devinsses plus sérieuse. Ta maîtresse de pension m'écrit que tu passes souvent une partie des classes à babiller avec tes jeunes compagnes, au lieu de profiter des bonnes leçons de tes maîtresses. Il y a temps pour tout. Babille, tant qu'il te plaira, pendant les récréations, rien de mieux; mais le temps de la classe doit être consacré à l'étude.

Cependant, si tu veux m'en croire, tu feras bien de te défaire de cette manie de bavarder à tort et à travers. Ta bonne tante Amélie, qui t'a invitée à dîner, il y a quelques jours, n'a point été extrêmement satisfaite de ta tenue à table. Tu jacassais, dit-elle, comme une pie-borgne. Tu parlais sans discontinuer de ta pension, de tes amies, de tes poupées, que sais-je encore? sans prendre garde que les convives, qui étaient pour la plupart des personnes âgées, s'étonnaient, avec raison, de voir une petite fille tenir, pour ainsi dire, le dé de la conversation.

Rien n'est fatigant, en société, comme les enfants babillards, qui interrompent à tout instant les conversations sérieuses. On les compare, à juste titre, à des perroquets, dont l'intarissable babil amuse un moment, mais finit bientôt par lasser et devenir insupportable.

Une petite fille bien élevée doit se contenter d'écouter, et ne parler que quand on l'interroge.

Écoute mes conseils, ma chère enfant, si tu m'aimes, et si tu veux toujours être aimée du père et de la mère qui t'embrassent bien tendrement.

TA MÈRE.

QUESTIONNAIRE

1. Que voudrait la mère ? — 2. A quoi la petite fille passe-t-elle souvent une partie des classes ? — 3. A quoi doit être consacré le temps de la classe ? — 4. Pourquoi la bonne tante Amélie n'a-t-elle pas été satisfaite de sa nièce ? — 5. De quoi s'étonnaient les convives qui étaient des personnes âgées ? — 6. A quoi compare-t-on les enfants babillards? — 7. Que doit faire une petite fille bien élevée ? — 8. Pourquoi la petite fille doit-elle écouter les conseils de sa mère?

281° Exercice

| LES PLANTES UTILES.

| Les plantes utiles | sont en grand nombre... sur notre globe. | Elles servent,... à la fois, | à la nourriture... et à l'agrément. | Les fleurs nous plaisent | par leurs couleurs... et leurs parfums. | Les arbres fruitiers | nous dispensent chaque année... leurs savoureux produits. | Les plantes fourragères... fournissent,... sans cesse, | à l'alimentation... des chevaux et du bétail. | Par suite de l'absorption... qu'en fait l'animal, | il les convertit en *forces*... et en principes nutritifs.

| Sans les végétaux,... l'homme ne pourrait vivre. | On dit qu'il est *omnivore*, | c'est-à-dire qu'il se nourrit... de chair et de végétaux. | Les céréales,... présents de Cérès, | forment la base... de son alimentation. | Le blé, l'orge, le seigle, | servent à faire le pain. | Le jus de la vigne... fournit le vin, | boisson agréable... et cordial puissant. | Le fruit de l'olivier | et les plantes oléagineuses... donnent l'huile.

| Les plantes textiles, | comme le lin, le chanvre... et le cotonnier, | contribuent à nous vêtir. | On extrait le sucre... de la canne et de la betterave. | La décoction... des plantes tinctoriales | sert à teindre nos vêtements.

| Les plantes légumineuses | sont aussi indispensables... à l'être humain, | comme accompagnement... de la chair qu'il mange. | Les pois, les fèves, les lentilles, | étaient connus des anciens. | On sait qu'Esaü | vendit son droit d'aînesse... à son frère Jacob... pour un plat de lentilles. | Les haricots, les pommes de terre, | la vanille parfumée,... le suave cacao,... nous viennent d'Amérique. | Le thé odorant... est un produit de la Chine. | Le délicieux café, | qui, sans altérer la tête,... épanouit le cœur, | est originaire d'Arabie.

282ᵉ Exercice, même sujet.

LES PLANTES UTILES

Les plantes utiles sont en grand nombre sur notre globe. Elles servent, à la fois, à la nourriture et à l'agrément. Les fleurs nous plaisent par leurs couleurs et leurs parfums. Les arbres fruitiers nous dispensent chaque année leurs savoureux produits. Les plantes fourragères fournissent, sans cesse, à l'alimentation des chevaux et du bétail. Par suite de l'absorption qu'en fait l'animal, il les convertit en *forces* et en principes nutritifs.

Sans les végétaux, l'homme ne pourrait vivre. On dit qu'il est *omnivore*, c'est-à-dire qu'il se nourrit de chair et de végétaux. Les céréales, présents de Cérès, forment la base de son alimentation. Le blé, l'orge, le seigle, servent à faire le pain. Le jus de la vigne fournit le vin, boisson agréable et cordial puissant. Le fruit de l'olivier et les plantes oléagineuses donnent l'huile.

Les plantes textiles, comme le lin, le chanvre et le cotonnier, contribuent à nous vêtir. On extrait le sucre de la canne et de la betterave. La décoction des plantes tinctoriales sert à teindre nos vêtements.

Les plantes légumineuses sont aussi indispensables à l'être humain, comme accompagnement de la chair qu'il mange. Les pois, les fèves, les lentilles, étaient connus des anciens. On sait qu'Esaü vendit son droit d'aînesse à son frère Jacob pour un plat de lentilles. Les haricots, les pommes de terre, la vanille parfumée, le suave cacao, nous viennent d'Amérique. Le thé odorant est un produit de la Chine. Le délicieux café, qui, sans altérer la tête, épanouit le cœur, est originaire d'Arabie.

QUESTIONNAIRE

1. A quoi servent les plantes utiles ? — 2. Par quoi les fleurs nous plaisent-elles ? — 3. Quel profit tirons-nous des arbres fruitiers ? — 4. Quelle est l'utilité des plantes fourragères ? — 5. Que veut dire le mot omnivore *? — 6. Que signifie le mot* céréales *?— 7. Quelles sont les plantes qui servent à faire le pain? — 8. Que fournit le jus de la vigne ? — 9. Que fournissent les plantes oléagineuses ? — 10. D'où extrait-on le sucre ? — 11. Les lentilles étaient-elles connues dans les temps bibliques ?— 12. Citez les plantes utiles qui nous viennent de l'Amérique.*

283ᵉ Exercice

| LES SOUHAITS... D'UN PETIT ENFANT.

I.

| *A son père.*

| A quoi bon... faire un long poème,... grand art qu'ignorent les marmots ? | Pour peindre... une tendresse extrême,... faut-il des vers... ou de grands mots ? | Une courte prière... suffit pour obtenir secours,... tendresse,... appui, | et, ce que je dis... aujourd'hui, | je le pense... l'année entière ! | Qu'elle soit heureuse pour vous ; | heureuse en toute sa carrière : | c'est là notre bonheur à tous,... comme pour la famille,... à votre amour si chère.

II.

| *A sa mère.*

| Rimer... n'est pas mon travers. | Cependant,... en ces quelques vers,... mon cœur vous offre... ses étrennes ; | mais j'arrête,... à propos,... mon esprit vagabond : | car j'en dirais... beaucoup plus long,... si je vous demandais les miennes.

284° Exercice, même sujet.

LES SOUHAITS D'UN PETIT ENFANT

I. — *A son père.*

A quoi bon faire un long poéme,
Grand art qu'ignorent les marmots ?
Pour peindre une tendresse extrême,
Faut-il des vers ou de grands mots?
Une courte priére
Suffit pour obtenir secours, tendresse, appui,
Et, ce que je dis aujourd'hui,
Je le pense l'année entiére !
Qu'elle soit heureuse pour vous ;
Heureuse en toute sa carrière :
C'est là notre bonheur à tous,
Comme pour la famille, à votre amour si chére.

II. — *A sa mère.*

Non, rimer n'est pas mon travers ;
Cependant, en ces quelques vers,
Mon cœur vous offre ses étrennes ;
Mais j'arrête, à propos, mon esprit vagabond :
Car j'en dirais beaucoup plus long,
Si je vous demandais les miennes.

QUESTIONNAIRE

1. Quel grand art ignorent les marmots? — 2. Qu'est-ce qui suffit pour obtenir secours, tendresse, appui? — 3. L'enfant pense-t-il ce qu'il dit à ses parents? — 4. Que souhaite l'enfant à ses parents? — 5. Qu'est-ce que le cœur de la petite fille offre à ses parents? — 6. Comment arrête-t-elle son esprit vagabond?— 7. Comment en dirait-elle beaucoup plus long?

285ᵉ Exercice

| LA POMME DE TERRE.

| La pomme de terre... est originaire... de l'Amérique. | Elle pousse spontanément | dans les régions... voisines des Cordillères. | On la cultivait, au Pérou, depuis un temps immémorial, | lorsque les Espagnols | firent la conquête... de cette riche contrée. | Les conquérants... l'importèrent... en Europe, | et l'on prétend même... qu'elle fut cultivée,... en Flandre et en Allemagne, | du temps de Charles-Quint. | Sir Walter Raleigh,... célèbre marin anglais, | la fit connaître en Angleterre,... vers le milieu du seizième siècle. | En vain Olivier de Serres, | agronome français... qui vivait sous Henri IV, | en recommande...·la culture | dans son livre intitulé:... *Théâtre de l'Agriculture.* | Il fallut deux siècles encore | pour qu'on se décidât,... en France, | à vulgariser l'usage... de ce précieux tubercule.

| C'est à Parmentier... que revient l'honneur | d'avoir naturalisé... la pomme de terre... en France, | vers mil sept cent quatre-vingt-trois. | Ce ne fut qu'à grand'peine | que l'illustre Parmentier... triompha des préjugés. | C'est grâce à la pomme de terre | que la France... a pu conjurer... d'effroyables disettes. | Aujourd'hui,... la pomme de terre | est devenue d'un usage... à peu près universel. | Dans l'Irlande misérable,... elle remplace le pain.

| La plante... qui produit ce tubercule | a une apparence chétive. | Son fruit | est une baie verdâtre,... d'une saveur nauséabonde. | Les racines seules... fournissent l'aliment. | C'est au printemps... qu'on plante la pomme de terre ; | et la récolte se fait... au milieu de l'automne.

| On tire,... de la pomme de terre,... une fécule excellente, | et, par la distillation,... un *alcool* très-fort, | qu'on emploie... avec succès... dans les arts industriels.

286ᵉ Exercice, même sujet.

LA POMME DE TERRE

La pomme de terre est originaire de l'Amérique. Elle pousse spontanément dans les régions voisines des Cordillères. On la cultivait, au Pérou, depuis un temps immémorial, lorsque les Espagnols firent la conquête de cette riche contrée. Les conquérants l'importèrent en Europe, et l'on prétend même qu'elle fut cultivée, en Flandre et en Allemagne, du temps de Charles-Quint. Sir Walter Raleigh, célèbre marin anglais, la fit connaître en Angleterre, vers le milieu du seizième siècle. En vain Olivier de Serres, agronome français qui vivait sous Henri IV, en recommande la culture dans son livre intitulé : *Théâtre de l'Agriculture.* Il fallut deux siècles encore pour qu'on se décidât, en France, à vulgariser l'usage de ce précieux tubercule.

C'est à Parmentier que revient l'honneur d'avoir naturalisé la pomme de terre en France, vers mil sept cent quatre-vingt-trois. Ce ne fut qu'à grand'peine que l'illustre Parmentier triompha des préjugés. C'est grâce à la pomme de terre que la France a pu conjurer d'effroyables disettes. Aujourd'hui, la pomme de terre est devenue d'un usage à peu près universel. Dans l'Irlande misérable, elle remplace le pain.

La plante qui produit ce tubercule a une apparence chétive. Son fruit est une baie verdâtre, d'une saveur nauséabonde. Les racines seules fournissent l'aliment. C'est au printemps qu'on plante la pomme de terre ; et la récolte se fait au milieu de l'automne.

On tire, de la pomme de terre, une fécule excellente, et, par la distillation, un *alcool* très-fort, qu'on emploie avec succès dans les arts industriels.

QUESTIONNAIRE

1. D'où la pomme de terre est-elle originaire ? — 2. Quel peuple l'importa en Europe ? — 3. Fut-elle cultivée de bonne heure en Europe ? — 4. Qui fit connaître la pomme de terre en Angleterre ? — 5. A quelle époque ? — 6. Quel est l'agronome français qui a le premier recommandé la culture de la pomme de terre ? — 7. Quel est celui qui a naturalisé la pomme de terre en France ? — 8. Quelle a été l'utilité pour la France de la culture de la pomme de terre ? — 9. Quel est l'aspect de la plante ? — 10. A quelle époque de l'année plante-t-on et récolte-t-on les pommes de terre ? — 11. Quels produits tire-t-on de la pomme de terre ?

287ᵉ Exercice

| Mon cher fils,

| Tu m'écris... que le père Mathurin | est venu... jeudi dernier | te voir... à ta pension, | et... qu'il t'a complimenté... sur tes études. | En effet,... le père Mathurin, | qui ne sait... ni lire... ni écrire, | et qui compte... sur ses doigts, | a dû... être émerveillé | en apprenant... que tu lisais... couramment, | que tu écrivais... d'une manière... un peu lisible | et... que tu savais déjà... tes quatre règles. | Aussi... j'espère bien,... mon cher ami, | que tu n'as pas... pris au sérieux | les compliments exagérés | dont a dû te combler... ce brave homme, | qui t'a vu... au berceau | et qui t'aime... à la folie.

| Les flatteries... du père Mathurin | sont désintéressées. | Mais,... quand tu seras grand, | tu verras,... dans le monde, | une multitude de gens | qui t'accableront... de compliments | dont ils ne penseront... pas un mot, | pour obtenir... de toi... une faveur, | et... même souvent... pour quêter... un dîner. | La fable... du corbeau... et du renard | est... éternellement vraie. | Tout flatteur... vit aux dépens | de celui... qui l'écoute, | et... malheureusement,... dans la vie humaine, | la leçon... coûte plus cher... qu'un fromage.

| Sois modeste,... mon cher enfant, | et,... lorsqu'on t'adresse... des compliments, | pèse bien... dans ta conscience | si tu les mérites... réellement. | Tu verras... que, la plupart du temps, | ils sont au moins... fort exagérés, | tantôt... par l'amitié, | tantôt... par l'intérêt.

| Ta mère et moi | nous t'embrassons... comme nous t'aimons, | c'est-à-dire... de tout notre cœur.

| Ton Père.

13

288ᵉ Exercice, même sujet.

MON CHER FILS,

Tu m'écris, que le père Mathurin est venu jeudi dernier te voir à ta pension, et qu'il t'a complimenté sur tes études. En effet, le père Mathurin, qui ne sait ni lire ni écrire, et qui compte sur ses doigts, a dû être émerveillé en apprenant que tu lisais couramment, que tu écrivais d'une manière un peu lisible et que tu savais déjà tes quatre règles. Aussi j'espère bien, mon cher ami, que tu n'as pas pris au sérieux les compliments exagérés dont a dû te combler ce brave homme, qui t'a vu au berceau et qui t'aime à la folie.

Les flatteries du père Mathurin sont désintéressées. Mais, quand tu seras grand, tu verras, dans le monde, une multitude de gens qui t'accableront de compliments dont ils ne penseront pas un mot, pour obtenir de toi une faveur, et même souvent pour quêter un dîner. La fable du corbeau et du renard est éternellement vraie. Tout flatteur vit aux dépens de celui qui l'écoute, et malheureusement, dans la vie humaine, la leçon coûte plus cher qu'un fromage.

Sois modeste, mon cher enfant, et, lorsqu'on t'adresse des compliments, pèse bien dans ta conscience si tu les mérites réellement. Tu verras que, la plupart du temps, ils sont au moins fort exagérés, tantôt par l'amitié, tantôt par l'intérêt.

Ta mère et moi nous t'embrassons comme nous t'aimons, c'est-à-dire de tout notre cœur.

TON PÈRE.

QUESTIONNAIRE

1. Qui est venu voir l'enfant à sa pension ? — 2. Pourquoi le père Mathurin a-t-il complimenté l'enfant ? — 3. Quelle expérience a le père ? — 4. Les flatteries du père Mathurin sont-elles désintéressées ? — 5. Les flatteries sont-elles toujours désintéressées ? — 6. Quelle fable de La Fontaine le père engage-t-il son fils à relire ? — 7. Quelle est la morale de cette fable ? — 8. Quels conseils le père donne-t-il à son fils ? — 9. Par quoi les compliments sont-ils exagérés la plupart du temps ?

280° Exercice

| SHAKESPEARE.

— Je voudrais bien connaître... William Shakespeare, | le grand poète dramatique... de l'Angleterre.

— Il est facile... de vous satisfaire. | Il est né... à Stratford,...en mil cinq cent soixante-quatre, | et mort... dans la même ville,... en mil six cent seize.

— Connaît-on... son origine ?

— Elle est très obscure : | les uns... le disent... fils d'un boucher, | les autres,... d'un marchand de laines.

— Fit-il des études sérieuses ?

— Très imparfaites, dit-on, | et,... de plus, il mena... pendant sa jeunesse... une existence vagabonde.

— Que fit-il pour vivre ?

— Toutes sortes de métiers, | jusqu'à celui de garder les chevaux,... à la porte des théâtres.

— Comment se révéla... sa vocation d'auteur ?

— C'est en remplissant... le modeste rôle... de souffleur au théâtre.

— A-t-il beaucoup écrit ?

— Considérablement. | Ses principales pièces,... toutes marquées au coin du génie, | sont : *Hamlet*,... *Macbeth*,... le *Marchand de Venise*, | le *Songe d'une nuit d'été*, etc., etc.

— Eut-il des protecteurs ?

— La reine Élisabeth,... qui le combla de bienfaits, | et plusieurs grands seigneurs... dont il reçut... les libéralités.

— Quel est le caractère... de ses œuvres dramatiques ?

— Il peint ses personnages... avec une grande énergie... et beaucoup de vérité. | Il excelle surtout... à exciter la terreur.

— Mais est-il sans défaut ?

— Non, car on lui reproche | des plaisanteries grossières... et nombre de trivialités.

280ᵉ Exercice, même sujet.

SHAKESPEARE

— Je voudrais bien connaître William Shakespeare, le grand poëte dramatique de l'Angleterre?

— Il est facile de vous satisfaire. Il est né à Stratford, en mil cinq cent soixante-quatre, et mort dans la même ville, en mil six cent seize.

— Connaît-on son origine?

— Elle est très obscure : les uns le disent fils d'un boucher, les autres, d'un marchand de laines.

— Fit-il des études sérieuses?

— Très imparfaites, dit-on, et, de plus, il mena pendant sa jeunesse une existence vagabonde.

— Que fit-il pour vivre?

— Toutes sortes de métiers, jusqu'à celui de garder les chevaux, à la porte des théâtres.

— Comment se révéla sa vocation d'auteur?

— C'est en remplissant le modeste rôle de souffleur au théâtre.

— A-t-il beaucoup écrit?

— Considérablement. Ses principales pièces, toutes marquées au coin du génie, sont : *Hamlet*, *Macbeth*, le *Marchand de Venise*, le *Songe d'une nuit d'été*, etc., etc.

— Eut-il des protecteurs?

— La reine Elisabeth, qui le combla de bienfaits, et plusieurs grands seigneurs dont il reçut les libéralités.

— Quel est le caractère de ses œuvres dramatiques?

— Il peint ses personnages avec une grande énergie et beaucoup de vérité. Il excelle surtout à exciter la terreur.

— Mais est-il sans défaut?

— Non, car on lui reproche des plaisanteries grossières et nombre de trivialités.

QUESTIONNAIRE

1. Où est né William Shakespeare? — 2. D'où le fait-on descendre? — 3. Quelle existence mena-t-il dans sa jeunesse? — 4. Quelles professions diverses exerça-t-il? — 5. Citez les noms de quelques-unes de ses principales pièces? — 6. Quels furent ses protecteurs? — 7. Où mourut Shakespeare et en quelle année? — 8. Quels sont les qualités et les défauts de ses œuvres?

291ᵉ Exercice

| Ma chère fille,

| Je suis charmée... de tout ce que tu me mandes...
dans ta lettre. | Ta jeune amie Élise, | qui vient... de
passer... quelques jours... dans sa famille, | s'est
essayée,... me dis-tu, | aux occupations... du ménage |
dans la maison... de ses parents. | Elle a aidé | à em-
magasiner... le linge... dans les armoires, | arrangé...
elle-même | les pommes et les poires... dans le fruitier ; |
de plus,... elle a... risqué | la confection... d'une tarte
aux fruits | que chacun... a trouvée... excellente. | Tu
me demandes... instamment | à pouvoir... en faire
autant, | quand arrivera... l'époque... des vacances. | Je
ne demande... pas mieux. | Il y a,... dans un ménage, |
mille choses... à faire | que les gens riches... aban-
donnent... aux domestiques, | mais... qui peuvent...
être faites | par une maîtresse... de maison, | dans les
familles | qui se piquent... d'ordre et d'économie. | Une
bonne ménagère | doit savoir acheter... les denrées...
elle-même, | afin... de ne pas... être trompée, | ni...
sur la quantité, | ni... sur la qualité. | Elle doit... sur-
veiller... la cave, | compter le linge... avec la blanchis-
seuse, | ordonner,... de concert... avec la cuisinière, |
le menu des repas, | régler les comptes... du boulanger, |
du boucher... et de l'épicier, | en un mot, | adminis-
trer... l'intérieur de la maison.

| Cependant... tu es... encore trop jeune | pour que
je songe... à te confier | la direction... de notre intérieur ; |
mais,... puisque tu le désires, | je te donnerai | les pre-
mières leçons... d'économie domestique. | Notre for-
tune... bornée | ne nous permet pas | d'abandonner...
les mille soins... du ménage | à des mercenaires, | et ce
sera... pour moi... un véritable plaisir | de t'initier... à
ces travaux... et à ces occupations | qui sont l'apanage...
d'une bonne... et intelligente ménagère.

| Ton père et moi, | nous t'embrassons... comme une
bonne petite fille... bien raisonnable. | Ta Mère.

202ᵉ Exercice, même sujet.

MA CHÈRE FILLE,

Je suis charmée de tout ce que tu me mandes dans ta lettre. Ta jeune amie Elise, qui vient de passer quelques jours dans sa famille, s'est essayée, me dis-tu, aux occupations du ménage dans la maison de ses parents. Elle a aidé à emmagasiner le linge dans les armoires, arrangé elle-même les pommes et les poires dans le fruitier; de plus, elle a risqué la confection d'une tarte aux fruits que chacun a trouvée excellente. Tu me demandes instamment à pouvoir en faire autant, quand arrivera l'époque des vacances. Je ne demande pas mieux. Il y a, dans un ménage, mille choses à faire que les gens riches abandonnent aux domestiques, mais qui peuvent être faites par une maîtresse de maison, dans les familles qui se piquent d'ordre et d'économie. Une bonne ménagère doit savoir acheter les denrées elle-même, afin de ne pas être trompée, ni sur la quantité, ni sur la qualité. Elle doit surveiller la cave, compter le linge avec la blanchisseuse, ordonner, de concert avec la cuisinière, le menu des repas, régler les comptes du boulanger, du boucher et de l'épicier, en un mot, administrer l'intérieur de la maison.

Cependant tu es encore trop jeune pour que je songe à te confier la direction de notre intérieur; mais, puisque tu le désires, je te donnerai les premières leçons d'économie domestique. Notre fortune bornée ne nous permet pas d'abandonner les mille soins du ménage à des mercenaires, et ce sera pour moi un véritable plaisir de t'initier à ces travaux et à ces occupations qui sont l'apanage d'une bonne et intelligente ménagère.

Ton père et moi, nous t'embrassons comme une bonne petite fille bien raisonnable.　　　　TA MÈRE.

QUESTIONNAIRE

1. Qu'a fait la jeune amie Élise qui est venue passer quelques jours dans sa famille? — 2. Que demande instamment la petite fille à sa mère? — 3. Que doit faire une bonne ménagère? — 4. La mère donnera-t-elle dès à présent la direction de la maison à la petite fille? — 5. Que lui donnera-t-elle? — 6. Quel sera le véritable plaisir de la mère?

293' Exercice

| LES CHAMPIGNONS.

| On trouve des champignons | sur tous les sols... et dans tous les climats.

| On divise les champignons... en deux catégories : | les *champignons comestibles*,... c'est-à-dire bons à manger, | et les *champignons vénéneux*, | dont il faut se défier... avec le plus grand soin, | parce qu'ils renferment... un poison violent. | Il faut une grande habitude... pour savoir les distinguer. | Des caractères généraux | permettent de reconnaître... les espèces comestibles... des espèces vénéneuses. | Les espèces comestibles | croissent... le plus souvent | dans les lieux aérés,... dans les terrains en friche ; | tandis que les autres | se rencontrent dans les bois... et dans les lieux humides. | Les espèces alimentaires | ont une chair... compacte et cassante ; | celles dont la chair... est molle et aqueuse | doivent être rejetées.

| Les bons champignons... ont un parfum agréable, | quoique ce caractère... appartienne aussi... à des espèces nuisibles. | Une odeur forte... et désagréable | est l'indice constant... de qualités malfaisantes. | Il faut rejeter... les champignons | qui sécrètent... un suc laiteux, | et ceux qui offrent... une odeur âcre, | amère,... acide ou salée. | Il faut encore se défier... des champignons | qui ont une teinte brillante,... rouge,... verte... ou bleue, | et dont les pellicules | sont colorées... en brun... ou en bleu. | La chair... des bonnes espèces | est,... en général,... blanche.

| Les bons champignons | ne changent pas de couleur... au contact de l'air, | quand on les coupe. | Ceux dont la chair se colore | d'une teinte brune... sont sûrement vénéneux. | On doit,... par sage prudence, | regarder... comme dangereux | tous les champignons... auxquels les insectes... ne touchent pas.

294ᵉ Exercice, même sujet.

LES CHAMPIGNONS

On trouve des champignons sur tous les sols et dans tous les climats.

On divise les champignons en deux catégories : les *champignons comestibles*, c'est-à-dire bons à manger, et les *champignons vénéneux*, dont il faut se défier avec le plus grand soin, parce qu'ils renferment un poison violent. Il faut une grande habitude pour savoir les distinguer. Des caractères généraux permettent de reconnaître les espèces comestibles des espèces vénéneuses. Les espèces comestibles croissent le plus souvent dans les lieux aérés, dans les terrains en friche ; tandis que les autres se rencontrent dans les bois et dans les lieux humides. Les espèces alimentaires ont une chair compacte et cassante : celles dont la chair est molle et aqueuse doivent être rejetées.

Les bons champignons ont un parfum agréable, quoique ce caractère appartienne aussi à des espèces nuisibles. Une odeur forte et désagréable est l'indice constant de qualités malfaisantes. Il faut rejeter les champignons qui sécrètent un suc laiteux, et ceux qui offrent une odeur âcre, amère, acide ou salée. Il faut encore se défier des champignons qui ont une teinte brillante, rouge, verte ou bleue, et dont les pellicules sont colorées en brun ou en bleu. La chair des bonnes espèces est, en général, blanche.

Les bons champignons ne changent pas de couleur au contact de l'air, quand on les coupe. Ceux dont la chair se colore d'une teinte brune sont sûrement vénéneux. On doit, par sage prudence, regarder comme dangereux tous les champignons auxquels les insectes ne touchent pas.

QUESTIONNAIRE

1. Où trouve-t-on des champignons ? — 2. En combien de catégories divise-t-on les champignons ? — 3. Peut-on distinguer aisément les caractères des champignons ? — 4. Quels caractères généraux permettent de reconnaître les champignons comestibles ? — 5. Quels sont les caractères apparents des champignons vénéneux ? — 6. De quelle couleur est en général la chair des bonnes espèces ? — 7. Les bons champignons changent-ils de couleur au contact de l'air ? — 8. Que doit-on penser des champignons qui, lorsqu'on les coupe, se colorent en brun, en vert ou en bleu ? — 9. Quels sont les champignons que l'on doit en général considérer comme dangereux ?

295ᵉ Exercice

| UN NEZ... EN PAPIER.

| Sur un long bâton s'appuyant,... vieillard appesanti par l'âge, | un jour,.... traversait un village,... d'un pas timide et chancelant. | Mais... des enfants,... à son passage, | sur lui... loin de s'apitoyer, | le poursuivaient... pour le railler. | — Oh !... les méchants ! | allez-vous dire, | de ce pauvre homme... pourquoi rire? | — Il avait... un nez en papier !

| Or,... sachez-le,... mes bons amis,... le vieillard qui vous intéresse | fut,... dans sa première jeunesse,... un petit garçon insoumis. | A la pluie,... il courait sans cesse... prendre bien froid et se mouiller; | sa mère... avait beau surveiller,... il s'échappait de sa demeure. | Il s'enrhuma ! | Puis, à cette heure,... on lui met... un nez en papier.

| Vous tous,... enfants qui m'écoutez, | déjà... vous avez un gros rhume; | par ce froid vif,... par cette brume,... que feriez-vous dehors? | Restez près du tison... qui flambe et fume. | Pour jouer,... pour étudier,... on est bien... autour du foyer. | Oh !... demeurez... près de vos mères, | à qui... vos santés... sont si chères, | ou gare... le nez en papier !

296ᵉ Exercice, même sujet.

UN NEZ EN PAPIER

Sur un long bâton s'appuyant,
Vieillard appesanti par l'âge,
Un jour, traversait un village,
D'un pas timide et chancelant.
Mais des enfants, à son passage,
Sur lui loin de s'apitoyer,
Le poursuivaient pour le railler.
— Oh ! les méchants ! allez-vous dire,
De ce pauvre homme pourquoi rire ?
— Il avait un nez en papier !

Or, sachez-le, mes bons amis,
Le vieillard qui vous intéresse
Fut, dans sa première jeunesse,
Un petit garçon insoumis.
A la pluie, il courait sans cesse
Prendre bien froid et se mouiller ;
Sa mère avait beau surveiller,
Il s'échappait de sa demeure.
Il s'enrhuma ! Puis, à cette heure,
On lui met un nez en papier.

Vous tous, enfants qui m'écoutez,
Déjà vous avez un gros rhume ;
Par ce froid vif, par cette brume,
Que feriez-vous dehors ? Restez
Près du tison qui flambe et fume.
Pour jouer, pour étudier,
On est bien autour du foyer.
Oh ! demeurez près de vos mères,
A qui vos santés sont si chères,
Ou gare le nez en papier !

QUESTIONNAIRE

1. Qui traversait un jour un village ? — 2. Les enfants s'apitoyaient-ils sur le sort du malheureux voyageur ? — 3. Pourquoi se moquaient-ils du pauvre homme ? — 4. Qu'était le vieillard dans sa première jeunesse ? — 5. Que faisait-il donc ? — 6. Il n'écoutait donc pas sa mère ? — 7. Que lui arriva-t-il ? — 8. Que doivent faire les enfants quand il fait froid ? — 9. Où est-on bien pour jouer et pour étudier ? — 10. A qui la santé des enfants est-elle surtout chère ?

297ᵉ Exercice

| LES POISSONS.

| Le poisson | est un animal aquatique... à peau nue ou écailleuse. | Il est pourvu de nageoires | qui lui permettent... de se mouvoir... au sein des ondes. | Le corps des poissons,... terminé, en avant,... par une tête pointue, | et, en arrière,... par une queue... large et comprimée, | offre à l'eau,... dans laquelle ils se meuvent, | une très-petite surface ; | tandis que leur queue,... mue par des muscles... d'une vigueur extrême, | leur imprime au besoin,... la direction qui leur plaît.

| On nomme *branchies* | les organes respiratoires | à l'aide desquels... les poissons aspirent | l'air nécessaire... à l'entretien de leur vie. | Ces branchies... ont,... le plus souvent, | la forme... de peignes, | sur lesquels se ramifient... les vaisseaux sanguins, | aux deux côtés... de la tête. | Des ouvertures... qu'on appelle les *ouïes* | offrent... une issue... à l'eau | amenée dans leur bouche... par la respiration.

| Le poète Delille | donne au poisson... l'épithète de *crédule,* | par suite de la facilité | avec laquelle... il tombe dans les filets... ou se prend à l'hameçon. | C'est plutôt *vorace*... qu'il faudrait dire. | L'appétit des poissons... est, en effet, très-développé, | et leur fécondité est... vraiment prodigieuse : | une carpe pond,... par année,... plus de quarante mille œufs. | Les poissons... sont muets. | On en trouve d'aveugles... dans les lacs souterrains ; | leur intelligence... est des plus bornée.

| Les poissons... fournissent d'immenses ressources... à l'alimentation. | On les divise en deux catégories : | les *poissons de mer*... et les *poissons d'eau douce.* | Chacune d'elles | vit dans le milieu... qui lui est propre.

308ᵉ Exercice, même sujet.

LES POISSONS

Le poisson est un animal aquatique à peau nue ou écailleuse. Il est pourvu de nageoires qui lui permettent de se mouvoir au sein des ondes. Le corps des poissons, terminé, en avant, par une tête pointue, et, en arrière, par une queue large et comprimée, offre à l'eau, dans laquelle ils se meuvent, une très-petite surface ; tandis que leur queue, mue par des muscles d'une vigueur extrême, leur imprime, au besoin, la direction qui leur plaît.

On nomme *branchies* les organes respiratoires à l'aide desquels les poissons aspirent l'air nécessaire à l'entretien de leur vie. Ces branchies ont, le plus souvent, la forme de peignes, sur lesquels se ramifient les vaisseaux sanguins, aux deux côtés de la tête. Des ouvertures qu'on appelle les *ouïes* offrent une issue à l'eau amenée dans la bouche par la respiration.

Le poëte Delille donne au poisson l'épithète de *crédule*, par suite de la facilité avec laquelle il tombe dans les filets ou se prend à l'hameçon. C'est plutôt *vorace* qu'il faudrait dire : l'appétit des poissons est, en effet, très-développé. Leur fécondité est vraiment prodigieuse : une carpe pond, par année, plus de quarante mille œufs. Les poissons sont muets. On en trouve d'aveugles dans les lacs souterrains ; leur intelligence est des plus bornée.

Les poissons fournissent d'immenses ressources à l'alimentation. On les divise en deux catégories : les *poissons de mer* et les *poissons d'eau douce*. Chacune d'elles vit dans le milieu qui lui est propre.

QUESTIONNAIRE

1. Qu'est-ce que le poisson ? — 2. De quels moyens de locomotion le poisson est-il pourvu ? — 3. Décrivez le corps du poisson. — 4. Qu'appelle-t-on les branchies du poisson ? — 5. Quelle est leur forme ? — 6. Qu'entend-on par les ouïes du poisson ? — 7. Le poëte Delille a-t-il eu raison de donner au poisson l'épithète de crédule ? — 8. Citez un exemple de la fécondité des poissons. — 9. Le poisson est-il doué d'intelligence ? — 10. En combien de catégories peut-on diviser les poissons ?

292ᵉ Exercice

| Mon cher fils,

| J'ai appris... avec un vif plaisir | que tu avais distribué,.... à une pauvre famille, | une partie... de l'argent | que je t'envoie... chaque semaine | pour tes menus plaisirs. | Tu as raison,... mon enfant,... d'être charitable. | Cette vertu sublime | nous a été enseignée... par le divin maître... lui-même, | quand il a dit : | « Aimez-vous... les uns... les autres » | et... « Aimez... votre prochain... comme vous-mêmes. »

| Ne ressens-tu pas,... mon enfant, | quand tu as... partagé... ta bourse | avec les infortunés, | une satisfaction intérieure... qui élève... ton âme | et te remplit... d'une joie ineffable? | Ne sens-tu pas... combien sont douces... à ton cœur | les bénédictions | de ceux auxquels... tu es venu... en aide ?

| Conserve bien... ces sentiments... de commisération | pour les déshérités... de ce monde, | et,... si jamais... la fortune... te favorise... de ses dons, | n'oublie pas... ceux qui souffrent | et... secoure-les... de tout ton pouvoir. | La charité... est un dévouement... de tous les temps, | et... l'histoire... en rapporte... de sublimes exemples. | Saint Martin,... durant un hiver rigoureux, | coupa... son manteau... de légionnaire romain, | et en donna... la moitié | à un pauvre... demi-nu ; | saint Louis... pansait,... de ses propres mains, | les plaies... des lépreux ; | saint Vincent de Paul... se substitua | à un prisonnier innocent, | et passa sa vie... à recueillir... les enfants abandonnés.

| La véritable charité | consiste,... souviens-t-en, | à faire le bien... sans ostentation. | L'Évangile... a dit : | « Que votre main gauche... ignore | ce que donne... votre main droite. » | Je pense... que tu comprends | ces paroles... du livre chrétien.

| Ta mère est bien heureuse... de ta conduite, | et nous t'embrassons,... tous deux, | bien tendrement.

| Ton Père.

300ᵉ Exercice, même sujet.

Mon cher fils,

J'ai appris avec un vif plaisir que tu avais distribué, à une pauvre famille, une partie de l'argent que je t'envoie chaque semaine pour tes menus plaisirs. Tu as raison, mon enfant, d'être charitable. Cette vertu sublime nous a été enseignée par le divin maître lui-même, quand il a dit : « Aimez-vous les uns les autres » et — « Aimez votre prochain comme vous-mêmes. »

Ne ressens-tu pas, mon enfant, quand tu as partagé ta bourse avec les infortunés, une satisfaction intérieure qui élève ton âme et te remplit d'une joie ineffable ? Ne sens-tu pas combien sont douces à ton cœur les bénédictions de ceux auxquels tu es venu en aide ?

Conserve bien ces sentiments de commisération pour les déshérités de ce monde, et, si jamais la fortune te favorise de ses dons, n'oublie pas ceux qui souffrent et secoure-les de tout ton pouvoir. La charité est un dévouement de tous les temps, et l'histoire en rapporte de sublimes exemples. Saint Martin, durant un hiver rigoureux, coupa son manteau de légionnaire romain, et en donna la moitié à un pauvre demi-nu ; Saint Louis pansait, de ses propres mains, les plaies des lépreux ; saint Vincent de Paul se substitua à un prisonnier innocent, et passa sa vie à recueillir les enfants abandonnés.

La véritable charité consiste, souviens-t-en, à faire le bien sans ostentation. L'Évangile a dit : « Que votre main gauche ignore ce que donne votre main droite. » Je pense que tu comprends ces paroles du livre chrétien.

Ta mère est bien heureuse de ta conduite, et nous t'embrassons, tous deux, bien tendrement.　　　　Ton Père.

QUESTIONNAIRE

1. Qu'a fait l'enfant d'une partie de l'argent destiné à ses menus plaisirs ? — 2. Par qui nous a été enseignée la charité ? — 3. Citez les paroles évangéliques ? — 4. Qu'éprouve l'enfant quand il a partagé sa bourse avec les infortunés ? — 5. Quelles sont les choses qui sont douces au cœur de l'enfant ? — 6. Quels conseils le père donne-t-il à l'enfant ? — 7. Quels exemples de charité l'histoire rapporte-t-elle ? — 8. En quoi consiste la véritable charité ? — 9. Qu'a dit l'Évangile ? — 10. Qu'a ressenti la mère en apprenant la bonne action de son fils ?

301ᵉ Exercice

| AUBER.

— L'illustre Auber, | le compositeur de musique,... est-il français ?

— Sans doute :... il est né à Caen, | département du Calvados.

— Qu'était son père ?

— Un marchand de musique,... qui vint plus tard... s'établir à Paris.

— Auber étudia-t-il... la musique... dès son jeune âge ?

— Tout enfant,... on lui donna... les meilleurs maîtres.

— De qui... prit-il des leçons ?

— Du fameux Chérubini, qui, | frappé... de ses brillantes dispositions, | le prit en amitié | et l'initia... aux difficultés... de la composition.

— Auber... parvint-il facilement... à la renommée ?

— Très difficilement, | et ses débuts... dans la carrière artistique | furent longs et pénibles.

— A quel âge... fit-il jouer... son premier opéra ?

— A quarante ans, | et encore n'obtint-il... aucun succès.

— Comment enfin... arriva-t-il à la gloire ?

— Avec la collaboration... du célèbre Scribe, | qui écrivit pour lui... ses plus charmants *libretti* d'opéra.

— Quel est le chef-d'œuvre d'Auber ?

— La *Muette de Portici*, | qui mit le sceau... à sa renommée.

— N'a-t-il pas fait encore... des opéras comiques ?

— Un très grand nombre : *Fra Diavolo*,... la *Fiancée*, le *Maçon*, | le *Domino noir*, | le *Cheval de bronze*, etc., etc.

— Quand Auber est-il mort ?

— Auber est mort... en mil huit cent soixante-onze, | âgé de quatre-vingt-neuf ans.

302ᵉ Exercice, même sujet.

AUBER

— L'illustre Auber, le compositeur de musique, est-il français ?

— Sans doute : il est né à Caen, département du Cavados.

— Qu'était son père ?

— Un marchand de musique, qui vint plus tard s'établir à Paris.

— Auber étudia-t-il la musique dès son jeune âge?

-- Tout enfant, on lui donna les meilleurs maîtres.

— De qui prit-il des leçons?

— Du fameux Chérubini, qui, frappé de ses brillantes dispositions, le prit en amitié et l'initia aux difficultés de la composition.

— Auber parvint-il facilement à la renommée?

— Très difficilement, et ses débuts dans la carrière artistique furent longs et pénibles.

— A quel âge fit-il jouer son premier opéra?

— A quarante ans, et encore n'obtint-il aucun succès.

— Comment enfin arriva-t-il à la gloire?

— Avec la collaboration du célèbre Scribe, qui écrivit pour lui ses plus charmants *libretti* d'opéra.

— Quel est le chef-d'œuvre d'Auber?

— La *Muette de Portici*, qui mit le sceau à sa renommée.

— N'a-t-il pas fait encore des opéras-comiques?

— Un très grand nombre : *Fra Diavolo*, la *Fiancée*, le *Maçon*, le *Domino noir*, le *Cheval de bronze*, etc., etc.

— Quand Auber est-il mort ?

— Auber est mort en mil huit cent soixante-onze, âgé de quatre-vingt-neuf ans.

QUESTIONNAIRE

1. Où est né Auber ? — 2. Quel maître lui apprit la composition musicale? — 3. Auber arriva-t-il aisément à la renommée?—4. Quel âge avait-il quand il fit jouer son premier opéra? —5. Quel fut son collaborateur au point de vue des libretti ?— 6. Nommez-nous le chef-d'œuvre d'Auber ? — 7. Citez quelques-uns de ses opéras-comiques les plus connus ?— 8. A quelle époque remonte la mort d'Auber ?

303ᵉ Exercice

| Ma chère . fille,

| L'éducation | n'est pas la même chose... que l'instruction. | On peut... être instruit | et rester... mal élevé. | C'est pourquoi... je t'adresse... quelques observations | qui m'ont été suggérées | par la lecture... de ton dernier bulletin trimestriel.

| Ta directrice | constate,... avec bonheur, | les progrès... que tu as faits | depuis... le commencement... de l'année. | Tu lis... passablement, | ton écriture... n'est pas mauvaise, | tu possèdes... les premiers éléments... de l'arithmétique. | Tu sais... assez d'anglais | pour parvenir... à te faire comprendre... dans le pays même. | Tu touches...du piano | aussi bien...que peut le faire | une petite fille... de ton âge, | et tu commences... à déchiffrer... la musique. | Mais,... tout en te comblant... d'éloges, | ta maîtresse... de pension | ne me cache pas | que tu laisses... un peu à désirer | sous le rapport... de la tenue... et des manières. | Tu n'es pas... toujours polie, | tu brusques... parfois... tes jeunes compagnes, | il t'arrive souvent... de rire aux éclats, | de parler fort. | De plus,... tu reçois... assez mal | les conseils,... même les plus bienveillants, | quand ils ont... pour objet | ton maintien... et ta conduite.

| J'attends de toi,... ma chère Marie, | que tu veuilles bien... veiller sur ta tenue, | et devenir... une jeune fille | aussi bien élevée... qu'instruite. | Dans la société,... où l'on ne se voit... qu'accidentellement, | et... où l'on n'a guère le temps | d'étudier... les gens | et de les connaître à fond, | on ne juge... que sur les apparences.

| Je tiens... à ce que ma fille | soit plus tard... une femme accomplie, | et... qu'elle excite... l'admiration, | aussi bien... par ses qualités morales | que par ses qualités... intellectuelles.

| A revoir,... chère enfant, | pense... à nous | comme nous pensons... à toi. | Ta Mère.

304° Exercice, même sujet.

MA CHÈRE FILLE,

L'éducation n'est pas la même chose que l'instruction. On peut être instruit et rester mal élevé. C'est pourquoi je t'adresse quèlques observations qui m'ont été suggérées par la lecture de ton dernier bulletin trimestriel.

Ta directrice constate, avec bonheur, les progrès que tu as faits depuis le commencement de l'année. Tu lis passablement, ton écriture n'est pas mauvaise, tu possèdes les premiers éléments de l'arithmétique. Tu sais assez d'anglais pour parvenir à te faire comprendre dans le pays même. Tu touches du piano aussi bien que peut le faire une petite fille de ton âge, et tu commences à déchiffrer la musique. Mais, tout en te comblant d'éloges, ta maîtresse de pension ne me cache pas que tu laisses un peu à désirer sous le rapport de la tenue et des manières. Tu n'es pas toujours polie, tu brusques parfois tes jeunes compagnes, il t'arrive souvent de rire aux éclats, de parler fort. De plus, tu reçois assez mal les conseils, même les plus bienveillants, quand ils ont pour objet ton maintien et ta conduite.

J'attends de toi, ma chère Marie, que tu veuilles bien veiller sur ta tenue, et devenir une jeune fille aussi bien élevée qu'instruite. Dans la société, où l'on ne se voit qu'accidentellement et où l'on n'a guère le temps d'étudier les gens et de les connaître à fond, on ne juge que sur les apparences.

Je tiens à ce que ma fille soit plus tard une femme accomplie, et qu'elle excite l'admiration, aussi bien par ses qualités morales que par ses qualités intellectuelles.

A revoir, chère enfant, pense à nous comme nous pensons à toi.

TA MÈRE.

QUESTIONNAIRE

1. L'éducation est-elle la même chose que l'instruction ? — 2. Pourquoi ? — 3. Quels progrès la directrice constate-t-elle depuis le commencement de l'année ? — 4. Sous quel rapport la petite fille laisse-t-elle à désirer ? — 5. Comment se conduit-elle ? — 6. Qu'est-ce que la mère attend de sa fille ? — 7. Comment juge-t-on les gens dans la société ? — 8. Qu'est-ce que la mère désire pour sa fille dans l'avenir ? — 9. Quelle recommandation la mère fait-elle à sa fille en terminant sa lettre ?

305ᵉ Exercice

| LES OISEAUX.

| Le corps des oiseaux... est revêtu de *plumes* ; | leurs membres antérieurs,... vulgairement appelés *ailes*, | sont conformés pour le vol. | L'appareil de locomotion...qui caractérise l'espèce | réside,... à la fois, | dans les plumes des ailes... et dans celles de la queue. | Ils ont les poumons... d'un volume remarquable ; | l'air circule... à l'intérieur de leurs os... et dans le tube des plumes. | La bouche... des oiseaux | est munie d'un bec corné... qui protége les mâchoires. | Seuls de tous les animaux,... ils ont deux larynx : | l'un,... situé au bas de la *trachée-artère*, | sert... à l'émission... de la voix ; | l'autre,... normalement placé, | modifie les sons. | Tous les oiseaux ... pondent des œufs; | presque tous construisent des nids... pour leurs couvées.

| On peut diviser les oiseaux...en groupes nombreux,... d'après leurs mœurs : | oiseaux *aquatiques*... ou *palmipèdes*, | comme les canards... et les cygnes ; | *oiseaux de proie*, comme l'aigle et le vautour, | le milan... et l'épervier ; | *oiseaux chanteurs*,... tels que la fauvette | ou le rossignol... aux chants mélodieux ; | *oiseaux de passage*, | comme l'hirondelle...au vol rapide ; *oiseaux de nuit*, | tels que la chouette... et l'affreux hibou. | Au moyen âge,... le faucon chasseur... était appelé *oiseau noble*.

| Certains oiseaux... courent au sortir de l'œuf, | comme les cailles,... les perdrix,... les poulets, les dindons : | ils appartiennent... à l'ordre des *gallinacés*.

| Un grand nombre d'oiseaux | sont remarquables... par leur brillant plumage. | Qui n'admirerait | le faisan doré,... l'oiseau de paradis,... le gracieux oiseau-mouche, | le perroquet bavard,... le gentil chardonneret... au masque de velours rouge ?

306ᵉ Exercice, même sujet.

LES OISEAUX

Le corps des oiseaux est revêtu de *plumes* ; leurs membres antérieurs, vulgairement appelés *ailes,* sont conformés pour le vol. L'appareil de locomotion qui caractérise l'espèce réside, à la fois, dans les plumes des ailes et dans celles de la queue. Ils ont les poumons d'un volume remarquable ; l'air circule à l'intérieur de leurs os et dans le tube des plumes. La bouche des oiseaux est munie d'un bec corné qui protége les mâchoires. Seuls de tous les animaux, ils ont deux larynx : l'un, situé au bas de la *trachée-artère,* sert à l'émission de la voix ; l'autre, normalement placé, modifie les sons. Tous les oiseaux pondent des œufs ; presque tous construisent des nids pour leurs couvées.

On peut diviser les oiseaux en groupes nombreux, d'après leurs mœurs : oiseaux *aquatiques* ou *palmipèdes,* comme les canards et les cygnes ; *oiseaux de proie,* comme l'aigle et le vautour, le milan et l'épervier ; *oiseaux chanteurs,* tels que la fauvette ou le rossignol aux chants mélodieux ; *oiseaux de passage,* comme l'hirondelle au vol rapide ; *oiseaux de nuit,* tels que la chouette et l'affreux hibou. Au moyen âge, le faucon chasseur était appelé *oiseau noble.*

Certains oiseaux courent au sortir de l'œuf, comme les cailles, les perdrix, les poulets, les dindons : ils appartiennent à l'ordre des *gallinacés.*

Un grand nombre d'oiseaux sont remarquables par leur brillant plumage. Qui n'admirerait le faisan doré, l'oiseau de paradis, le gracieux oiseau-mouche, le perroquet bavard, le gentil chardonneret au masque de velours rouge ?

QUESTIONNAIRE

1. De quoi est revêtu le corps des oiseaux ? — 2. Comment appelle-t-on vulgairement leurs membres antérieurs ?—3. De quoi se compose l'appareil de locomotion chez les oiseaux ? — 4. De quoi est garnie la bouche des oiseaux ? — 5. A l'aide de quoi les oiseaux émettent-ils des sons ? — 6. Comment divise-t-on les oiseaux ? — 7. Citez des exemples. — 8. Comment appelait-on au moyen âge le faucon ? — 9. A quel ordre appartiennent les oiseaux qui courent au sortir de l'œuf ? — 10. Citez quelques noms de ces oiseaux ? — 11. Donnez les noms de quelques oiseaux remarquables par leur plumage ?

307ᵉ Exercice

·| LE CLOCHER... DU VILLAGE.

| Après plus de dix ans d'absence,... le Ciel exauce enfin mes vœux. | Vers les bords... où j'ai pris naissance,... notre vaisseau vogue joyeux. | Déjà... je distingue la terre ; | la cîme de ce noir rocher... cache l'humble toit de mon père ; | mais j'aperçois mon vieux clocher.

| Clocher,... dont la flèche élancée... de l'homme invite la pensée... à s'élever vers le Seigneur ; | modeste église du village,... au terme de mon long voyage,... je vous salue avec bonheur !

| Je vois le manoir en ruine... dont l'ombre couvre le vallon ; | plus loin,... la riante colline... d'où l'œil embrasse l'horizon. | A ses pieds,... coule la rivière,... lente et paisible dans son cours ; | là-haut,... la maison de prière... domine tous les alentours.

| Nous allons aborder la plage,... théâtre de mes jeux d'enfant ; | tous les souvenirs du jeune âge... s'offrent à moi,... dans cet instant. | Ici,... me montrant la chapelle,... ma mère, en me disant adieu, |·me conjura d'être fidèle... à la Patrie,... aux lois,... à Dieu !

308ᵉ Exercice, même sujet.

LE CLOCHER DU VILLAGE

Après plus de dix ans d'absence,
Le Ciel exauce enfin mes vœux.
Vers les bords où j'ai pris naissance,
Notre vaisseau vogue joyeux.
Déjà je distingue la terre;
La cime de ce noir rocher
Cache l'humble toit de mon père;
Mais j'aperçois mon vieux clocher.

Clocher, dont la flèche élancée
De l'homme invite la pensée
A s'élever vers le Seigneur ;
Modeste église du village,
Au terme de mon long voyage,
Je vous salue avec bonheur !

Je vois le manoir en ruine
Dont l'ombre couvre le vallon ;
Plus loin, la riante colline
D'où l'œil embrasse l'horizon.
A ses pieds, coule la rivière,
Lente et paisible dans son cours ;
Là-haut, la maison de prière
Domine tous les alentours.

Nous allons aborder la plage,
Théâtre de mes jeux d'enfant;
Tous les souvenirs du jeune âge
S'offrent à moi, dans cet instant.
Ici, me montrant la chapelle,
Ma mère, en me disant adieu,
Me conjura d'être fidèle
A la Patrie, aux lois, à Dieu !

QUESTIONNAIRE

1. Où vogue le vaisseau ? — 2. Que distingue le voyageur ? — 3. Que cache la cime du noir rocher? — 4. Qu'aperçoit le voyageur ? — 5. A quoi invite la flèche élancée du clocher ? — 6. Qu'est-ce qui domine tous les alentours? — 7. Qui vient s'offrir à l'esprit du voyageur ? — 8. A quoi la mère engagea-t-elle le voyageur à être fidèle ?

309ᵉ Exercice

| LES AMPHIBIES.

| On appelle *amphibies*,... en histoire naturelle, | des animaux... appartenant, | soit à la classe... des *mammifères*, | soit à celle... des *batraciens*, | et qui peuvent vivre... à la fois... dans l'eau | et... sur la terre.

| Le plus connu de tous... est la grenouille, | qui sautille dans les prés | et qui, à la moindre alerte,... plonge au sein des eaux. | L'immonde crapaud... hante le. marécages ; | on le voit tapi.... sous les pierres moussues... et dans les lieux humides. | La loutre brune,... animal pêcheur, | vit solitaire... sur le bord des étangs, | des fleuves... et des rivières, | et plonge... sous les eaux | pour y chercher le poisson... dont elle fait sa proie. | Les castors,... pleins d'industrie, | se groupent en familles | et construisent,... en architectes habiles, | d'admirables cabanes... sur les lacs du Canada.

| Le phoque des mers polaires... est un amphibie. | L'hippopotame, | caché pendant le jour... au fond des lacs... de l'Indoustan, | rôde,... la nuit,... sur leurs rives limoneuses | pour y trouver... les plantes aquatiques... dont il se nourrit. | L'affreux crocodile, | dont les mâchoires énormes,... armées de dents aiguës, | portent... au loin... la terreur, | habite les eaux du Nil ; | sa femelle... pond ses œufs dans le sable, | et le soleil... fait éclore sa progéniture.

| Dans les temps reculés,... les fils de l'antique Egypte | rendaient un culte divin... à ce monstre aquatique.

| Pendant les époques antédiluviennes, | certains amphibies | atteignaient des grosseurs... vraiment prodigieuses. | On voyait des grenouilles... plus grosses que des bœufs, des crapauds monstrueux,... | et... d'effroyables crocodiles... de vingt mètres de longueur. | Tels étaient,... par exemple,... | le *Mégalosaure*... et le *Labyrinthodon*.

310ᵉ Exercice, même sujet.

LES AMPHIBIES

On appelle *amphibies*, en histoire naturelle, des animaux appartenant, soit à la classe des *mammifères*, soit à celle des *batraciens*, et qui peuvent vivre à la fois dans l'eau et sur la terre.

Le plus connu de tous est la grenouille, qui sautille dans les prés et qui, à la moindre alerte, plonge au sein des eaux. L'immonde crapaud hante les marécages ; on le voit tapi sous les pierres moussues et dans les lieux humides. La loutre brune, animal pêcheur, vit solitaire sur le bord des étangs, des fleuves et des rivières, et plonge sous les eaux pour y chercher le poisson dont elle fait sa proie. Les castors, pleins d'industrie, se groupent en familles et construisent, en architectes habiles, d'admirables cabanes sur les lacs du Canada.

Le phoque des mers polaires est un amphibie. L'hippopotame, caché pendant le jour au fond des lacs de l'Indoustan, rôde, la nuit, sur leurs rives limoneuses pour y trouver les plantes aquatiques dont il se nourrit. L'affreux crocodile, dont les mâchoires énormes, armées de dents aiguës, portent au loin la terreur, habite les eaux du Nil ; sa femelle pond ses œufs dans le sable, et le soleil fait éclore sa progéniture.

Dans les temps reculés, les fils de l'antique Egypte rendaient un culte divin à ce monstre aquatique.

Pendant les époques antédiluviennes, certains amphibies atteignaient des grosseurs vraiment prodigieuses. On voyait des grenouilles plus grosses que des bœufs, des crapauds monstrueux et d'effroyables crocodiles de vingt mètres de longueur. Tels étaient, par exemple, le *Mégalosaure* et le *Labyrinthodon*.

QUESTIONNAIRE

1. Qu'appelle-t-on amphibies ? — 2. Quel est le plus connu de tous ? — 3. Citez-en quelques autres ? — 4. Où vit la loutre ? — 5. Que fait l'hippopotame pendant le jour ? — 6. En quoi les castors sont-ils remarquables ? — 7. Qui fait éclore les œufs du crocodile ? — 8. Quel était l'aspect de certains amphibies aux époques antédiluviennes ? — 9. Donnez-nous quelques noms ?

311ᵉ Exercice

| Mon cher fils,

| Je viens... d'être avisé... d'une bonne nouvelle. | On m'annonce... que les vacances | commenceront... le 1ᵉʳ août. | Ta mère et moi | avons fait... le projet | d'aller... te chercher, | et,... par la même occasion, | d'assister... à la distribution des prix. | Bon-papa... et bonne-maman | se proposent... de se joindre... à nous, | dans cette fête... de famille, | mais il n'est pas sûr... que leur santé | leur permette... ce voyage.

| Tes cousins... et tes cousines | nous ont... déjà écrit | pour savoir... l'époque... de ton arrivée, | afin de venir passer... une partie des vacances... avec toi. | Les uns | ont fait acquisition... d'engins de pêche, | les autres... se préparent | à compléter... leurs collections | de papillons... et d'insectes. | Ton cousin Emile,... élève en pharmacie, | se propose... d'enrichir... son herbier | des belles plantes... de nos montagnes.

| Voilà, certes, | de belles promesses... d'amusement. | Mais... je compte bien... te voir occupé | pendant les vacances, | et travailler... aux devoirs | que tes professeurs... te donneront. | Il ne faut... jamais rester | trop longtemps... désœuvré : | d'abord,... on perd... l'habitude... du travail ; | en second lieu,... on s'ennuie, | et... souvent... le désœuvré | arrive... à commettre... quelque sottise. | Quand tu seras plus grand, | tu sauras... que la société moderne | honore... surtout | l'homme qui travaille... et qui produit. | Commence... dès aujourd'hui,... mon enfant, | à te pénétrer... de cette vérité ; | et,... tout en te livrant... aux jeux... de ton âge, | pendant la durée... des vacances, | ne laisse dormir,... ni tes livres,... ni tes cahiers, | et rends-leur,... de temps à autre, | une visite amicale.

| A bientôt ! | Ta mère et moi,... nous t'embrassons | avec la douce espérance... de te revoir... prochainement.

| Ton Père.

14

312° Exercice, même sujet.

Mon cher fils,

Je viens d'être avisé d'une bonne nouvelle. On m'annonce que les vacances commenceront le 1er août. Ta mère et moi avons fait le projet d'aller te chercher, et, par la même occasion, d'assister à la distribution des prix. Bon-papa et bonne-maman se proposent de se joindre à nous, dans cette fête de famille, mais il n'est pas sûr que leur santé leur permette ce voyage.

Tes cousins et tes cousines nous ont déjà écrit pour savoir l'époque de ton arrivée, afin de venir passer une partie des vacances avec toi. Les uns ont fait acquisition d'engins de pêche, les autres se préparent à compléter leurs collections de papillons et d'insectes. Ton cousin Émile, élève en pharmacie, se propose d'enrichir son herbier des belles plantes de nos montagnes.

Voilà, certes, de belles promesses d'amusement. Mais je compte bien te voir occupé pendant les vacances, et travailler aux devoirs que tes professeurs te donneront. Il ne faut jamais rester trop longtemps désœuvré : d'abord, on perd l'habitude du travail; en second lieu, on s'ennuie, et souvent le désœuvré arrive à commettre quelque sottise. Quand tu seras plus grand, tu sauras que la société moderne honore surtout l'homme qui travaille et qui produit. Commence dès aujourd'hui, mon enfant, à te pénétrer de cette vérité; et, tout en te livrant aux jeux de ton âge, pendant la durée des vacances, ne laisse dormir, ni tes livres, ni tes cahiers, et rends-leur, de temps à autre, une visite amicale.

A bientôt ! Ta mère et moi, nous t'embrassons avec la douce espérance de te revoir prochainement.　　　　Ton Père.

QUESTIONNAIRE

1. Quelle nouvelle le maître de pension annonce-t-il au père? — 2. Quel projet ont fait le père et la mère de l'enfant? — 3. Qu'ont fait les cousins et les cousines de l'enfant? — 4. Quelle chose se propose Emile, l'élève en pharmacie? — 5. Sur quoi compte le père? — 6. Quel conseil donne-t-il à l'enfant? — 7. Pourquoi ne faut-il jamais rester désœuvré? — 8. Quel est l'homme que la société moderne honore ? — 9. Que doit faire l'enfant pendant les vacances ?

318ᵉ Exercice

| Mmᵉ DE SÉVIGNÉ.

— Si vous voulez... un modèle... de style épistolaire, | je vous conseille, en ami, | de lire... et de relire | les admirables lettres... de madame de Sévigné.

— La correspondance... de cette illustre dame | est-elle volumineuse ?

— Douze volumes environ, | mais je ne vous dissimule pas... qu'il faut faire un triage, | et que,... parfois, l'ivraie... est mêlée au bon grain.

— Faites-moi donc connaître... quelques détails intéressants... de la vie de cette femme, | qui passe,... à bon droit, | pour un des meilleurs écrivains... dont la France s'honore.

— Elle devint orpheline... dès l'âge de dix ans.

— Qui... épousa-t-elle ?

— Le marquis de Sévigné,... officier dissipateur | et qui fut tué... en duel.

— Eut-elle des enfants ?

— Un fils et une fille. | Vous devez connaître,... au moins de nom,... Madame de Grignan ?

— N'est-ce pas sa fille ?

— En effet,... et c'est à elle | qu'elle adresse ses *Lettres*,... qui ont fait sa réputation.

— Où se trouvait alors... madame de Grignan ?

— En Provence,... dont son mari... était gouverneur.

— Et où habitait donc... madame de Sévigné ?

— Tantôt à Paris,... à l'hôtel *Carnavalet*, | et tantôt en Bretagne,... dans sa terre des Rochers.

— N'est-elle pas née à Paris ?

— Oui,... en mil six cent vingt-six.

— Et où mourut-elle ?

— Sous le beau ciel de la Provence, | dans les bras de sa fille,... son idole et sa vie.

314ᵉ **Exercice**, même sujet.

Mᵐᵉ DE SÉVIGNÉ

— Si vous voulez un modèle de style épistolaire, je vous conseille, en ami, de lire et de relire les admirables lettres de madame de Sévigné.

— La correspondance de cette illustre dame est-elle volumineuse ?

— Douze volumes environ, mais je ne vous dissimule pas qu'il faut faire un triage, et que, parfois, l'ivraie est mêlée au bon grain.

— Faites-moi donc connaître quelques détails intéressants de la vie de cette femme, qui passe, à bon droit, pour un des meilleurs écrivains dont la France s'honore ?

— Elle devint orpheline dès l'âge de dix ans.

— Qui épousa-t-elle ?

— Le marquis de Sévigné, officier dissipateur et qui fut tué en duel.

— Eut-elle des enfants ?

— Un fils et une fille. Vous devez connaître, au moins de nom, madame de Grignan ?

— N'est-ce pas sa fille ?

— En effet, et c'est à elle qu'elle adresse ses *Lettres*, qui ont fait sa réputation.

— Où se trouvait alors madame de Grignan ?

— En Provence, dont son mari était gouverneur.

— Et où habitait donc madame de Sévigné ?

— Tantôt à Paris, à l'hôtel *Carnavalet*, et tantôt en Bretagne, dans sa terre des Rochers.

— N'est-elle pas née à Paris ?

— Oui, en mil six cent vingt-six.

— Et où mourut-elle ?

— Sous le beau ciel de la Provence, dans les bras de sa fille, son idole et sa vie.

QUESTIONNAIRE

1. Par quels genres d'écrits fut célèbre Mᵐᵉ de Sévigné ? — 2. A quelle époque vécut-elle ? — 3. Racontez l'histoire de ses premières années ? — 4. Quel était le caractère de l'homme qu'elle épousa ? — 5. A qui sa fille fut-elle mariée ? — 6. Quelles résidences habita Mᵐᵉ de Sévigné ? — 7. A quelle occasion écrivit-elle ses lettres ? — 8. Où et quand mourut Mᵐᵉ de Sévigné ?

315ᵉ Exercice

| Ma chère fille,

| Les vacances... arrivent... à grands pas, | et,... dans quelques jours, | il me sera permis... de te presser... sur mon cœur. | Quelle joie... pour moi! | Revoir... ma fille... grandie et embellie, | et possédant... déjà | les premiers éléments... de son instruction! | Ton frère... est de retour... à la maison. | Il a obtenu... trois premiers prix, | dont un... d'histoire moderne. | Nous avons assisté,... ton père et moi, | à la distribution des prix, | et... j'ai versé... des larmes de bonheur | en voyant... couronner ton frère, | au son de la musique... et au bruit... des applaudissements.

| Nous nous proposons... de partir... tous ensemble | pour venir... te chercher | et assister... à la distribution des prix... de ton pensionnat. | D'après ce que tu m'as écrit... dans ta dernière lettre, | mon espoir... ne sera pas trompé, | et je verrai encore... se renouveler pour moi | des émotions si douces... au cœur d'une mère.

| Ton père,... enchanté... de tes progrès en musique,| a loué... pour toi... un joli piano, | sur lequel... tu pourras... t'exercer à loisir. | Tous tes parents,... cousins et cousines, | s'apprêtent... à fêter... ton retour.| On parle... d'excursions... dans la montagne, | de parties de pêche,... de courses à âne,... que sais-je! | toute une série de plaisirs et d'agréments... dont tu prendras ta part... avec ton frère. | Il a déjà reçu... la montre | que nous lui avions promise. | Il est tout fier... de ce beau cadeau, | et... il la tire,... à tout moment... de son gousset, | pour regarder l'heure.

| Au revoir,... ma chère fillette ;| aujourd'hui encore,... nous t'embrassons... de loin ; | mais... à bientôt... le plaisir | de t'embrasser de bien près.

| Ta Mère.

316ᵉ Exercice, même sujet.

MA CHÈRE FILLE,

Les vacances arrivent à grands pas, et, dans quelques jours, il me sera permis de te presser sur mon cœur. Quelle joie pour moi ! Revoir ma fille grandie et embellie, et possédant déjà les premiers éléments de son instruction ! Ton frère est de retour à la maison. Il a obtenu trois premiers prix, dont un d'histoire moderne. Nous avons assisté, ton père et moi, à la distribution des prix, et j'ai versé des larmes de bonheur en voyant couronner ton frère, au son de la musique et au bruit des applaudissements.

Nous nous proposons de partir tous ensemble pour venir te chercher et assister à la distribution des prix de ton pensionnat. D'après ce que tu m'as écrit dans ta dernière lettre, mon espoir ne sera pas trompé, et je verrai encore se renouveler pour moi des émotions si douces au cœur d'une mère.

Ton père, enchanté de tes progrès en musique, a loué pour toi un joli piano, sur lequel tu pourras t'exercer à loisir. Tous tes parents, cousins et cousines, s'apprêtent à fêter ton retour. On parle d'excursions dans la montagne, de parties de pêche, de courses à âne, que sais-je ! toute une série de plaisirs et d'agréments dont tu prendras ta part avec ton frère. Il a déjà reçu la montre que nous lui avions promise. Il est tout fier de ce beau cadeau, et il la tire, à tout moment de son gousset, pour regarder l'heure.

Au revoir, ma chère fillette ; aujourd'hui encore, nous t'embrassons de loin ; mais à bientôt le plaisir de t'embrasser de bien près.

TA MÈRE.

QUESTIONNAIRE

1. Qu'est-ce qui arrive à grands pas ? — 2. Combien de prix le frère de la petite fille a-t-il obtenus ? — 3. Le père et la mère ont-ils assisté à la distribution des prix ? — 4. Qu'a éprouvé la mère en voyant couronner son fils au son de la musique et au bruit des applaudissements ? — 5. Que se proposent de faire le père et la mère de la petite fille ? — 6. Qu'a fait le père pour récompenser sa fille de ses progrès en musique ? — 7. Quels projets a-t-on faits pour les vacances ? — 8. Quel cadeau le frère de la petite fille a-t-il reçu de ses parents ?

817ᵉ Exercice

| LA TERRE... ET LES MERS.

| Les eaux | couvrent aujourd'hui... les trois quarts du globe. | Mais il fut un temps | où la surface... du globe terrestre | était entièrement... recouverte par les mers. | Peu à peu,... les eaux se retirèrent, | et,... dès lors,... le sol devint habitable.

| Les premiers êtres organisés,... c'est-à-dire... doués de vie, | furent assurément... très imparfaits. | C'é-taient des *algues*... ou plantes marines, | puis des *polypes*,... animaux rudimentaires | dont l'espèce... s'est conservée... jusqu'à nous.

| Plus tard,... on vit apparaître | de splendides forêts... aux arbres gigantesques, | plantes inconnues... à notre monde actuel. | Enfouies dans la terre... par suite d'un cataclysme, | elles formèrent... ces immenses couches de houille | dont l'industrie moderne... tire un si grand profit.

| Plus tard encore,... après des millions d'années, | la terre... et les mers | se peuplèrent... d'animaux aux formes étranges. | Les races... et les espèces | se suc-cédèrent... jusqu'au temps | où disparut... à jamais ce monde primordial. | Alors on vit paraître... les espèces actuelles. | Puis l'homme,... roi de la création, | vint prendre possession... de son magnifique domaine. | L'air était pur... de miasmes délétères ; | la mer était tranquille... et rentrée dans son lit ; | la terre,... encore inculte, | attendait la charrue... qui devait la fertiliser.

| Avec l'homme vint le progrès. | La terre,... fécon-dée par le travail, | se couvrit... de riches moissons, | et la mer,... jusqu'alors indomptée, | vit ses flots impé-tueux... sillonnés par des navires.

318ᵉ Exercice, même sujet.

LA TERRE ET LES MERS

Les eaux couvrent aujourd'hui les trois quarts du globe. Mais il fut un temps où la surface du globe terrestre était entièrement recouverte par les mers. Peu à peu, les eaux se retirèrent, et, dès lors, le sol devint habitable.

Les premiers êtres organisés, c'est-à-dire doués de vie, furent assurément très imparfaits. C'étaient des *algues* ou plantes marines, puis des *polypes*, animaux rudimentaires dont l'espèce s'est conservée jusqu'à nous.

Plus tard, on vit apparaître de splendides forêts aux arbres gigantesques, plantes inconnues à notre monde actuel. Enfouies dans la terre par suite d'un cataclysme, elles formèrent ces immenses couches de houille dont l'industrie moderne tire un si grand profit.

Plus tard encore, après des millions d'années, la terre et les mers se peuplèrent d'animaux aux formes étranges. Les races et les espèces se succédèrent jusqu'au temps où disparut à jamais ce monde primordial. Alors on vit paraître les espèces actuelles. Puis l'homme, roi de la création, vint prendre possession de son magnifique domaine. L'air était pur de miasmes délétères ; la mer était tranquille et rentrée dans son lit ; la terre, encore inculte, attendait la charrue qui devait la fertiliser.

Avec l'homme vint le progrès. La terre, fécondée par le travail, se couvrit de riches moissons, et la mer, jusqu'alors indomptée, vit ses flots impétueux sillonnés par des navires.

QUESTIONNAIRE

1. Que couvrent aujourd'hui les eaux ? — 2. En a-t-il toujours été ainsi ? — 3. Qu'arriva-t-il ensuite ? — 4. Quels furent les premiers êtres vivants ? — 5. Que vit-on apparaître plus tard ? — 6. Comment s'est formée la houille ? — 7. Qu'arriva-t-il après des millions d'années ? — 8. Quel était l'état de la terre et des mers à l'époque de l'apparition de l'homme ? — 9. Quelle fut l'influence de l'homme sur la terre et la mer ?

319ᵉ Exercice

| J'ADORE... ET J'ATTENDS.

| Mon Dieu ! | si tu m'as mis au monde,... c'est afin... de me rendre heureux ; | et, chaque jour,... ton appui généreux... me prouve ta bonté profonde. | Tu m'entouras... de tendres soins... du moment où tu me fis naître ; | et,... sans te les faire connaître, | tu sais mieux que moi... mes besoins. | Ce qu'il me faut, | tu me le donnes,... comme un père,... à tous les instants ; | c'est toi qui gouvernes,... ordonnes ; | je t'aime ! | j'adore... et j'attends. | Mais,... quand ta loi sainte m'éclaire, | docile enfant, | je ne veux rien de plus,... que te demander les vertus... qu'il faut à l'homme... pour te plaire.

320ᵉ Exercice, même sujet.

J'ADORE ET J'ATTENDS

Mon Dieu ! si tu m'as mis au monde,
C'est afin de me rendre heureux ;
Et, chaque jour, ton appui généreux
Me prouve ta bonté profonde.
Tu m'entouras de tendres soins
Du moment où tu me fis naître ;
Et, sans te les faire connaître,
Tu sais mieux que moi mes besoins.
Ce qu'il me faut, tu me le donnes,
Comme un père, à tous les instants ;
C'est toi qui gouvernes, ordonnes ;
Je t'aime ! j'adore et j'attends.
Mais, quand ta loi sainte m'éclaire,
Docile enfant, je ne veux rien de plus,
Que te demander les vertus
Qu'il faut à l'homme pour te plaire.

QUESTIONNAIRE

*1. Pourquoi pensez-vous que Dieu vous ait mis au monde ?
— 2. Qu'est-ce qui vous prouve sa bonté ? — 3. De quoi Dieu
vous entoure-t-il ? — 4. Qu'est-ce que Dieu connaît mieux que
vous ? — 5. Que vous donne-t-il ? — 6. Comment vous traite-
t-il ? — 7. Qui ordonne et gouverne ? — 8. Que faites-vous ? —
9. Que voulez-vous surtout demander à Dieu ?*

TABLE DES MATIÈRES

PREMIÈRE PARTIE

EXERCICES PRÉPARATOIRES

SUR LA RESPIRATION ET LES INFLEXIONS

I

Ordre des matières.

DEUXIÈME PARTIE

CHOIX DE LECTURES

MORALES ET INSTRUCTIVES

II

Classement des matières

Morale.

Faits scientifiques expliqués.

Lettres d'un père à son petit garçon, sur la première éducation.

Lettres d'une mère à sa petite fille, sur la première éducation.

Imprimerie A. DERENNE, Mayenne. — Paris, boulevard Saint-Michel, 32.